KI-Kompetenz im Unternehmen

Martina Peukert

KI-Kompetenz im Unternehmen

Wie ein kritischer und rechtssicherer Umgang mit Künstlicher Intelligenz gelingt

1. Auflage

Haufe

Bibliografische Information der Deutschen Nationalbibliothek

Die Deutsche Nationalbibliothek verzeichnet diese Publikation in der Deutschen Nationalbibliografie; detaillierte bibliografische Daten sind im Internet über http://dnb.dnb.de/ abrufbar.

Print:	ISBN 978-3-648-19040-1	Bestell-Nr. 12238-0001
ePub:	ISBN 978-3-648-19041-8	Bestell-Nr. 12238-0100
ePDF:	ISBN 978-3-648-19042-5	Bestell-Nr. 12238-0150

Martina Peukert
KI-Kompetenz im Unternehmen
1. Auflage, Mai 2026

Munzinger Str. 9, 79111 Freiburg
www.haufe.de | info@haufe.de

Bildnachweis (Cover): © Cholticha Kranjumnong, iStock

Produktmanagement: Kerstin Erlich

Inhaltsverzeichnis

Vorwort

Künstliche Intelligenz ist längst kein Zukunftsversprechen mehr, sie ist das Betriebssystem des modernen Unternehmensalltags. Sie steckt in unseren Texten, Analysen, Recruiting-Prozessen und zunehmend in automatisierten Abläufen. Doch während die Technik rasant voranschreitet, hinkt die Einordnung oft hinterher.

In meiner täglichen Arbeit bündele ich drei Perspektiven, die auf den ersten Blick unterschiedlich wirken, im Kern aber nicht voneinander zu trennen sind: Als **IT-Unternehmerin** kenne ich die technische Machbarkeit und die harten Fakten der Systemstabilität. Als **KI-Expertin** begleite ich die Implementierung komplexer Algorithmen. Und als **systemische Business-Coachin** sehe ich den Menschen, der vor dem Bildschirm sitzt und sich fragt: »Was bedeutet das eigentlich für mich?«

Dabei zeigt sich immer wieder: Wir nutzen KI oft schon, bevor wir geklärt haben, was erlaubt ist, was verpflichtend wird und wie wir sie effektiv einsetzen, um in der aktuell wirtschaftlich herausfordernden Lage in Deutschland konkurrenzfähig zu bleiben. KI-Kompetenz ist heute kein »Nice-to-have«, sondern ein entscheidender Wettbewerbsfaktor, um dem Fachkräftemangel und dem globalen Preisdruck zu begegnen.

Warum wir jetzt handeln müssen: ein Blick ins Kinderzimmer
Ein Moment hat meinen Blick besonders geschärft: die Perspektive als Mutter. Mein Sohn wächst in einer Welt auf, in der KI so selbstverständlich verfügbar ist wie fließendes Wasser. Neulich fragte er mich bei einer Hausaufgabe ganz beiläufig: »Mama, kann die KI eigentlich lügen oder glaubt sie nur ganz fest an das, was sie sagt?«

Diese kindliche Beobachtung trifft den Kern unseres Problems: Wir stellen Mitarbeitenden Werkzeuge zur Verfügung, ohne ihnen den »Führerschein« dafür mitzugeben. Was im Kinderzimmer mit Neugier beginnt, endet im Büro oft bei fatalen Fehlannahmen über die Objektivität von Daten.

Dieses Buch möchte hier Orientierung geben.

Es geht nicht darum, KI zu dramatisieren, sondern ein realistisches Verständnis von ihr mithilfe konkreter Praxisbeispiele zu schaffen.

- Wozu sind Unternehmen durch den EU AI Act rechtlich verpflichtet?
- Wo beginnt die menschliche Verantwortung, die nicht an eine Maschine delegiert werden kann?
- Wie nutzen wir KI eingebettet in unsere Unternehmenskultur, um Prozesse nicht nur schneller, sondern klüger zu machen?

KI-Kompetenz bedeutet nicht, programmieren zu können. Sie bedeutet, Ergebnisse einordnen zu können, Risiken zu erkennen und Entscheidungen bewusst zu treffen. Wer KI ignoriert, verliert den Anschluss. Wer sie unkritisch einsetzt, riskiert Vertrauen und Rechtssicherheit.

Zukunftsfähig sind Organisationen, die KI reflektiert und bewusst **eingebettet in ihre Werte und Strukturen** nutzen. Dieses Buch versteht sich als Brücke zwischen Technik, Recht und Praxis. Es will einordnen, nicht überfordern. Denn am Ende bleibt eines klar: KI verändert, wie wir arbeiten. Doch wie dieser Wandel verantwortungsvoll gelingen kann, bleibt eine zutiefst menschliche Entscheidung.

1 Grundlegende Fragen rund um den KI-Einsatz in Unternehmen

Künstliche Intelligenz verändert unseren Lebens- und Arbeitsalltag enorm und das in einer rasanten Geschwindigkeit. Die Einsatzgebiete von KI sind unter anderem autonome Fahrsysteme, Sprachassistenten, KI-Telefonie-Bots sowie Entscheidungshilfen in der Wirtschaft, der Verwaltung und im Gesundheitswesen.

Künstliche Intelligenz ist kein großes Zukunftsprojekt, sondern sie ist bereits im Alltag und in der Praxis angekommen: Mitarbeitende nutzen KI, um Texte zu formulieren, Informationen zusammenzufassen, Ideen zu strukturieren oder Entscheidungen vorzubereiten. Oft geschieht das nebenbei, ohne große Aufmerksamkeit. Genau darin liegt eine Herausforderung: KI wird genutzt, bevor sie wirklich verstanden wird. In vielen Unternehmen fehlt eine gemeinsame Einordnung: Was ist sinnvoll? Was ist erlaubt? Und wo beginnt Verantwortung?

Der zunehmende Einsatz von KI stellt Unternehmen vor die Aufgabe, dafür zu sorgen, dass ihre Mitarbeitenden KI-Tools verantwortungsvoll, sicher und gesetzeskonform verwenden. Doch die große Frage lautet: Welche Kompetenzen und Maßnahmen sind notwendig, um diese sichere und gesetzeskonforme Anwendung von KI-Tools aufzubauen? Eine Frage, der sich die meisten Unternehmen ab 2025/2026 bei Inkrafttreten der EU-KI-Verordnung stellen müssen.

Viele Unternehmen sind sich der seit dem 01.02.2025 geltenden Gesetzgebung nicht bewusst. Auch jene Unternehmen, die sich bereits mit der neuen Gesetzeslage auseinandersetzen, stehen vor der Herausforderung, den Umfang und die Art der notwendigen Mitarbeiterschulungen sowie der zu erbringenden Nachweise zu bestimmen. Viele Unternehmen haben keine klaren Strategien für die sich ergebenden ethischen, gesellschaftlichen und datenschutzrelevanten Fragen im Zusammenhang mit KI. Oft fehlt auch ganz grundsätzlich das Wissen über die Funktionsweise von KI und deren Einfluss auf Entscheidungen.

Dieses Buch ist aus genau dieser Beobachtung entstanden. Nicht aus der Frage, wie man KI technisch möglichst weit treibt, sondern aus der sehr praktischen Frage, wie Menschen im Unternehmen verantwortungsvoll damit umgehen können. KI betrifft nicht nur die IT oder einzelne Fachabteilungen. Sie verändert Arbeitsweisen, Entscheidungsprozesse und Erwartungen an Mitarbeitende.

Dass das Thema langfristig bei HR verankert sein wird, ist eine logische Konsequenz. Schulung, Kompetenzaufbau und Einordnung gehören genau hierher. Mit der gesetzlichen Verpflichtung zur Schulung von Mitarbeitenden im Umgang mit KI wird diese Rolle noch klarer.

Dieses Buch richtet sich an HR-Verantwortliche, die Orientierung suchen. Nicht im Sinne fertiger Antworten, sondern als Grundlage für Entscheidungen, Schulungskonzepte und Gespräche im Unternehmen.

1.1 Warum KI-Kompetenz?

KI-Kompetenz: Mehr als nur ein Prompt

Es war an einem Montagmorgen 2023, der meinen Arbeitsalltag für die nächsten Jahre prägen sollte. Am anderen Ende der Leitung: Die HR-Abteilung eines DAX-Konzerns mit einem akuten Problem. Ein interner Sicherheitsvorfall hatte das Unternehmen unsanft aus dem Dornröschenschlaf geweckt. Ein Mitarbeiter hatte sensible Daten in eine öffentlich verfügbare KI eingegeben und plötzlich war das Thema »KI-Kompetenz« keine Option mehr, sondern Überlebensstrategie. Nur durch Zufall war dieser Mitarbeiter auf sein »Fehlverhalten« durch einen Kollegen aufmerksam gemacht worden und es konnte Schlimmeres verhindert werden. Der Mitarbeiter löschte unverzüglich die eingegebenen Daten und wurde aufgeklärt, wie diese Systeme funktionieren.

Der »Undercover«-Test der Geschäftsleitung
Mein erster Einsatz bestand aus einem Grundlagen-Training zu KI, Datenschutz und professionellem Prompting. Was ich zu diesem Zeitpunkt nicht wusste: Unter den Teilnehmenden befanden sich – – inkognito mit Pseudonym – Mitglieder der Geschäftsleitung des DAX-Konzerns. Sie wollten ungefiltert erleben, ob man das komplexe Thema KI so vermitteln kann, dass es nicht nur verstanden, sondern im Arbeitsalltag sicher angewendet wird.

Offensichtlich war der Test erfolgreich: Unmittelbar nach diesem Termin fiel die Entscheidung, die Informationen rund um KI im ganzen Unternehmen zur Verfügung zu stellen. Was als kleiner Workshop begann, entwickelte sich zu einer zweijährigen Begleitung:

1. **Impuls-Trainings** für die gesamte Belegschaft, um Berührungsängste abzubauen.
2. **Vertiefende Workshops** in den Fachabteilungen, um den mittlerweile entwickelten eigenen KI-Bot und Tools wie Copilot zu nutzen
3. **Wöchentliche Fragerunden der Belegschaft**, in denen regelmäßig über Updates informiert wird (das übernahm ein gut ausgebildeter Mitarbeiter des Unternehmens)

In diesen zwei Jahren habe ich gelernt: Sicherheit im Umgang mit KI entsteht nicht durch technische Perfektion, sondern durch **Orientierung**. Wenn Menschen verstehen, dass KI lediglich mit statistischen Wahrscheinlichkeiten arbeitet und keine eigene Urteilskraft besitzt, verändert sich ihr Umgang mit den Ergebnissen fundamental.

Dieses Buch ist die Essenz aus meiner Reise. Es nimmt dich mit hinter die Kulissen der großen Transformationen und gibt dir die Werkzeuge an die Hand, die ich in unzähligen Stunden mit Teams von der Produktion bis zur Vorstandsetage entwickelt habe. Denn KI-Kompetenz beginnt nicht bei der Auswahl des Tools – sie beginnt bei der Verantwortung des Menschen, der es steuert.

KI-Kompetenz ist also kein Spezialwissen. Es geht nicht darum, technische Details zu beherrschen. KI-Kompetenz bedeutet, zu verstehen, was KI leisten kann und was nicht.

In der Praxis zeigt sich immer wieder: Unsicherheit entsteht dort, wo KI entweder überschätzt oder unterschätzt wird. Manche erwarten objektive, fehlerfreie Ergebnisse. Andere lehnen KI grundsätzlich ab – aus Sorge vor Kontrollverlust oder Fehlentscheidungen.

Beides greift zu kurz. KI arbeitet mit Daten, Mustern und Wahrscheinlichkeiten. Sie liefert Vorschläge, keine Wahrheiten. Wer das weiß, kann Ergebnisse besser einordnen und verantwortungsvoller nutzen.

Besondere Aufmerksamkeit erfordert der Umgang mit Daten. Vielen ist nicht bewusst, dass Informationen, die in KI-Systeme eingegeben werden, das eigene Unternehmensumfeld verlassen. Je nach Anwendung, Konfiguration und Nutzungsbedingungen können Inhalte gespeichert, ausgewertet oder zur Weiterentwicklung der Systeme herangezogen werden. Ein automatischer Schutz sensibler Informationen besteht dabei nicht.

Daraus ergibt sich eine klare Konsequenz: Personenbezogene Daten, interne Inhalte oder vertrauliche Informationen dürfen nicht unüberlegt in KI-Tools eingegeben werden. Die Verantwortung liegt hier nicht bei der Technologie, sondern bei den Menschen, die sie einsetzen und steuern. KI-Kompetenz umfasst daher mehr als Bedienwissen. Sie schließt den bewussten Umgang mit Daten ein, die kritische Bewertung von Ergebnissen und die klare Trennung zwischen unterstützender Technologie und menschlicher Entscheidung.

Mit der gesetzlichen Verpflichtung zur Schulung wird deutlich, dass KI kein Randthema mehr ist. Gefordert ist eine grundlegende Fähigkeit, die Mitarbeitenden hilft, KI im eigenen Arbeitskontext sicher, reflektiert und verantwortungsvoll zu nutzen.

KI-Kompetenz schafft Sicherheit. Für Mitarbeitende, für Führungskräfte und für Unternehmen. Nicht, weil alles geregelt ist, sondern weil Menschen wissen, wo ihre Verantwortung beginnt.

Diese Sicherheit entsteht nicht durch technische Perfektion, sondern durch Orientierung. Nach meinen Schulungen habe ich immer wieder festgestellt, dass ein grundlegendes Verständnis, was KI leisten kann und was nicht, bereits enorm weiterhilft. Wer versteht, wie KI arbeitet, kann Risiken besser einschätzen und Chancen realistischer bewerten. Genau das fehlt in vielen Organisationen noch. KI wird genutzt, aber selten erklärt. Entscheidungen werden vorbereitet, aber nicht immer hinterfragt. Ergebnisse wirken plausibel, ohne dass klar ist, auf welcher Grundlage sie entstehen.

Dabei ist KI kein neutrales Werkzeug. Sie ist immer so gut wie die Daten, mit denen sie arbeitet, und so verantwortungsvoll wie die Menschen, die sie einsetzen. Fehler entstehen nicht nur durch falsche Bedienung, sondern oft durch falsche Annahmen. Wer davon ausgeht, dass KI objektiv ist, übersieht, dass Trainingsdaten Verzerrungen enthalten können. Wer KI als reine Effizienzmaschine betrachtet, verkennt ihre Wirkung auf Entscheidungen, Kommunikation und Machtverhältnisse im Unternehmen.

KI-Kompetenz beginnt deshalb nicht bei der Tool-Auswahl, sondern bei der Einordnung. Mitarbeitende müssen verstehen, dass KI keine eigene Urteilskraft besitzt. Sie erkennt Muster, berechnet Wahrscheinlichkeiten und formuliert Vorschläge auf der Basis vorhandener Informationen. Die Verantwortung für die Nutzung, Bewertung und Umsetzung dieser Vorschläge bleibt immer beim Menschen.

Besonders relevant wird diese Verantwortung dort, wo KI Ergebnisse liefert, die einen direkten oder indirekten Einfluss auf andere Menschen haben. Empfehlungen im Bewerbungsverfahren, E-Mail-Vorschläge, Zusammenfassungen von Protokollen oder Entscheidungsgrundlagen für Führungskräfte verändern Prozesse und die Wahrnehmung. Auch dann, wenn KI nur unterstützend eingesetzt wird, beeinflusst sie den Rahmen, in dem Entscheidungen getroffen werden.

Hinzu kommt ein Aspekt, der im Arbeitsalltag häufig unterschätzt wird: Die Selbstverständlichkeit, mit der KI genutzt wird. Viele Anwendungen sind leicht über das Internet verfügbar, intuitiv bedienbar und schnell einsatzbereit. Genau das macht sie attraktiv – und gleichzeitig riskant. Wo der Aufwand gering ist, wird seltener hinterfragt, ob der Einsatz angemessen ist oder welche Konsequenzen er haben kann.

KI-Kompetenz bedeutet daher auch, Grenzen zu erkennen. Nicht jede Aufgabe eignet sich für den Einsatz von KI. Nicht jede Information darf verarbeitet werden. Und nicht jedes Ergebnis sollte ungeprüft übernommen werden, denn die Fehlinformationen, die einzelne KI-Chat-Systeme immer noch liefern, werden oft nicht als solche wahrgenommen. Die Unterscheidungsfähigkeit in diesen Bereichen lässt sich nicht automatisieren, sie muss erlernt werden.

Unternehmen stehen vor einer Entscheidung, die weitreichend wirkt. Durch KI verschieben sich Arbeitsmethoden für lange Zeit. Arbeitsbereiche ändern sich nun ebenso wie Anforderungen oder nötige Fähigkeiten. Ohne Unterstützung fühlen sich

Mitarbeitende oft überfordert, handeln falsch, verlieren den Glauben an neue Wege. Mit gezieltem Lernen wächst hingegen Sicherheit – selbst bei ständig wechselnden Bedingungen.

Die Rolle der HR-Verantwortlichen rückt hier besonders in den Vordergrund. Statt nur Regeln aufzustellen, fördern sie Fähigkeiten, Haltung und Zugehörigkeit. Wissen über künstliche Intelligenz gehört heute zur Weiterbildung dazu. Ein sicherer Umgang mit künstlicher Intelligenz erwächst aus Fachwissen, achtsamem Umgang und rechtlichem Bewusstsein.

Eine Schulung allein reicht dafür nicht aus, wenn sie auf reines Faktenwissen beschränkt bleibt. Aus der Praxis weiß ich, dass Unternehmen oft aufgezeichnete »Onlinetrainings« anbieten, damit die Pflicht zur KI-Schulung erfüllt ist. Entscheidend ist aber, dass Mitarbeitende beim Lernen die Möglichkeit haben, Fragen zu stellen. Beispielweise, woher die Daten stammen oder welche Annahmen hinter dem System stecken. Oder welche Risiken in konkreten Anwendungsfällen entstehen. Diese Reflexionsfähigkeit ist der Kern von KI-Kompetenz.

Zugleich sollte künstliche Intelligenz nicht als Geheimnis behandelt werden. Obwohl sie viel kann, »weiß« sie keineswegs alles. Manchmal erscheint sie bedrohlich, vor allem wenn Menschen sie idealisieren oder fürchten. Stattdessen lohnt es sich, nüchtern hinzusehen. Denn so lässt sich Glorifizierung, aber auch Misstrauen umgehen. KI ist ein Handwerkszeug mit bestimmten Fähigkeiten, aber ebenso mit Grenzen.

KI-Kompetenz schafft damit nicht nur Sicherheit im Umgang mit Technologie, sondern auch Klarheit in der Organisation. Sie stärkt die Entscheidungsfähigkeit, reduziert Fehlannahmen und fördert einen bewussten Umgang mit neuen Möglichkeiten. Unternehmen, die diesen Weg gehen, investieren nicht nur in Technik, sondern in ihre eigene Handlungsfähigkeit.

Damit wird deutlich, warum KI-Kompetenz kein kurzfristiges Qualifikationsthema ist. Sie ist eine grundlegende Fähigkeit, die mit der zunehmenden Anwendung von KI an Bedeutung gewinnt. Je selbstverständlicher KI im Arbeitsalltag wird, desto wichtiger wird das Wissen darüber, wie sie funktioniert und wo die Verantwortung jedes einzelnen Mitarbeiters beginnt.

Diese Zusammenhänge zeigen sich besonders deutlich in meiner Beratungstätigkeit. In vielen Unternehmen treffe ich auf eine sehr hohe Erwartungshaltung gegenüber KI. Häufig steht am Anfang die Annahme, dass durch KI alles einfacher wird und Prozesse sich quasi von selbst beschleunigen. »Das kann doch die KI machen« ist ein Satz, der mir regelmäßig begegnet. Generell stimmt es, dass Prozesse durch KI schneller, flüssiger und fehlerfrei laufen, doch die Bedingungen dafür müssen vorab geschaffen werden. Bevor Automatisierung sinnvoll funktioniert, müssen z. B. Daten strukturiert werden, Systeme kompatibel sein, Datenschutzbestimmungen eingehalten und Prozesse klar definiert werden. KI ersetzt diese Grundlagen nicht, sie baut auf ihnen auf. Ohne saubere Daten liefert auch das beste System keine verlässlichen Ergebnisse. Und Mitarbeitende müssen ebenfalls mitgenommen werden – in der Vorbereitung, während der Validierung der Daten und im späteren Einsatz.

In den letzten Jahren habe ich oft erlebt: Nicht selten wird die Einführung von KI-Automation durch Mitarbeitende behindert. Entweder fehlte das KI-Wissen oder es herrschte Angst vor Veränderungen oder Arbeitsplatzverlust. Neben technischen Fragen spielen daher auch psychologische Faktoren eine große Rolle und sollten sensibel wahrgenommen werden. Damit KI wirksam eingesetzt werden kann, müssen IT, Geschäftsleitung, HR und die betroffenen Fachabteilungen zusammenarbeiten. Es braucht ein gemeinsames Verständnis dafür, was automatisiert werden soll, welche Auswirkungen es haben wird, welche Daten genutzt werden dürfen und welche Verantwortung damit einhergeht.

In den Trainings erlebe ich regelmäßig eine große Zurückhaltung gegenüber KI-Lösungen wie etwa gegenüber eigenen KI-Chatbots oder auch gegenüber Microsoft Copilot. Mitarbeitende wissen oft nicht, wie sie die Tools konkret nutzen sollen, welche Inhalte sie eingeben dürfen oder welche Informationen kritisch sind. Die Folge ist paradox: Unternehmen investieren in teure Lizenzen oder eigene Lösungen – doch ohne begleitende Schulung bleiben diese Werkzeuge dann oft ungenutzt.

Gleichzeitig berichten mir dieselben Teilnehmenden oft ganz selbstverständlich, dass sie ChatGPT nutzen, da die KI bessere Daten liefert. E-Mails werden formuliert, Recherchen durchgeführt, Zusammenfassungen erstellt oder Konzepte vorbereitet. Der Nutzen ist spürbar, die Ergebnisse sind schnell verfügbar und häufig überzeugend. Was die Mitarbeitenden dabei nicht reflektieren, ist der Umgang mit internen Informationen und dem Datenschutz.

Viele Mitarbeitende sind sich nicht bewusst, dass Inhalte, die in öffentliche KI-Systeme eingegeben werden, außerhalb des Unternehmens verarbeitet werden. Auch wenn diese Daten nicht automatisch öffentlich einsehbar sind, verlassen sie dennoch den geschützten Unternehmenskontext. Vertraulichkeit ist damit nicht garantiert. Erst wenn diese Zusammenhänge erklärt werden, wird vielen die Tragweite des eigenen Handelns bewusst.

Diese Beobachtungen verdeutlichen, warum KI-Kompetenz mehr ist als Tool-Wissen. Mitarbeitende handeln oft nicht aus Fahrlässigkeit, sondern aus Unwissen. Sie wollen effizient arbeiten und greifen zu dem, was ihnen vertraut erscheint. Ohne klare Schulung entstehen so Risiken, die vermeidbar wären.

Auch auf Vorträgen begegnen mir verschiedenste Fragen zu KI – doch oft wird dabei deutlich, dass das Grundwissen fehlt. Häufig werde ich nach den neuesten Tools gefragt oder danach, wie die Zukunft der Arbeit aussehen wird. Das Interesse ist groß, gleichzeitig zeigt sich, wie komplex das Thema geworden ist. KI betrifft HR, Technik, Recht, Organisation, Ethik und Kultur gleichermaßen. Die einzelnen Bereiche lassen sich nicht getrennt betrachten.

Gerade deshalb kommt HR eine zentrale Rolle zu: Sie ist das Bindeglied zwischen Technologie und Mensch, zwischen Strategie und Alltag. Sie schafft Orientierung im Unternehmen, besonders wenn HR-Verantwortliche über Kenntnisse zu künstlicher Intelligenz verfügen. Dadurch können Schulungen gezielter gestaltet, Unsicherheiten angesprochen und Erwartungen realistischer eingeschätzt werden.

Meine Erfahrung zeigt: Dort, wo HR aktiv eingebunden ist, wird KI bewusster eingesetzt. Mitarbeitende wissen, was erlaubt ist, welche Tools genutzt werden sollen und wo die Grenzen liegen. KI wird nicht als Bedrohung wahrgenommen, sondern als Unterstützung. Genau diese Klarheit entscheidet darüber, ob KI im Unternehmen ein Mehrwert ist oder zum Risiko wird.

KI-Kompetenz entsteht nicht durch Einzelmaßnahmen. Sie entwickelt sich durch kontinuierliche Einordnung, durch Austausch und durch Schulungen, die sich an der Realität der Mitarbeitenden orientieren. Unternehmen, die diesen Weg gehen, schaffen nicht nur Sicherheit im Umgang mit KI, sondern stärken langfristig ihre eigene Handlungsfähigkeit.

1.2 Die wachsende Bedeutung von KI in Unternehmen

Künstliche Intelligenz ist in den vergangenen Monaten in der Breite der deutschen Wirtschaft angekommen. Das ist auch auf die verstärkte mediale Berichterstattung zurückzuführen. Nach und nach ist ein Bewusstsein für KI in den Unternehmen entstanden, eine schrittweise Veränderung, die sich zunehmend im Arbeitsalltag bemerkbar macht. KI wird genutzt, ausprobiert, diskutiert und in vielen Fällen bereits produktiv eingesetzt – oft ohne große Ankündigung, sondern pragmatisch und lösungsorientiert.

Diese Entwicklung zeigt sich quer durch alle Branchen und Unternehmensgrößen. Während große Organisationen KI strategisch einordnen und Pilotprojekte aufsetzen, greifen kleinere Unternehmen häufig direkt zu verfügbaren Tools, wie etwa Microsoft Copilot, um Zeit zu sparen oder Prozesse zu vereinfachen. Der Zugang zu KI ist niedrigschwellig geworden und genau das beschleunigt die Verbreitung.

Zahlen aus aktuellen Statistiken bestätigen diesen Eindruck. Inzwischen nutzt rund jedes dritte Unternehmen in Deutschland KI. Innerhalb kurzer Zeit hat sich dieser Anteil nahezu verdoppelt.[1] Weitere Unternehmen planen den Einsatz oder befinden sich in der Entscheidungsphase. Nur noch eine kleine Minderheit betrachtet KI derzeit als irrelevant. Diese Verschiebung macht deutlich, dass KI nicht mehr als Zukunftsthema behandelt wird, sondern als Teil gegenwärtiger Unternehmensrealität.

Mit der wachsenden Nutzung verändern sich Arbeitsweisen. Texte werden vorbereitet, Daten zusammengefasst, Präsentationen strukturiert, Entscheidungsgrundlagen erstellt. KI unterstützt dort, wo Informationen verdichtet oder erste Entwürfe benötigt werden. Sie ersetzt keine Entscheidungen, beeinflusst aber den Rahmen, in dem sie getroffen werden.

Auffällig ist dabei, dass KI selten als klar definiertes Projekt eingeführt wird. Häufig entsteht die Nutzung aus dem Bedarf heraus. Mitarbeitende greifen auf KI zurück, weil sie verfügbar ist und schnelle Ergebnisse liefert. Diese informelle Nutzung bringt Vorteile, birgt aber auch, wie bereits dargestellt, Risiken. Wo KI ohne Einordnung eingesetzt wird, fehlen gemeinsame Standards, klare Zuständigkeiten und ein gemeinsames Verständnis.

Die Bedeutung von KI wächst damit nicht nur technisch, sondern organisatorisch. Prozesse verändern sich, ohne dass sie offiziell angepasst wurden. Rollen verschieben sich, Erwartungen steigen. Ergebnisse wirken fundierter, weil sie technisch unterstützt sind. Gleichzeitig bleibt die Verantwortung bei den Menschen.

Diese Entwicklung stellt HR vor neue Fragen:
- Welche Aufgaben sollen durch KI unterstützt werden? Welche nicht?
- Wie gehen wir mit Ergebnissen um, die plausibel klingen, aber nicht überprüft sind?
- Und wie stellen wir sicher, dass KI im Sinne des Unternehmens eingesetzt wird?

Besonders relevant werden diese Fragen dort, wo KI Einfluss auf Menschen hat. Im Recruiting, in der Personalentwicklung, in der internen Kommunikation oder in der Geschäftsleitung, die KI zur Reflexion nutzt. Je näher KI an Entscheidungen heranrückt, desto wichtiger wird das Verständnis dafür, wie Ergebnisse entstehen und welche Annahmen ihnen zugrunde liegen.

Gleichzeitig zeigen sich Hemmnisse. Rechtliche Unsicherheit gehört zu den wichtigsten Bremsfaktoren. Viele Unternehmen wissen nicht genau, was erlaubt ist, wo Risiken beginnen, wohin die Daten gelangen und wie sie verarbeitet werden. Daten-

1 https://www.bitkom.org/sites/main/files/2026-02/bitkom-studienbericht-ki.pdf

schutzanforderungen werden als komplex empfunden, ebenso die Frage nach Haftung und Verantwortung. Hinzu kommen fehlendes technisches Know-how, knappe personelle Ressourcen und begrenzte Budgets.

Auch die Akzeptanz aufseiten der Mitarbeitenden spielt eine Rolle. Während einige KI selbstverständlich nutzen, begegnen ihr andere mit Skepsis oder Zurückhaltung. Dies führt zu effizienter Nutzung bei manchen, völliger Ablehnung bei anderen. Ohne gemeinsame Orientierung verstärken sich diese Gegensätze.

In der Praxis zeigt sich jedoch auch noch ein anderes Bild: Viele Mitarbeitende sind frustriert, weil ihr Unternehmen noch keine KI-Tools verwendet. Die ältere Generation lehnt neue Technologien ab, während jüngere Beschäftigte KI bereits eigenständig nutzen, auch ohne Erlaubnis.

Die wachsende Bedeutung von KI zeigt sich damit nicht nur in ihrer Leistungsfähigkeit, sondern auch in den Spannungen, die sie erzeugt. Unternehmen sehen sich zwischen Innovationsdruck und Verantwortung, zwischen Effizienzsteigerung und Risikoabsicherung. KI verstärkt bestehende Strukturen, sie löst keine grundlegenden Probleme, sondern macht sie sichtbarer.

In meiner Arbeit als Beraterin begegne ich oft der Hoffnung, dass KI wie ein digitaler Zauberstab wirkt: Man führt sie ein und plötzlich laufen die Prozesse wie von selbst. Doch die Realität ist eine andere: KI löst keine grundlegenden Probleme, sie macht sie nur unerbittlich sichtbar. Wenn ein Prozess im Unternehmen nicht sauber geplant ist, kann die KI darauf nicht aufbauen. Sie braucht klare Regeln und lückenlose Informationen. Fehlen diese, liefert sie keine Ergebnisse oder – noch schlimmer – sie macht Fehler, weil Informationen fehlen.

Ein Blick in die Praxis: Das Problem mit dem »blinden Fleck«

Dass die KI nicht mit schlecht aufgesetzten Prozessen arbeiten kann, habe ich vor Kurzem in einem Projekt erlebt, bei dem es um die Automatisierung im Mahnwesen ging. Das Unternehmen wollte, dass eine KI die Korrespondenz mit den Kunden übernimmt. Das Problem: Jahre zuvor hatte die IT unter Zeitdruck ein System eingeführt, das Mahnungen automatisch per Mail verschickte. Diese Mails wurden aber nirgendwo für das Team hinterlegt. Es gab lediglich eine Liste mit der Angabe, dass Mahnungen verschickt wurden, jedoch ohne weitere Hinweise, wie z. B. Absendedatum oder Inhalt der E-Mail.

Für die Sachbearbeiterinnen und Sachbearbeiter war das zwar nervig, aber man hatte sich damit abgefunden. Man wusste: »Irgendwie geht die Mahnung raus.««

Als ich als Beraterin nun die KI implementieren wollte, kam das Projekt ins Stocken. Warum? Weil die KI für ihre Arbeit ein vollständiges Bild braucht. Wenn die KI eine Mail eines Kunden beantworten soll, der sich über eine Mahnung beschwert, muss sie diese Mahnung »sehen« können. Sie muss wissen: Wann ging sie raus? Was stand drin? Welcher Tonfall wurde gewählt?

Ohne diese Information kann die KI den Kontext nicht verstehen. Sie agiert dann wie ein Mitarbeiter, dem man die Hälfte der Akten vorenthält. Die Folge war: Ich musste erst einmal die alten, »unsauberen«« Abläufe der IT offenlegen, sie vernünftig dokumentieren und technisch so umbauen, dass jede Mail im Kundenkonto landet.

Was bedeutet das für Sie im HR-Bereich?

Die Einführung von KI zwingt uns dazu, unsere Hausaufgaben bei der Prozesshygiene zu machen. Die KI ist wie ein Scheinwerfer, der in die dunklen Ecken der Organisation leuchtet und aufdeckt, wo wir in der Vergangenheit bei der Dokumentation geschlampt haben. Das ist anstrengend, aber es ist der einzige Weg, um wirklich effizient zu werden. Man kann kein hochmodernes KI-Dach auf ein instabiles Prozessfundament setzen.

Vor diesem Hintergrund wird deutlich, warum KI nicht isoliert betrachtet werden kann. Sie betrifft die IT, Fachabteilungen, Führungskräfte und Mitarbeitende gleichermaßen. Entscheidungen über ihren Einsatz haben Auswirkungen auf die Kultur, die Zusammenarbeit und das Vertrauen im Unternehmen. Je stärker KI in Prozesse eingebunden wird, desto wichtiger wird eine koordinierte Vorgehensweise.

Hier zeigt sich die besondere Bedeutung der HR-Abteilung, denn sie ist nicht für die Technologie zuständig, aber für die Menschen, die mit ihr arbeiten. HR gestaltet Qualifikation, begleitet Veränderung und schafft Rahmenbedingungen für verantwortungsvolles Handeln. In einer Arbeitswelt, in der KI zunehmend präsent ist, wird diese Rolle noch bedeutsamer.

Unternehmen, die KI allein als Effizienzwerkzeug betrachten, verschenken Potenzial. Ebenso riskant ist es, KI aus Angst vor Fehlern zu vermeiden. Entscheidend ist die bewusste Auseinandersetzung. Wer versteht, warum KI eingesetzt wird, wie sie wirkt und wo ihre Grenzen liegen, kann sie sinnvoll integrieren.

Die wachsende Bedeutung von KI zeigt sich somit weniger in einzelnen Tools als in der Art, wie Unternehmen damit umgehen. KI fordert Klarheit, Kommunikation und Kompetenz. Sie zwingt Organisationen dazu, Verantwortung neu zu denken und Entscheidungen bewusster zu treffen.

KI wird bleiben und nicht wieder verschwinden, auch wenn es sich so mancher wünscht. KI ersetzt menschliche Arbeit nicht, sondern ist Bestandteil moderner Arbeitsprozesse. Unternehmen, die diese Entwicklung aktiv begleiten, schaffen eine Grundlage für Stabilität in einem dynamischen Umfeld. Nicht durch Kontrolle, sondern durch Verständnis, Struktur und Kompetenzaufbau.

KI ist Teil der Arbeitsrealität geworden. Unternehmen, die diese Entwicklung aktiv begleiten, schaffen eine Grundlage für verantwortungsvolle Entscheidungen, getragen von Verständnis, nicht von Zufall.[2]

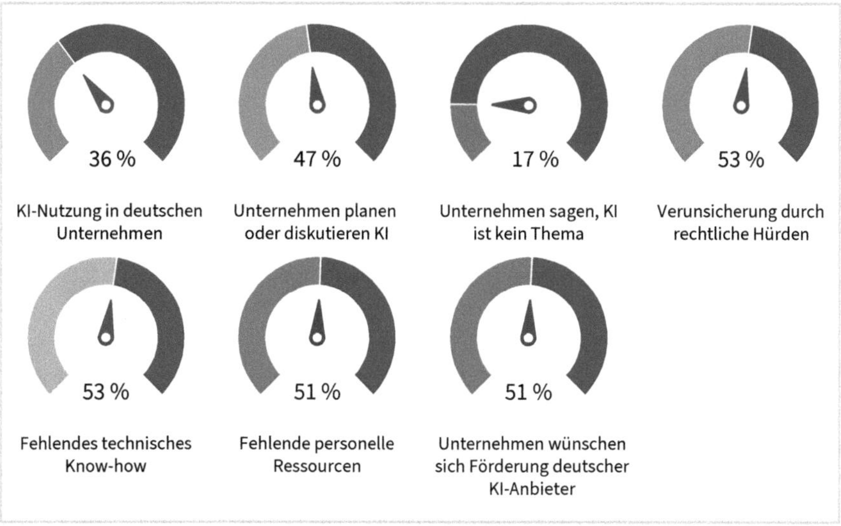

KI-Nutzung und -Planung in deutschen Unternehmen (erstellt mit Napkin AI)

1.3 Gesetzliche Verpflichtungen zur Schulung von Mitarbeitenden

Durch die zunehmende Verbreitung von künstlicher Intelligenz ist auch die rechtliche Verantwortung der Unternehmen gewachsen. Der Gesetzgeber reagiert damit auf eine Entwicklung, die längst Realität ist: KI wird nicht mehr nur experimentell eingesetzt, sondern beeinflusst Arbeitsprozesse, Entscheidungen und den Umgang mit Daten in immer mehr Bereichen.

Auf europäischer Ebene bildet die KI-Verordnung der Europäischen Union den entscheidenden Rahmen. Sie verfolgt das Ziel, den Einsatz von KI sicher, nachvollziehbar und verantwortungsvoll zu gestalten. Dabei geht es nicht darum, Innovation zu bremsen, sondern klare Leitplanken zu schaffen, damit KI im Sinne von Menschen, Unternehmen und Gesellschaft eingesetzt wird.

Ein zentraler Aspekt dieser Verordnung ist die sogenannte **KI-Kompetenz**. Unternehmen, die KI-Systeme einsetzen oder deren Ergebnisse nutzen, sind verpflichtet sicherzustellen, dass die beteiligten Mitarbeitenden über ausreichende Kenntnisse

2 https://bitkom-research.de/studien/kuenstliche-intelligenz-2025

verfügen. Diese Verpflichtung gilt unabhängig davon, ob KI intern entwickelt oder als fertiges Produkt eingekauft wird.

Der Gesetzgeber macht damit deutlich: Verantwortung endet nicht beim Kauf einer Software. Sie beginnt bei der Frage, wer mit KI arbeitet, wie sie genutzt wird und ob die handelnden Personen verstehen, was sie tun. Künstliche Intelligenz sollte transparent und nachvollziehbar in betriebliche Abläufe integriert werden.

Wichtig ist dabei, was unter »**Schulung**« verstanden wird und was nicht. Es geht ausdrücklich nicht darum, Mitarbeitende zu Technikexperten oder Entwicklerinnen auszubilden. Gefordert ist ein Grundverständnis für Funktionsweisen, Einsatzgrenzen und Risiken von KI. Mitarbeitende sollen in der Lage sein, Ergebnisse einzuordnen, Entscheidungen kritisch zu hinterfragen und sensibel mit Daten umzugehen.

Die Anforderungen sind bewusst offen formuliert. Der Gesetzgeber verzichtet auf starre Vorgaben oder Zertifizierungspflichten. Damit wird anerkannt, dass KI in Unternehmen sehr unterschiedlich eingesetzt wird. Eine Schulung im Marketing sieht anders aus als im Recruiting, in der Personalentwicklung oder im Controlling. Entscheidend ist, dass die Inhalte zum jeweiligen Arbeitskontext passen.

Gleichzeitig bedeutet diese Offenheit Verantwortung. Unternehmen müssen selbst definieren, wie sie die Schulungspflicht erfüllen. Sie müssen entscheiden, welche Zielgruppen geschult werden, welche Inhalte relevant sind und wie Schulungen dokumentiert werden. Ein einmaliges Seminar reicht dabei in der Regel nicht aus. KI entwickelt sich weiter, ebenso die rechtlichen und technischen Rahmenbedingungen.

Besondere Bedeutung kommt dem **Datenschutz** zu. KI-Systeme verarbeiten häufig personenbezogene Daten oder sensible Unternehmensinformationen. Fehler im Umgang mit diesen Daten können nicht nur das Vertrauen der Mitarbeitenden beschädigen, sondern auch erhebliche Konsequenzen für das Unternehmen haben. Eine Schulung ist daher ein zentraler Baustein, um den Datenschutz nicht nur formal, sondern praktisch umzusetzen.

Ein weiterer Aspekt ist die **Haftung**. Entscheidungen, die auf KI-gestützten Ergebnissen basieren, bleiben menschliche Entscheidungen. Unternehmen können Verantwortung nicht an Systeme delegieren. Mitarbeitende müssen deshalb verstehen, dass die KI Vorschläge liefert, aber keine Verantwortung übernimmt. Diese Unterscheidung ist zentral, um Fehlannahmen zu vermeiden.

Für viele Unternehmen stellt diese gesetzliche Verpflichtung eine neue Herausforderung dar. KI wurde lange als freiwilliges Innovationsfeld betrachtet. Mit der

Schulungspflicht wird sie zu einem festen Bestandteil von Organisations- und Personalentwicklung. Das verändert den Blick auf das Thema grundlegend.

In der Praxis zeigt sich, dass Unsicherheit häufig weniger aus Widerstand entsteht als aus fehlender Orientierung. Mitarbeitende wissen nicht, was von ihnen erwartet wird, welche Tools erlaubt sind oder wie sie mit Ergebnissen umgehen sollen. Ohne Schulung entstehen Grauzonen, in denen entweder gar nicht oder unreflektiert mit KI gearbeitet wird.

Hier kommt HR eine zentrale Rolle zu. HR ist nicht für die Technologie verantwortlich, aber für Qualifikation, Rahmenbedingungen und Umsetzung. Die gesetzliche Verpflichtung zur Schulung macht HR zu einer Schlüsselinstanz im Umgang mit KI. Schulung wird zur Brücke zwischen rechtlichen Anforderungen und gelebtem Arbeitsalltag.

Gute Schulungskonzepte setzen genau hier an. Sie nehmen Unsicherheiten ernst, erklären Zusammenhänge verständlich und beziehen konkrete Anwendungsfälle ein. Sie schaffen Klarheit darüber, was erlaubt ist, wo Grenzen liegen und wie Verantwortung verteilt ist. Damit tragen sie nicht nur zur Rechtssicherheit bei, sondern auch zur Akzeptanz von KI.

Ein weiterer wichtiger Punkt ist die **Dokumentation**. Unternehmen müssen im Zweifel nachweisen können, dass Schulungen durchgeführt wurden und welche Inhalte vermittelt wurden. Auch hier geht es weniger um Formalismus als um Nachvollziehbarkeit. Schulung wird Teil der organisatorischen Verantwortung.

Die gesetzliche Verpflichtung zeigt einen Wendepunkt. KI wird nicht mehr nur als technisches Werkzeug betrachtet, sondern als Thema von Kompetenz, Verantwortung und Unternehmenskultur. Unternehmen sind gefordert, KI bewusst zu integrieren, jedoch nicht aus Zwang, sondern aus Einsicht.

Langfristig liegt in dieser Entwicklung auch eine Chance. Unternehmen, die frühzeitig in KI-Kompetenz investieren, schaffen Vertrauen, sind wirtschaftlich robuster, reduzieren Risiken und stärken ihre Entscheidungsfähigkeit. Schulung wird vom Pflichtprogramm zum strategischen Instrument.

KI verändert die tägliche Arbeit. Die gesetzliche Schulungspflicht sorgt dafür, dass diese Veränderung nicht unkontrolliert geschieht, und sie fordert Unternehmen dazu auf, Verantwortung zu übernehmen – für ihre Mitarbeitenden, für ihre Prozesse und für den Umgang mit einer Technologie, die bleiben wird.

1.4 Was ist der EU AI Act und warum ist er relevant?

Die **Verordnung über künstliche Intelligenz**, besser bekannt als **EU AI Act**, ist der erste umfassende Rechtsrahmen weltweit, der KI systematisch reguliert. Die Verordnung wurde im Jahr 2024 vom Europäischen Parlament und vom Rat der EU verabschiedet und trat am 1. August 2024 in Kraft.[3]

Der EU AI Act regelt nicht nur, **wie KI-Systeme eingesetzt und entwickelt werden dürfen**, sondern stellt auch **Anforderungen an Unternehmen, die diese Systeme nutzen**. Er zielt darauf ab, **Grundrechte zu schützen**, **Sicherheit zu gewährleisten** und gleichzeitig **Innovation nicht zu verhindern**, sondern unter vertrauenswürdigen Bedingungen zu fördern.

Ein zentrales Element des EU AI Acts ist sein **risikobasierter Ansatz**: Je nach Risikoklasse der KI-Anwendung gelten unterschiedliche Vorschriften und Pflichten. Einige hochriskante Anwendungen, etwa in der Medizin oder im Bewerbungsscreening, unterliegen sehr strengen Anforderungen. Andere Systeme gelten als weniger risikobehaftet, sind aber ebenso adressiert, etwa durch Transparenzpflichten.[4]

Für HR ist vor allem ein Aspekt relevant: **Seit Februar 2025 müssen Unternehmen sicherstellen, dass Mitarbeitende, die mit KI-Systemen arbeiten, über grundlegende KI-Kompetenzen verfügen.** Diese Kompetenz umfasst nicht nur technisches Wissen, sondern auch Bewusstsein für Risiken, ethische Fragestellungen und verantwortlichen Umgang mit der Technologie.[5]

1.5 Was die KI-Verordnung für Unternehmen bedeutet

Unternehmen stehen unter dem Druck, KI produktiv zu nutzen, haben aber gleichzeitig Bedenken hinsichtlich rechtlicher, organisatorischer und mitarbeiterbezogener Fehler. Genau an dieser Stelle schafft der gesetzliche Rahmen Klarheit. Nicht weil er jedes Detail vorgibt, sondern weil er eine Grundlogik setzt: KI ist kein Spielzeug. Wer KI nutzt, muss Menschen befähigen, Risiken verstehen und Verantwortung organisieren.

Für HR ist das eine gute Nachricht. Denn es bedeutet: Das Thema landet nicht dauerhaft bei der IT, sondern wird zu einer **Kompetenz- und Organisationsaufgabe** und damit zu einem klassischen HR-Thema.

---

3 https://de.wikipedia.org/wiki/Verordnung_%C3%BCber_k%C3%BCnstliche_Intelligenz
4 https://www.activemind.legal/de/guides/ai-act/
5 https://www.ihk-muenchen.de/ratgeber/digitalisierung/kuenstliche-intelligenz/ai-act/?utm_source=chatgpt.com

Was bedeutet die KI-Verordnung nun konkret für Unternehmen? Die europäische KI-Verordnung (EU AI Act) richtet sich nicht nur an Hersteller oder Entwickler. Sie betrifft ausdrücklich auch Unternehmen, die KI **»nur anwenden«**. In der Logik der Verordnung sind das **Anbieter** (Provider) und **Betreiber/Anwender** (Deployer). Beide Seiten haben Pflichten.[6]

Der Kern für den Unternehmensalltag lässt sich so zusammenfassen:

1. **KI-Einsatz muss gesteuert sein.**
   KI darf nicht »irgendwie« entstehen, weil einzelne Teams Tools ausprobieren. Unternehmen brauchen klare Regeln, in welchen Kontexten KI genutzt wird, welche Daten dabei verwendet werden dürfen und wer die Verantwortung trägt. Das reduziert nicht Innovation, sondern es verhindert Chaos.
   Ein entscheidender Punkt in meiner Beratung ist: KI-Einsatz muss gesteuert sein. «Unternehmen brauchen daher klare Leitplanken:
   - In welchen Kontexten ist die Nutzung erlaubt?
   - Welche sensiblen Daten dürfen unter keinen Umständen in eine KI fließen?
   - Und vor allem: Wer trägt am Ende die Verantwortung?

   Dabei geht es um weit mehr als nur die formale Zuständigkeit. Es geht um Verantwortung in den folgenden drei Kernbereichen:
   - **Verantwortung für das Ergebnis:** Wer prüft die KI-generierten Inhalte auf Richtigkeit und fachliche Tiefe? Ein »Die KI hat das so geschrieben« darf niemals als Entschuldigung für Fehler gelten.
   - **Verantwortung für die Weiterverwendung:** Wer entscheidet, ob ein Entwurf direkt an Kunden gehen darf oder intern bleiben muss? Hier müssen klare Freigabeprozesse definiert sein.
   - **Verantwortung für die Compliance:** Wer stellt sicher, dass durch die Nutzung nicht Urheberrechte verletzt oder Datenschutzvorgaben ignoriert werden?

   Klare Regeln verhindern das Chaos, das entsteht, wenn Teams mit unterschiedlichen Wissensständen und Sicherheitsvorgaben nebeneinanderher arbeiten. Erst wenn der Rahmen steht, entsteht die nötige Sicherheit, um KI wirklich produktiv und skalierbar einzusetzen.
2. **Mitarbeitende brauchen nachweisbar Kompetenz.**
   Ein zentraler, sehr praxisnaher Punkt ist Artikel 4 des EU AI Act: Unternehmen sollen Maßnahmen ergreifen, um ein **ausreichendes Maß an KI-Kompetenz (AI Literacy)** bei den Mitarbeitenden sicherzustellen, die KI-Systeme bedienen oder im Auftrag des Unternehmens nutzen. Dabei soll der Kenntnisstand der Personen berücksichtigt werden (Vorwissen, Erfahrung, Training) sowie der Nutzungskontext und die betroffenen Personengruppen.[7]

---

6 EU-Kommission, AI Act – Regulatory framework on AI (Stand: 5. Dezember 2025).

7 Reuters, Bericht zur Diskussion um Verschiebung von High-Risk-Pflichten im Rahmen des Digital Omnibus (19. November 2025).

Wichtig: Es besteht keine »IT-Schulungspflicht«. Es geht um angemessene Kompetenz im jeweiligen Jobkontext. Ein Recruiter braucht eine andere KI-Kompetenz als eine Controllerin, eine Assistenz oder ein Service-Team.

3. **Vorschriften zur KI-Kompetenz gelten seit Februar 2025 als anwendbar.**
   Mehrere offizielle Stellen ordnen die AI-Literacy-Anforderung so ein, dass sie Anfang Februar 2025 anwendbar wurde.[8] Das heißt nicht, dass sofort »Strafen folgen«, aber: Unternehmen sind gut beraten, das Thema nicht auf später zu verschieben, sondern als laufenden Kompetenzaufbau zu etablieren.
4. **Die KI-Verordnung bleibt in Bewegung.**
   Die Regulierung ist derzeit dynamisch. Die EU-Kommission hat im Rahmen eines »Digital Omnibus«-Pakets im November 2025 Vereinfachungen vorgeschlagen, ausdrücklich mit dem Ziel, Bürokratie zu reduzieren und Innovation/Wettbewerbsfähigkeit zu stärken.[9]
   Gleichzeitig wird in der öffentlichen Debatte auch über die **Verschiebung einzelner Pflichten** diskutiert (z. B. bei »High Risk«-Regeln). Wichtig: HR sollte nicht auf perfekte Stabilität warten, sondern Strukturen aufbauen, die flexibel bleiben.[10]
5. **Was HR daraus ableiten kann:**
   Die Verordnung zwingt Unternehmen nicht zu »mehr Technik«, sondern zu **mehr Klarheit**:
   - Wer darf was nutzen?
   - Mit welchen Daten?
   - Mit welcher Kontrolle?
   - Und welches Kompetenzniveau ist je Rolle erforderlich?

Genau hier entsteht die strategische Rolle von HR.

1.6 Wer muss im Unternehmen über KI-Kompetenz verfügen?

In der Realität betrifft KI-Kompetenz nicht »die Mitarbeitenden« als homogene Masse, sondern klar definierte Gruppen:

- **alle, die KI-Tools aktiv nutzen** (z. B. ChatGPT, Microsoft Copilot, Bild-/Video-Tools, Recruiting-Tools, Analyse-Tools)
- **alle, die KI-Ergebnisse weiterverarbeiten** (z. B. Führungskräfte, die auf der Basis von KI-Zusammenfassungen entscheiden)

8 Bundesnetzagentur, AI literacy (Hinweis auf Anwendbarkeit Anfang Februar 2025 und Artikel-4-Text).

9 EU-Kommission, Digital Omnibus Regulation Proposal (19. November 2025); EU-Kommission, Simpler digital rules to help EU businesses grow (19. November 2025).

10 Reuters, Bericht zur Diskussion um Verschiebung von High-Risk-Pflichten im Rahmen des Digital Omnibus (19. November 2025).

- **alle, die KI in Prozesse integrieren** (IT, Prozessmanagement, Datenschutz/Compliance)
- **alle, die mit Betroffenen zu tun haben** (HR, Service, Kommunikation, Recht)

Die beste Umsetzung ist deshalb kein »Einheitskurs«, sondern ein **Rollenkonzept**: Basisschulung für alle plus vertiefende Module für bestimmte Gruppen. Hierzu mehr in Kapitel 6.

1.7 Was ist Pflicht und was ist Kür?

In meinen Gesprächen mit Personalverantwortlichen höre ich oft die Frage: »Was muss das Unternehmen eigentlich tun, um bei der Verwendung von KI rechtlich auf der sicheren Seite zu sein?« Diese Frage nach dem absoluten Minimum ist verständlich, greift aber zu kurz. Bei KI geht es nicht nur darum, juristische Häkchen zu setzen. Es geht um Risiko- und Reputationsschutz. Wenn ein Team ungeschult mit sensiblen Daten experimentiert, hilft es wenig, wenn die Policy theoretisch im Intranet bereitstand.

Es ist daher sinnvoll, zwischen zwei Ebenen zu unterscheiden: den **gesetzlich verpflichtenden Mindestanforderungen** und der **strategischen Kür**, die eine Organisation langfristig robust macht.

Das regulatorische Minimum: die Pflichten des Unternehmens
Folgende Punkte muss eine Organisation abdecken, um »compliant« zu sein – insbesondere mit Blick auf den AI Act (Artikel 4):

- **Nachweis der KI-Kompetenz (AI Literacy):** Das Unternehmen steht in der Nachweispflicht. Es muss belegen können, dass Mitarbeitende in relevanten Rollen über ein ausreichendes Maß an KI-Wissen verfügen. Das ist keine freiwillige Weiterbildung, sondern eine regulatorische Notwendigkeit, deren Umsetzung meist im Verantwortungsbereich von HR liegt.
- **klare Datenvorgaben:** Es müssen unmissverständliche Regeln existieren, wie mit personenbezogenen oder vertraulichen Unternehmensdaten umgegangen wird. »Grauzonen« stellen hier ein massives Haftungsrisiko für die Geschäftsführung dar.
- **nachvollziehbare Verantwortlichkeiten:** Es muss definiert sein, wer ein Tool genehmigt, wer es technisch betreibt, wer es operativ nutzt und wer die finale Kontrolle der Ergebnisse übernimmt. Diese Kette muss lückenlos dokumentiert sein.
- **praxistaugliche Leitlinien:** Eine Policy erfüllt ihren Zweck nur, wenn sie im Arbeitsalltag tatsächlich anwendbar ist. Das bedeutet: weg von abstrakten Verboten hin zu klaren Handlungsanweisungen. Eine praxistaugliche Richtlinie beantwortet die Frage: »Darf ich diesen spezifischen Arbeitsschritt mit diesem Tool erledigen?«, ohne dass ein Jurastudium vorausgesetzt wird.

Die strategische Kür: was das Unternehmen stark macht

Folgende Punkte sind gesetzlich (noch) nicht zwingend vorgeschrieben, entscheiden aber darüber, ob eine KI-Strategie im Alltag erfolgreich gelebt wird oder ob das Unternehmen im Chaos versinkt:

- **regelmäßige Updates:** Die Technologie entwickelt sich schneller als jede Regulierung. Ein Turnus von 6 bis 12 Monaten zur Überprüfung der internen Regeln ist das Minimum, um nicht den Anschluss zu verlieren.
- **interne Anlaufstellen:** Formate wie eine »KI-Sprechstunde« helfen, Unsicherheiten frühzeitig abzufangen. Mitarbeitende brauchen einen Ort, an dem sie Fragen stellen können, bevor Fehler passieren.
- **transparenter Use-Case-Katalog:** Eine Übersicht der bereits geprüften und freigegebenen Anwendungen verhindert, dass jede Abteilung isoliert experimentiert und das Rad ständig neu erfunden wird.
- **praxisnahe Checklisten:** Übersichtliche Hilfsmittel, wie eine »Ampel-Logik« für die Dateneingabe, geben Sicherheit: »Darf ich diese Information in ein öffentlich zugängliches KI-Tool eingeben? Ja, Nein oder nur unter bestimmten Auflagen?«

Hier noch einmal die Zusammenfassung von Pflicht und Kür

- **Pflicht** (sollte jedes Unternehmen abdecken):
  - Maßnahmen zur Sicherstellung eines ausreichenden KI-Kompetenzniveaus für relevante Rollen (Artikel 4)[11]
  - klare Vorgaben zum Umgang mit Daten (insbesondere in Bezug auf personenbezogene und vertrauliche Unternehmensdaten)
  - nachvollziehbare Verantwortlichkeiten (wer genehmigt, wer betreibt, wer nutzt, wer kontrolliert?)
  - dokumentierte Leitlinien/Policies, die im Alltag leicht einsetzbar sind (nicht nur »ein PDF im Intranet«)
- **Kür** (macht Unternehmen robust, auch wenn sich Regulierung ändert):
  - regelmäßige Updates (z. B. alle 6 bis 12 Monate)
  - »KI-Sprechstunde« oder interne Ansprechpersonen
  - Use-Case-Katalog und transparenter Freigabeprozess
  - kurze, praxisnahe Checklisten (z. B. »Darf ich das in ein KI-Tool eingeben?«)

1.8 Verbotene KI-Praktiken und Hochrisiko-KI-Systeme

Die EU-KI-Verordnung definiert bestimmte KI-Praktiken als grundsätzlich verboten. Diese Verbote gelten unabhängig vom Nutzen oder vom Einsatzzweck, da sie ein nicht vertretbares Risiko für die Grundrechte von Menschen darstellen.

11 EU-Kommission, AI literacy – Questions & Answers (Artikel-4-Einordnung); Bundesnetzagentur, AI literacy (Hinweis auf Anwendbarkeit Anfang Februar 2025 und Artikel-4-Text).

1.8.1 Verbotene Praktiken

Zu den verbotenen Praktiken zählen unter anderem:

- **der Einsatz manipulativer, subliminaler (unterschwellig funktionierender) Techniken:** ««Beeinflussung, die wir bewusst nicht wahrnehmen, ist verboten. Ein Beispiel aus der Arbeitswelt wäre eine Software, die durch extrem kurze, fast unmerkliche visuelle Signale oder eine gezielte psychologische Benutzerführung das Verhalten von Mitarbeitenden steuert, wie etwa um sie dazu zu bringen, auf Pausen zu verzichten oder über ihre Belastungsgrenze hinaus zu arbeiten. Solche »digitalen Einflüsterungen«« sind streng untersagt.
- **Social-Scoring-Systeme:** Hierbei handelt es sich um Systeme, die Personen auf Basis ihres Verhaltens oder sozialer Merkmale bewerten oder klassifizieren. Es darf z. B. kein KI-System geben, das das »Wohlverhalten« von Mitarbeitenden im Privatleben oder in der Freizeit analysiert, um daraus berufliche Vor- oder Nachteile abzuleiten.
- **die biometrische Fernidentifikation in Echtzeit:** Die Überwachung durch Gesichtserkennung in öffentlich zugänglichen Räumen ist ein klares Tabu. Für Unternehmen bedeutet das: Eine KI-gestützte Überwachung von Arbeitsplätzen oder öffentlichen Unternehmensbereichen zum Zweck der Verhaltenskontrolle ist rechtlich nicht haltbar.

Unternehmen sind ab dem **2. Februar 2025 verpflichtet** nachzuweisen, dass bei den eingesetzten KI-Systemen **keine dieser verbotenen Praktiken** zum Einsatz kommen. Diese Nachweispflicht gilt nicht nur für neu eingeführte Systeme, sondern auch rückwirkend für bereits bestehende Anwendungen.

Die Herausforderung besteht darin, dass viele KI-Funktionen nicht auf den ersten Blick als verbotene Praktiken erkennbar sind. Deshalb reicht es nicht aus, sich auf Herstellerangaben zu verlassen. Unternehmen müssen aktiv prüfen, welche Funktionen, Datenquellen und Entscheidungslogiken in den eingesetzten Systemen enthalten sind.[12]

1.8.2 Hochrisiko-KI-Systeme

Von den verbotenen Praktiken unterscheidet die EU-KI-Verordnung sogenannte **Hochrisiko-KI-Systeme**. Diese sind grundsätzlich erlaubt, unterliegen jedoch besonders strengen Anforderungen, da sie erhebliche Auswirkungen auf Menschen haben können.

12 Baum et al., 2024; Wybitul, 2024.

Nicht die KI entscheidet, ob sie ein Hochrisiko-KI-System ist, sondern die Art, wie sie im Prozess eingesetzt wird. Juristisch zählt die Wirkung, nicht die Absicht.

Als Hochrisiko-KI-Systeme gelten unter anderem KI-Systeme in den Bereichen

- Personalmanagement und Recruiting,
- Leistungsbewertung und Karriereentscheidungen,
- Bildung, Beschäftigung oder essenzielle Dienstleistungen sowie
- kritische Infrastrukturen und Gesundheitswesen.

Für Unternehmen bedeutet der Einsatz solcher Systeme,

- verpflichtende Risikomanagementprozesse einzuführen,
- technische und organisatorische Überwachungsmaßnahmen sicherzustellen,
- die Systemnutzung laufend zu protokollieren sowie
- definierte Testverfahren vor und während des Betriebs durchzuführen.

Ein Hochrisiko-KI-System darf erst eingesetzt werden, wenn diese Rahmenbedingungen erfüllt sind und wenn es die entsprechenden Prüfungen ohne Beanstandungen durchlaufen hat. Zudem müssen die Systeme regelmäßig erneut getestet werden, insbesondere bei Änderungen oder neuen Einsatzkontexten.

Gerade im HR-Umfeld ist eine entsprechende Klassifizierung von großer Bedeutung, da viele KI-gestützte Anwendungen hier unmittelbar Einfluss auf berufliche Chancen, Bewertungen und Entscheidungen nehmen.

1.8.3 Dokumentations- und Prüfpflichten im Unternehmensalltag

Ein zentraler Bestandteil der EU-KI-Verordnung ist die umfassende **Dokumentations- und Prüfpflicht**. Unternehmen müssen sämtliche eingesetzten KI-Systeme systematisch erfassen, bewerten und dokumentieren. Dies betrifft sowohl bestehende Systeme als auch Neuanschaffungen, Updates oder Funktionserweiterungen.

Jede wesentliche Veränderung eines KI-Systems erfordert eine erneute Prüfung auf mögliche Verbotsvorbehalte. Die Dokumentation muss nachvollziehbar darlegen,

- wofür das KI-System eingesetzt wird,
- welche Daten verwendet werden,
- welche Risiken bestehen und
- welche Maßnahmen zur Risikominimierung ergriffen wurden.

Eine unzureichende oder lückenhafte Dokumentation kann selbst dann zu Sanktionen führen, wenn kein Verstoß gegen Verbote vorliegt. Die Dokumentationspflicht ist damit kein formaler Nebenaspekt, sondern ein eigenständiges Compliance-Thema.

Es wird vor allem dann knifflig, wenn verschiedene Abteilungen mit externen Partnern zusammenarbeiten müssen. Komplizierte IT-Systeme machen die Aufgabe nicht leichter.

Checkliste für HR

Wann wird ein KI-Tool entscheidungsrelevant – und potenziell hochriskant?		
Prüffeld	**Leitfragen**	**Risiko-Hinweis**
1. Rolle der KI im Prozess	☐ Liefert das KI-System nur Informationen, Vorschläge oder Entwürfe? ☐ Bewertet, priorisiert oder klassifiziert es Personen oder Optionen?	Sobald die KI mehr tut als vorzubereiten, steigt das Risiko erheblich.
2. Einfluss auf Entscheidungen über Menschen	☐ Hat das System Einfluss auf die Bewerberauswahl oder die Leistungsbewertung? ☐ Wirkt sich das KI-System auf Beförderung, Versetzung oder Kündigung aus? ☐ Beeinflusst das KI-System den Zugang zu Boni, Weiterbildung oder Ressourcen?	Auch bei formaler menschlicher Entscheidung kann Hochrisiko vorliegen.
3. Faktische Wirkung statt formaler Zuständigkeit	☐ Werden KI-Empfehlungen regelmäßig übernommen? ☐ Werden sie selten hinterfragt bzw. werden sie als objektiv wahrgenommen? ☐ Gibt es faktisch kaum Abweichungen von den KI-Empfehlungen?	Auch Empfehlungen können rechtlich entscheidungsrelevant sein.
4. Transparenz für Betroffene	☐ Ist der KI-Einsatz klar erkennbar? ☐ Sind Zweck, Datenbasis und Grenzen transparent? ☐ Ist das Ergebnis nachvollziehbar?	Fehlende Transparenz erhöht das Risiko – auch bei einfachen Tools.
5. Menschliche Korrektur	☐ Gibt es eine echte menschliche Kontrollinstanz? ☐ Können Ergebnisse korrigiert oder verworfen werden? ☐ Sind Verantwortlichkeiten klar definiert?	Ohne echte Korrektur ist Hochrisiko sehr wahrscheinlich.

1.8.4 Schulung als zentrale Voraussetzung für Compliance

Ein wiederkehrendes Muster in der Praxis ist, dass Compliance-Verstöße nicht aus technischer Fehlfunktion entstehen, sondern aus **menschlichem Fehlverhalten oder**

Missverständnissen. Unklare Zuständigkeiten, fehlendes Wissen oder falsche Annahmen über die Funktionsweise von KI erhöhen das Risiko erheblich.

Deshalb misst die EU-KI-Verordnung der **Schulung von Mitarbeitenden** eine zentrale Bedeutung bei. Alle Personen, die mit KI-Systemen arbeiten, diese auswählen, einsetzen oder bewerten, müssen über ausreichende Kompetenzen verfügen – sowohl technisch als auch rechtlich und ethisch.

Ein ungeschulter Mitarbeiter stellt ein reales Risiko für das Unternehmen dar, da Kontroll- und Dokumentationsmechanismen ohne entsprechendes Verständnis nicht wirksam greifen können. Schulungen müssen daher

- regelmäßig stattfinden,
- dokumentiert werden und
- auf die konkreten Einsatzbereiche zugeschnitten sein.

KI-Kompetenz wird damit zu einem Bestandteil der unternehmerischen Sorgfaltspflicht.[13]

1.8.5 Zusammenarbeit und laufende Anpassung

Die Einhaltung der EU-KI-Verordnung ist kein isoliertes Projekt einer einzelnen Abteilung. Sie erfordert die **enge Zusammenarbeit mehrerer Funktionen**, insbesondere IT, HR, Recht, Datenschutz, Betriebsrat und Management.

Neben klaren Zuständigkeiten braucht es

- verbindliche interne Richtlinien,
- standardisierte Dokumentationsprozesse,
- regelmäßige Überprüfungen und Aktualisierungen sowie
- eine partizipative KI-Governance.

Studien zeigen, dass ein Großteil der Unternehmen hier noch erheblichen Unterstützungsbedarf sieht. Fehlende Standards, unklare Rollen und mangelnde Erfahrung mit der Verordnung erschweren eine rechtssichere Umsetzung. Gleichzeitig bietet eine strukturierte Governance die Chance, KI nicht nur regelkonform, sondern auch nachhaltig und verantwortungsvoll einzusetzen.[14]

---

13 Wybitul, 2024; Schnitzhofer et al., 2025.
14 Baum et al., 2024; Rampelt et al., 2025.

1.9 Warum das Update der europäischen KI-Verordnung vom November 2025 so wichtig ist

Bereits bevor viele Regelungen der europäischen KI-Verordnung vollständig wirksam werden, hat die EU-Kommission eine Reform der bestehenden Vorgaben vorgeschlagen. Ziel dieser Anpassungen ist es, die Wettbewerbsfähigkeit europäischer Unternehmen im Bereich künstliche Intelligenz zu stärken und zugleich regulatorische Hürden praxisnäher auszugestalten.

Hintergrund dieser Initiative ist die Erkenntnis, dass insbesondere kleine und mittlere Unternehmen sowie innovationsgetriebene Organisationen durch zu komplexe oder schwer umsetzbare Vorgaben ausgebremst werden könnten. Die Kommission reagiert damit auf Rückmeldungen aus der Wirtschaft, von Verbänden und aus Mitgliedstaaten, die eine bessere Balance zwischen Regulierung, Innovation und Umsetzungssicherheit fordern.

Für Unternehmen bedeutet dieses Update vor allem eines: Der rechtliche Rahmen für KI bleibt dynamisch. Die grundlegende Zielsetzung der KI-Verordnung – Sicherheit, Transparenz und der Schutz von Grundrechten – wird nicht infrage gestellt. Gleichzeitig zeigt sich, dass die europäische Regulierung weiterentwickelt wird, um Innovation nicht zu behindern, sondern gezielt zu ermöglichen.

Gerade für HR-Abteilungen ist diese Entwicklung relevant. Schulungspflichten, Kompetenzanforderungen und organisatorische Maßnahmen müssen nicht nur rechtskonform, sondern auch flexibel gedacht werden. Es geht weniger darum, starre Vorgaben umzusetzen, sondern darum, tragfähige Strukturen für den verantwortungsvollen Umgang mit KI aufzubauen, die auch zukünftigen Anpassungen standhalten.

Die Reformüberlegungen unterstreichen damit einen zentralen Punkt: KI-Kompetenz ist für Unternehmen keine einmalige Pflichtübung, sondern ein fortlaufender Prozess. Es sollte frühzeitig in Aufklärung, Schulung und klare Verantwortlichkeiten investiert werden, um besser auf regulatorische Veränderungen vorbereitet zu sein, unabhängig davon, wie einzelne Detailregelungen angepasst werden. Für HR bedeutet das, die eigene Rolle strategisch zu verstehen, nämlich als Gestalterin von Kompetenz, Orientierung und Umsetzungssicherheit in einem sich weiterentwickelnden rechtlichen Umfeld.[15]

15 https://www.activemind.legal/de/guides/aenderungen-ki-verordnung/

Die EU-Kommission hat im November 2025 ein Paket zur Vereinfachung digitaler Regeln vorgestellt (»Digital Omnibus«), das auch den Bereich KI betrifft.[16] In der öffentlichen Diskussion geht es dabei unter anderem um die Frage, ob einzelne Umsetzungsfristen (z. B. für »High Risk«-Pflichten) verschoben werden sollen.[17]

Für HR ist das ein wichtiger Punkt, weil er zeigt:

- Heute eingeführte Schulungskonzepte müssen **adaptierbar** sein.
- Es lohnt sich, auf **Prinzipien** zu setzen (Datenhygiene, Verifikation, Rollenverantwortung) statt auf starre Einmalschulungen.

1.10 Fördermöglichkeiten für Unternehmen im Bereich KI-Qualifizierung

Viele Mitarbeitende in HR-Abteilungen glauben, KI-Qualifizierung sei automatisch ein Budgetproblem. Dabei gibt es in Deutschland mehrere starke Förderlogiken, die genau auf Weiterbildung im Wandel zielen.

- **Bundesagentur für Arbeit:** Die Bundesagentur für Arbeit kann die Weiterbildung von Beschäftigten in bestehenden Arbeitsverhältnissen fördern, u.a. über Zuschüsse zu Lehrgangskosten und zum Arbeitsentgelt.[18] Das ist inhaltlich genau der Hebel, den viele Unternehmen für KI-Kompetenzaufbau nutzen: Mitarbeitende bleiben im Unternehmen, werden qualifiziert, und ein Teil der Kosten wird von der Bundesagentur für Arbeit übernommen.
- **Qualifizierungschancengesetz (des Bundesministeriums für Arbeit und Soziales):** Das Qualifizierungschancengesetz (QCG) ist der politische Rahmen, der Weiterbildung im Strukturwandel deutlich stärker unterstützt als früher, inklusive erweiterter Zuschüsse zu Weiterbildungskosten und zum Arbeitsentgelt, abhängig von Unternehmensgröße und Voraussetzungen.[19] Für HR heißt das: Das Erwerben von KI-Kompetenz lässt sich sehr gut als »Anpassung an Wandel/Digitalisierung« argumentieren.
- **ESF Plus (EU):** Der Europäische Sozialfonds Plus (ESF+) ist das zentrale EU-Instrument für Investitionen in Aus- und Weiterbildung, Beschäftigung und lebenslanges Lernen.[20] Wichtig ist hier: Die ESF-Förderung läuft oft über Programme von

16 EU-Kommission, Digital Omnibus Regulation Proposal (19. November 2025); EU-Kommission, Simpler digital rules to help EU businesses grow (19. November 2025); ActiveMind.legal, Guide/Update November 2025 (Reformüberlegungen vor Wirksamkeit vieler Vorschriften). (Hinweis: ActiveMind ist keine Behörde, aber ein juristischer Fachblog/Guide; ich nutze die Quelle hier ergänzend zu den Veröffentlichungen der EU-Kommission.)

17 Reuters, Bericht zur Diskussion um Verschiebung von High-Risk-Pflichten im Rahmen des Digital Omnibus (19. November 2025).

18 Bundesagentur für Arbeit, Förderung von Weiterbildung (Unternehmen) – Zuschüsse zu Arbeitsentgelt und (voll/teilweise) Weiterbildungskosten.

19 BMAS, Qualifizierungschancengesetz (Rahmen, Zuschüsse, Logik nach Unternehmensgröße).

20 Förderdatenbank (EU), Europäischer Sozialfonds Plus (ESF+) 2021–2027 (Rahmen & Zweck).

Bund und Ländern. Für HR lohnt sich ein Blick darauf, weil es regionale Projekte und Ausschreibungen gibt, die Weiterbildung und digitale Kompetenzen konkret unterstützen.[21]

- **Digitalisierungsprogramme:** Programme wie »Digital Jetzt« greifen explizit auch die Qualifizierung von Beschäftigten als förderfähigen Baustein auf.[22] Auch wenn die Programme kommen und gehen: Die Logik bleibt. Staatliche Digitalisierungsprogramme kombinieren häufig Technologie und Qualifizierung. Für HR gilt es, die Programme aktiv zu beobachten und zu nutzen.
- **Länderprogramme:** Auf Landesebene gibt es zusätzliche Förderangebote zur Digitalisierung (Beispiel Hessen: Förderübersicht inkl. Zuschüssen für digitale Systeme/IT-Sicherheit[23]). Regionalprogramme sind oft schneller zugänglich als EU-Programme.

1.11 So sieht ein Umsetzungsplan für KI-Kompetenz aus

Viele Unternehmen stehen vor der Frage: Wie fangen wir konkret an? Damit die Förderung der AI-Literacy nicht in unkoordiniertem Aktionismus endet (der der HR-Abteilung nur zusätzliche Arbeit macht, ohne echten Nutzen zu stiften), hat sich in meiner Praxis ein strukturierter Fünf-Stufen-Plan bewährt. Dieser Ablauf dient dazu, die gesetzliche Schulungspflicht nicht nur zu erfüllen, sondern sie strategisch für den Unternehmenserfolg zu nutzen.

1.11.1 Kompetenzlandkarte erstellen (ca. 1 Woche)

Bevor wir über Tools sprechen, müssen wir wissen, wo wir stehen. Wir analysieren:

- Welche Rollen nutzen bereits KI?
- Wo entstehen durch Fehlbedienung Risiken (z. B. Datenschutz)?
- Welche Kompetenzen fehlen konkret, um die Arbeit effizienter zu gestalten?

1.11.2 Schulungskonzept als Modulbaukasten (ca. 2 bis 4 Wochen)

Ein einmaliger Workshop reicht nicht aus. Das Konzept sollte modular aufgebaut sein:

- **Basisprogramm:** Grundwissen für alle.
- **Rollenspezialisierung:** Deep Dives für Abteilungen wie Marketing oder IT.

---

21 ESF.de, Übersicht der ESF Plus-Förderprogramme (2021–2027) (Programmübersicht).

22 BMWK, Digital Jetzt (Qualifizierung als Bestandteil); BMWK, FAQ, Digital Jetzt (Qualifizierung bezuschussbar – Programmlogik).

23 Land Hessen, Unternehmensförderungen/Digitalisierung (Beispiel Landesförderung).

- **regelmäßige Updates:** KI entwickelt sich rasend schnell. Es braucht kurze Updates – sowohl bei technologischen Sprüngen als auch bei Änderungen der Regulatorik (z. B. neue Leitlinien der EU).

Wer führt die Schulung durch?
Grundsätzlich darf HR diese Schulungen intern übernehmen, sofern das nötige Fachwissen vorhanden ist. In der Praxis sehe ich jedoch oft ein Hybrid-Modell: Die Basis-Sensibilisierung macht HR selbst, während für die Tiefen-Qualifizierung externe Expertinnen und Experten hinzugezogen werden. Eine offizielle »Zertifizierung« für Trainerinnen und Trainer ist gesetzlich nicht vorgeschrieben, aber für die Inanspruchnahme von Fördermitteln müssen die Maßnahmen oft zertifiziert sein (z. B. nach AZAV).

1.11.3 Policy und Datenleitlinien parallel aufsetzen (ca. 2 Wochen)

Eine Schulung ohne Regeln ist gefährlich. Parallel zu den Lerninhalten müssen wir klären:

- Was darf in die Tools eingegeben werden?
- Wie verifizieren wir die Ergebnisse?
- Wer gibt neue Software frei?

Das Ziel ist eine »lebende« Richtlinie, kein verstaubtes Dokument.

1.11.4 Fördercheck (ca. 2–4 Wochen, je nach Behörde)

KI-Weiterbildung muss das Budget nicht sprengen. Wir prüfen hier zunächst die **Logik des Qualifizierungschancengesetzes (QCG)**[24]. Das bedeutet: Wir gleichen ab, ob die geplanten Maßnahmen zu den Förderkriterien der Bundesagentur für Arbeit passen. Je nach Größe des Unternehmens übernimmt die Agentur unterschiedlich hohe Anteile der Lehrgangskosten – bei KMU oft bis zu 100 %, bei Großunternehmen immerhin noch Teilbeträge. Auch Lohnkostenzuschüsse für die Zeit der Weiterbildung sind hier ein entscheidender Faktor, den HR in die Budgetplanung einrechnen sollte – ein starkes Argument gegenüber der Geschäftsführung.

24 Bundesagentur für Arbeit, Förderung von Weiterbildung (Unternehmen) – Zuschüsse zu Arbeitsentgelt und (voll/teilweise) Weiterbildungskosten; BMAS, Qualifizierungschancengesetz (Rahmen, Zuschüsse, Logik nach Unternehmensgröße).

Parallel dazu lohnt sich ein Blick auf Programme des **Europäischen Sozialfonds (ESF)** oder **spezifische Landesförderungen**[25] (wie etwa in Hessen). Diese Programme sind oft speziell auf die Digitalisierung und KI-Transformation zugeschnitten und können Lücken schließen, die das QCG nicht abdeckt.

Ein Tipp aus der Beratungspraxis

Gehen Sie frühzeitig in den Dialog mit Ihrem zuständigen Berater im Arbeitgeber-Service der Bundesagentur für Arbeit. Die Erfahrung zeigt: Wenn man die Schulungsmodule von vornherein an der »Logik« des Gesetzes ausrichtet – also beispielsweise auf zertifizierte Anbieter und bestimmte Mindeststundenzahlen achtet –, ist die Wahrscheinlichkeit einer Bewilligung deutlich höher.

1.11.5 Pilotprojekt und Skalierung (laufend)

Die Erfahrung zeigt, dass das Ganze nicht sofort für 500 Mitarbeitende ausgerollt werden sollte. Gestartet wird am besten mit einer Pilotabteilung. Ein Beispiel aus meiner Praxis: Wir haben zuerst nur im Kundenservice begonnen. Als die Mitarbeitenden dort merkten, dass die KI ihnen die lästige Mail-Sortierung abnimmt und sie durch die klare Policy rechtlich abgesichert waren, stieg die Akzeptanz im gesamten Unternehmen schlagartig. Erst nach diesem Erfolg haben wir das Modell auf die anderen Bereiche skaliert.

Diese fünf Schritte klingen nach viel, sie sind aber in der Realität der schnellste Weg zu Akzeptanz, weil Mitarbeitende nicht nur »KI erklärt bekommen«, sondern eine klare Orientierung erhalten.

25 ESF.de, Übersicht der ESF Plus-Förderprogramme (2021–2027) (Programmübersicht); Land Hessen, Unternehmensförderungen/Digitalisierung (Beispiel Landesförderung).

2 Grundlagen der künstlichen Intelligenz

2.1 Ein kurzer Blick auf die Entwicklung von KI

KI ist keine neue Erfindung der letzten Jahre. Bereits in den 1950er-Jahren beschäftigte sich Alan Turing mit der Frage, ob Maschinen intelligentes Verhalten zeigen können. In den folgenden Jahrzehnten entstanden Expertensysteme, Fortschritte in der Robotik und schließlich Durchbrüche im maschinellen Lernen und Deep Learning.

Hier sind die wichtigsten Meilensteine der KI, kurz und chronologisch erklärt.[26]

- **1940er–1950er: theoretische Grundlagen**
  - 1943: McCulloch und Pitts formulieren ein erstes mathematisches Modell künstlicher Neuronen und legen damit das Fundament neuronaler Netze.
  - 1950: Alan Turing entwickelt den Turing-Test als Kriterium, ob Maschinen menschenähnliche Intelligenz zeigen.
  - 1956: Auf der Dartmouth-Konferenz wird der Begriff »künstliche Intelligenz« geprägt. KI wird zu einem eigenständigen Forschungsfeld.
- **1950er–1960er: erste Programme und Lernsysteme**
  - 1957: Der »General Problem Solver« versucht, eine allgemeine Problemlösungsstrategie auf Computern zu realisieren.
  - 1958: John McCarthy entwickelt LISP, eine Programmiersprache speziell für symbolische KI.
  - 1960: Rosenblatt stellt das »Perzeptron« vor, ein frühes lernfähiges neuronales Netz.
  - 1966: Joseph Weizenbaum entwickelt ELIZA, einen der ersten Chatbots, der einfache psychotherapeutische Gespräche simuliert.
- **1970er–1990er: KI-Winter und symbolische Erfolge**
  - Anfang 1970er: »KI-Winter«, überzogene Erwartungen und technische Grenzen führen zu massiven Budgetkürzungen in der KI-Forschung.
  - 1972: MYCIN, eines der ersten erfolgreichen Expertensysteme, unterstützt Ärzte bei Infektionsdiagnosen.
  - 1997: IBMs »Deep Blue« besiegt Schachweltmeister Garri Kasparov und demonstriert Maschinenüberlegenheit in einem komplexen Strategiespiel.

26 Die Ausführungen zur Historie von KI basieren auf folgenden Quellen: https://katzlberger.ai/2019/03/01/die-wichtigsten-meilensteine-der-kuenstlichen-intelligenz/; https://www.m-cons.de/meilensteine-der-kunstlichen-intelligenz-eine-reise-durch-die-geschichte-der-ki/; https://www.alphabots.de/Blog-14; https://moodle.thga.de/course/section.php?id=27103; https://www.wissenschaftsjahr.de/2019/chronologie-ki/index.html; https://www.ddv.de/ihre-woechentliche-quintessenz-meilensteine-der-kuenstlichen-intelligenz.html; https://www.bosch.com/de/stories/geschichte-der-kuenstlichen-intelligenz/; https://www.tobiasknuth.de/blog/history-of-ai; https://www.robominds.de/blog/die-geschichte-der-ki-von-der-turingmaschine-bis-deep-learning; https://www.nationalgeographic.de/wissenschaft/2023/04/vom-ersten-neurocomputer-bis-chatgpt-meilensteine-der-kuenstlichen-intelligenz

- **2000er–2010er: Alltag und Deep Learning**
  - 2002: Der Staubsauger-Roboter »Roomba« bringt einfache autonome Robotik in Privathaushalte.
  - 2011: Siri wird vorgestellt und macht sprachgesteuerte Assistenz auf Smartphones massentauglich.
  - Ab 2010er: Leistungsfähige Hardware und große Datenmengen ermöglichen Deep Learning; Anwendungen wie Bild-, Sprach- und Übersetzungs-KI erreichen ein neues Niveau.
- **2010er–heute: generative und allgegenwärtige KI**
  - 2014: Ian Goodfellow führt Generative Adversarial Networks (GANs) ein, mit denen KI realistische Bilder, Videos und weitere Inhalte erzeugen kann.
  - 2016: AlphaGo schlägt Go-Weltmeister Lee Sedol, ein Meilenstein für lernende Systeme in extrem komplexen Spielen.
  - Seit Anfang der 2020er: Große Sprachmodelle und generative KI (z. B. Chatbots, Bildgeneratoren) werden breit verfügbar und verändern Arbeit, Bildung und Kommunikation.

Was sich in den letzten Jahren grundlegend verändert hat, ist nicht die theoretische Idee hinter der künstlichen Intelligenz, sondern ihre flächendeckende Verfügbarkeit. Drei Faktoren haben diesen Durchbruch ermöglicht und die KI aus den Forschungslaboren direkt in den beruflichen wie privaten Alltag der HR-Abteilung gebracht:

1. **Massive Rechenleistung:** Die technische Infrastruktur ist heute leistungsstark genug, um komplexe neuronale Netze in Sekundenbruchteilen zu verarbeiten.
2. **Gigantische Datenmengen:** Durch die Digitalisierung stehen die notwendigen Trainingsdaten zur Verfügung, aus denen die Systeme ihre Muster ableiten können.
3. **Benutzerfreundliche Anwendungen:** Erst durch intuitive Schnittstellen (wie Chat-Interfaces) wurde die Technologie für Laien bedienbar, ohne dass Programmierkenntnisse erforderlich sind.

Damit ist KI kein abstraktes IT-Thema mehr, sondern ein Werkzeug, das ohne große Hürden in jedem Büro genutzt werden kann. Diese niedrige Einstiegsschwelle ist es auch, die die HR-Abteilung vor die Herausforderung stellt, den Einsatz nun nachträglich zu strukturieren und zu regulieren.

2.2 Was ist künstliche Intelligenz und was kann sie (nicht)?

Künstliche Intelligenz ist kein klar abgegrenztes Produkt und kein einzelnes System. KI umfasst vielmehr eine Vielzahl von Technologien und Verfahren, mit deren Hilfe Computer Aufgaben übernehmen, für die bislang menschliches Denken erforderlich war. Dazu zählen etwa das Erkennen von Mustern, das Verarbeiten großer Datenmengen, das Formulieren von Texten oder das Treffen von Prognosen.

Im Unternehmenskontext wird KI häufig sehr pragmatisch eingesetzt. KI-Systeme schreiben Texte, fassen Inhalte zusammen, analysieren Daten oder unterstützen bei Entscheidungen. Was dabei oft in den Hintergrund tritt, ist die Frage, wie diese Ergebnisse eigentlich entstehen. Genau hier hilft das Verständnis von KI weiter.

Künstliche Intelligenz basiert auf Daten. Vor ein paar Jahren wäre die KI für uns nutzlos gewesen, da die meisten Chatbots auf Wissen zurückgreifen, das im Internet verfügbar ist. Damals waren noch zu wenige Daten vorhanden. Und wenn es zu wenige Daten gibt, dann erhält man falsche oder unzureichende Ergebnisse.

Ein zentrales Missverständnis, das mir in Workshops immer wieder begegnet, ist der Vergleich von KI mit menschlicher Intelligenz. Wir neigen dazu, die Fähigkeiten der Technologie zu vermenschlichen, doch das führt in die Irre. Eine KI denkt nicht, sie fühlt nicht und sie bewertet nicht. Sie hat keine eigenen Absichten und kein Bewusstsein.

Was wir als »Antwort« oder »Lösung« wahrnehmen, ist in Wahrheit das Ergebnis komplexer mathematischer Modelle. Diese Modelle wurden zwar auf der Basis gigantischer Datenmengen trainiert, aber im laufenden Betrieb berechnen sie Ergebnisse lediglich auf der Grundlage statistischer Muster. Das Modell »arbeitet« also mit den Wahrscheinlichkeiten, die es aus den Daten berechnet.

Für die Praxis ist das grundlegend: Wer versteht, dass die KI lediglich das nächste wahrscheinlichste Wort oder das nächste logische Muster berechnet, kann die Ergebnisse viel besser einordnen. Wir erwarten dann keine »Wahrheit« oder »Weisheit«, sondern wir betrachten den Output als das, was er ist: ein statistischer Vorschlag, den wir als Expertinnen und Experten prüfen und bewerten müssen.

Besonders deutlich wird das bei der sogenannten generativen KI. Während klassische KI-Systeme primär darauf ausgerichtet waren, Daten zu klassifizieren oder Vorhersagen zu treffen (z. B. »Ist diese E-Mail Spam?« oder »Wie hoch ist die Kündigungswahrscheinlichkeit?«), gehen generative Systeme einen entscheidenden Schritt weiter: Sie erzeugen auf der Basis ihrer gelernten Muster vollkommen neue Inhalte.

Was bedeutet »generative KI« konkret?

Einfach ausgedrückt: Generative KI-Systeme »würfeln« keine fertigen Sätze aus einer Datenbank zusammen. Stattdessen haben sie während ihres Trainings gelernt, wie die Struktur von Sprache, Bildern oder Code funktioniert. Wenn Sie eine Anfrage (einen

»Prompt«) stellen, berechnet die KI, was die wahrscheinlichste und passendste Antwort ist – Wort für Wort oder Pixel für Pixel.

Ein paar Beispiele aus der HR-Praxis

- **Texte** (mithilfe von Large Language Models): Ein KI-System wie ChatGPT schreibt auf Knopfdruck eine Stellenanzeige für einen Cloud-Architekten. Das KI-System »weiß« nicht wirklich, was ein Cloud-Architekt tut, aber es hat Millionen Texte über diesen Beruf analysiert und übernimmt daraus die typischen Anforderungen und Formulierungen.
- **Bilder und Design:** Tools wie Midjourney oder DALL-E können aus einer Textbeschreibung (»Ein modernes Büro mit diversen Teams, heller Atmosphäre, fotorealistisch«) ein komplett neues Bild generieren, das es so vorher noch nicht gegeben hat.
- **Code und Automatisierung:** Generative KI hilft der IT oder auch versierten HR-Analysten dabei, Skripte zu schreiben, um beispielsweise Excel-Daten schneller auszuwerten.

Das Risiko dabei: Da die Ergebnisse dieser KI-Systeme so überzeugend klingen (oder aussehen), vergessen wir oft, dass sie lediglich Wahrscheinlichkeiten berechnen. Wenn die Trainingsdaten veraltet sind, wird die generative KI eine Stellenanzeige nach den Standards von vor fünf Jahren schreiben. Sie halluziniert darüber hinaus Angaben, wenn sie keine passenden Daten findet. Denn ihr Ziel ist nicht »Wahrheit«, sondern die Erzeugung eines plausibel klingenden Ergebnisses.

Wichtig dabei: KI ist immer **kontextabhängig**. Ein System, das im Marketing gute Ergebnisse liefert, ist nicht automatisch für HR, Recht oder Strategie geeignet. Der Nutzen hängt davon ab, wie gut das System auf den jeweiligen Zweck trainiert wurde und wie bewusst es eingesetzt wird.

Ein weiterer wichtiger Punkt ist die **Abgrenzung zwischen Automatisierung und KI**. Nicht jede automatisierte Aufgabe ist KI. Klassische Automatisierung folgt festen Regeln: Wenn A eintritt, passiert B. Das gibt es seit Jahrzehnten in der IT – in Form von Regeln, die das System einfach abarbeitet. Hier das Beispiel Outlook: Als Regel wird eingestellt, dass bestimmte Absender in einen bestimmten Ordner in Outlook eingefügt werden. Das ist eine automatisierte Vorgehensweise. Dieser Vorgang unterscheidet sich jedoch von der KI-Automation, da die KI mit Wahrscheinlichkeiten arbeitet und aus Daten lernt. Diese Lernfähigkeit ist es, die KI von herkömmlicher Software unterscheidet.

Gleichzeitig darf diese Lernfähigkeit nicht überschätzt werden. KI lernt nicht selbstständig im Alltag weiter, wie es Menschen tun. Lernen findet in klar definierten Trainingsprozessen statt. Im laufenden Betrieb nutzen Systeme das Gelernte, passen sich aber nicht eigenständig an neue Situationen an, es sei denn, sie wurden explizit dafür programmiert.

Für Unternehmen bedeutet das: **KI ist kein Selbstläufer.** Sie erfordert Pflege, Kontrolle und regelmäßige Überprüfung. Ergebnisse müssen bewertet, Annahmen hinterfragt und Einsatzbereiche regelmäßig überprüft werden. Ohne diese Einordnung entsteht schnell ein falsches Vertrauen in technische Systeme. Wichtig ist hier: Die Abteilungen müssen zusammenarbeiten. Denn wenn sich in Abteilung A etwas ändert, das Auswirkungen auf Abteilung B hat, in der ein KI-System eingesetzt wird, dann muss die KI ebenfalls »informiert« werden.

Im HR-Kontext ist ein klares Verständnis davon, was KI kann und was nicht, besonders wichtig. KI kann unterstützen, etwa bei täglichen Routineaufgaben, der Analyse komplexer Aufgaben oder der Strukturierung von Feedback. Gleichzeitig dürfen solche Systeme nicht als objektive Entscheidungsinstanz missverstanden werden. Die Verantwortung bleibt immer beim Menschen. KI kann Zusammenhänge sichtbar machen, aber keine Werte abwägen. Sie kann Vorschläge liefern, aber keine Verantwortung tragen. Diese Differenzierung ist zentral, um KI sinnvoll und verantwortungsvoll einsetzen zu können.

Ein **realistisches Verständnis von KI** hilft auch dabei, Ängste abzubauen. KI ersetzt nicht automatisch Arbeitsplätze, sondern verändert Tätigkeiten. Aufgaben verschieben sich, Routinen werden unterstützt, neue Kompetenzen werden erforderlich. Wer KI versteht, kann diese Veränderungen besser einordnen.

Gleichzeitig schützt Wissen vor Überforderung. KI wird oft als allgegenwärtig und übermächtig dargestellt. Die aktuelle Berichterstattung und immer wieder neue Tools vermitteln das Gefühl, »nicht mehr mitzukommen«. Übrigens geht es mir als Expertin nicht anders. Doch in der Praxis ist KI ein Werkzeug mit klaren Stärken und ebenso klaren Grenzen. Diese Grenzen zu kennen, ist Teil von KI-Kompetenz.

Künstliche Intelligenz ist damit weder Heilsversprechen noch Bedrohung. Sie ist eine Technologie, die Möglichkeiten eröffnet und Verantwortung erfordert. Ihr Nutzen hängt davon ab, wie bewusst sie eingesetzt wird und wie gut Menschen verstehen, was sie tut und was nicht. Und nur, wer die KI versteht, kann auch eingreifen, wenn sie droht »gefährlich« zu werden.

Für HR bedeutet das: KI ist kein reines IT-Thema. Sie berührt Qualifikation, Kultur, Verantwortung und Entscheidungsprozesse. Ein solides Grundverständnis von KI bildet die Basis für alle weiteren Fragen rund um Schulung, Einsatz und Regulierung. Denn nur wer versteht, was KI ist, kann sinnvoll entscheiden, wie sie im Unternehmen eingesetzt werden sollte.

2.2.1 Begriffliche Einordnung und Definitionen von KI

Der Begriff »künstliche Intelligenz« wird heute in sehr unterschiedlichen Zusammenhängen verwendet. Er taucht in strategischen Papieren ebenso auf wie in Marketingunterlagen, Medienberichten oder alltäglichen Gesprächen. Gerade diese breite Nutzung führt dazu, dass häufig unklar bleibt, was konkret gemeint ist, wenn von KI gesprochen wird. Für eine fundierte Auseinandersetzung ist daher eine begriffliche Einordnung notwendig.

Was bedeutet KI eigentlich?
Wenn wir über künstliche Intelligenz sprechen, landen wir oft bei sehr theoretischen Definitionen. Doch gerade für HR und das Management ist es wichtig, einen Begriff zu verwenden, der nicht nur technisch präzise, sondern auch rechtlich belastbar ist. Die EU-Kommission liefert im Rahmen des **AI Acts** eine Definition, die den Kern der Sache gut trifft. Demnach ist ein KI-System ein computergestütztes System, das so konzipiert ist, dass es mit einem unterschiedlichen Grad an Autonomie operieren kann. Es leitet aus den Eingaben, die es erhält, Erkenntnisse ab und kann für explizite oder implizite Ziele Ergebnisse erzeugen – etwa Vorhersagen, Empfehlungen oder Entscheidungen –, die das physische oder virtuelle Umfeld beeinflussen.

Was heißt das übersetzt für Ihre Praxis?
Der entscheidende Unterschied zu herkömmlicher Software liegt in der **Anpassungsfähigkeit**.

- **Klassische IT-Systeme** sind regelbasiert. Sie folgen einer strengen »Wenn-dann-Logik«. Wenn der Programmierer nicht an einen bestimmten Fall gedacht hat, kann das System diesen auch nicht bearbeiten, denn es führt einfach stur Befehle aus.
- **KI-Systeme** hingegen »lernen« aus Mustern. Sie analysieren ihre Umgebung oder die ihnen zur Verfügung stehenden Daten und abstrahieren daraus Informationen, um eigenständig Lösungen für ein definiertes Ziel zu finden.

Für die HR-Abteilung bedeutet dies: Während herkömmliche Tools lediglich Daten verwalten (z. B. eine digitale Personalakte), können KI-gestützte Systeme Zusammenhänge erkennen.

Ein Blick in die Praxis: die Personalbedarfsplanung

Während ein Standardsystem lediglich Fehlzeiten addiert, ist ein KI-System in der Lage, Muster in Abwesenheiten zu identifizieren und proaktiv Vorschläge zu generieren, um betriebliche Engpässe frühzeitig zu vermeiden. Die KI agiert somit innerhalb eines gesteckten Rahmens als entscheidungsunterstützende Instanz.

Im Kern bezeichnet künstliche Intelligenz Computersysteme, die Aufgaben übernehmen, für die bislang menschliche Fähigkeiten erforderlich waren. Dazu zählen unter anderem das Erkennen von Mustern, das Verarbeiten von Sprache, das Treffen von Entscheidungen auf der Basis von Daten oder das Lernen aus Erfahrungen. Entscheidend ist dabei nicht, dass Maschinen »denken« wie Menschen, sondern dass sie bestimmte kognitive Leistungen technisch abbilden können.

Wichtig ist diese Unterscheidung, weil der Begriff »Intelligenz« schnell zu falschen Erwartungen führt. KI besitzt kein Bewusstsein, keine Intuition und keine eigene Zielsetzung. Sie handelt nicht autonom im menschlichen Sinne, sondern innerhalb klar definierter Rahmenbedingungen, die von Menschen vorgegeben werden.

Die technologische Vielfalt unter dem Sammelbegriff KI

In der Unternehmenspraxis wird der Begriff »künstliche Intelligenz« meist als Schlagwort für eine Vielzahl unterschiedlicher Technologien verwendet. Um eine fundierte Risikobewertung vornehmen zu können, muss die HR-Abteilung jedoch zwischen den verschiedenen Ansätzen differenzieren. Zu den wesentlichen Säulen gehören:

- **maschinelles Lernen (Machine Learning):** Hierbei handelt es sich um mathematische Verfahren, bei denen KI-Systeme aus großen Mengen an Beispieldaten eigenständig Muster ableiten. Anstatt jeden Einzelfall zu programmieren, lernt das System aus der Vergangenheit, um auf neue, unbekannte Daten reagieren zu können.
- **neuronale Netze und Deep Learning:** Diese Technologie ist an die Funktionsweise des menschlichen Gehirns angelehnt. Sie ermöglicht es Maschinen, extrem komplexe Zusammenhänge zu verarbeiten, und bildet das technische Rückgrat für die meisten modernen KI-Anwendungen.
- **natürliche Sprachverarbeitung (NLP) und Large Language Models (LLM):** Die Sprachverarbeitung dient der Analyse und Generierung von Texten. Eine zentrale Rolle spielen hierbei die sogenannten Large Language Models (wie etwa GPT-5.2). Diese Modelle wurden mit gigantischen Textmengen trainiert, um menschliche Sprache in einer bisher ungekannten Qualität zu verstehen und zu produzieren.
- **Bilderkennung und Computer Vision:** Unter »Computer Vision« versteht man die Fähigkeit von Systemen, visuelle Informationen aus der realen Welt -- also Bilder oder Videos -- zu verarbeiten und zu interpretieren. In der Praxis wird Computer Vision beispielsweise bei der automatisierten Dokumentenerfassung oder in der Sicherheitstechnik eingesetzt.
- **algorithmische Entscheidungs- und Empfehlungssysteme:** Diese Systeme nutzen spezifische Algorithmen, um auf der Basis von Datenprofilen Vorschläge zu generieren. Im HR-Kontext finden sich solche algorithmischen Systeme etwa beim »Matching« von Bewerberprofilen mit Stellenanforderungen oder bei personalisierten Weiterbildungsempfehlungen auf Lernplattformen.

Ein Blick in die Praxis: Jobplattformen

Ein alltägliches Anwendungsfeld für die HR-Abteilung sind große Jobplattformen wie Indeed oder Stepstone. Diese Portale arbeiten im Kern mit algorithmischem Matching: Sie analysieren die Informationen in Lebensläufen und gleichen diese automatisiert mit den Anforderungen in Stellenanzeigen ab. Die KI nimmt hierbei eine Relevanz-Bewertung vor (sog. Matching-Score).

Dabei kommt oft auch die oben genannte Sprachverarbeitung (NLP) zum Einsatz, z. B. um zu erkennen, dass verschiedene Berufsbezeichnungen denselben Kompetenzbereich meinen. Für die HR-Abteilung bedeutet dies eine massive Unterstützung bei der Vorauswahl, erfordert aber auch ein kritisches Verständnis dafür, nach welchen Kriterien diese Systeme die Bewerbenden »sortieren« und welche Profile eventuell durch das Raster fallen könnten.

Obwohl sich die genannten Technologien in ihrer Komplexität und ihren Risiken stark unterscheiden, werden sie im Unternehmensalltag häufig unter dem Sammelbegriff »KI« zusammengefasst. Für eine verantwortungsvolle Einführung ist es jedoch unerlässlich, dass die HR-Abteilung versteht, welche dieser Komponenten in einem spezifischen Tool tatsächlich zum Einsatz kommen.

Für HR-Abteilungen ist begriffliche Klarheit besonders wichtig, denn nur wenn verstanden wird, was KI tatsächlich ist und was nicht, lassen sich Schulungen sinnvoll gestalten, Erwartungen realistisch einschätzen und Verantwortung klar vergeben.

Ein weiterer zentraler Aspekt der begrifflichen Einordnung betrifft die Abgrenzung von **Automatisierung** und künstlicher Intelligenz. Nicht jede automatisierte Software ist KI. Klassische Automatisierung folgt, wie erwähnt, festen Regeln und Wenn-dann-Logiken. KI-Systeme dagegen liefern Wahrscheinlichkeitsaussagen und passen sich durch neue Daten flexibel an.

Diese Eigenschaften machen KI leistungsfähig, anpassungsfähig und gleichzeitig erklärungsbedürftig. Die Ergebnisse sind nicht immer eindeutig, nicht immer reproduzierbar und nicht immer vollständig nachvollziehbar. Genau hier beginnt die Verantwortung der Menschen, die diese Systeme einsetzen.Künstliche Intelligenz ist daher weniger als eigenständiges System zu verstehen, sondern als Werkzeug. Statt künstliche Intelligenz als autonom handelndes System zu betrachten, sollte die HR-Abteilung sie konsequent als technologische Unterstützungsebene einordnen. Ihr Einsatz dient dazu, Entscheidungen datenbasiert vorzubereiten und repetitive Prozesse zu beschleunigen. Die strukturelle Veränderung der Arbeit liegt dabei vor allem in der Verschiebung von Aufgaben: Die KI übernimmt die Analyse großer Datenmengen oder die Erstellung erster Entwürfe, während die finale Bewertung und die daraus resultierenden Konsequenzen weiterhin eine menschliche Kernaufgabe bleiben.

Diese Trennung ist entscheidend, um die Verantwortlichkeiten innerhalb der Organisation klar zu definieren. Während die Technologie die Effizienz steigert, verbleibt die ethische und operative Verantwortung für das Endergebnis ausschließlich beim Menschen. In der Praxis bedeutet dies, dass die Einführung von KI-Systemen immer mit einer Qualifizierung der Mitarbeitenden einhergehen muss, damit diese in der Lage sind, die KI-generierten Vorschläge kritisch zu prüfen.

Die begriffliche Einordnung in den letzten Absätzen bildet die Grundlage für alle weiteren Kapitel. Sie schafft ein gemeinsames Verständnis und verhindert, dass KI entweder überschätzt oder pauschal abgelehnt wird. Nur auf dieser Basis kann eine sachliche, verantwortungsvolle und zukunftsorientierte Auseinandersetzung mit KI im Unternehmen gelingen.

Der Begriff »KI« aus interdisziplinärer Perspektive

Auch wenn der Begriff der künstlichen Intelligenz oben bereits aufgefächert wurde, ist er nicht eindeutig festgelegt. Die verschiedenen existierenden Definitionen sind das Ergebnis eines interdisziplinären und historischen Entwicklungsprozesses. Unterschiedliche Disziplinen wie Informatik, Pädagogik, Ethik, Recht und Sozialwissenschaften betrachten KI aus jeweils eigener Perspektive. Entsprechend vielfältig fallen Definitionen und Abgrenzungen aus.

Die Schwierigkeit, KI eindeutig festzulegen, rührt daher, dass jede Fachdisziplin einen anderen Kernaspekt in den Fokus rückt. Für die HR-Abteilung ist es wichtig, diese Unterschiede zu kennen, da sie bei der Einführung von KI-Systemen oft alle berücksichtigen muss:

- **Informatik (technische Perspektive):** Hier steht die **Leistungsfähigkeit** im Vordergrund. KI wird über Algorithmen, Rechenpower und die Fähigkeit definiert, komplexe statistische Probleme zu lösen. Es geht um die Frage: »Was kann das System technisch leisten?«
- **Ethik (moralische Perspektive):** Hier liegt der Fokus auf **Werten und Fairness**. Die Definition von KI wird eng mit Begriffen wie Diskriminierungsfreiheit, Transparenz und menschliche Autonomie verknüpft. Die zentrale Frage lautet: »Sollten wir das System so einsetzen, und ist der Prozess für den Menschen fair?«
- **Recht (regulatorische Perspektive):** Für Juristinnen und Juristen ist KI ein **Haftungsobjekt**. Definitionen (wie im EU AI Act) dienen dazu, Risikoklassen festzulegen und Verantwortlichkeiten zu klären. Hier geht es primär darum: »Wer haftet für die Ergebnisse, und welche Nachweise müssen erbracht werden?«
- **Pädagogik (Lern-Perspektive):** In dieser Disziplin wird KI als **Kompetenzerweiterung** oder **Werkzeug zum Wissenserwerb** betrachtet. Im Fokus steht die »AI Literacy« und damit die Frage: »Wie verändert das Tool die Art, wie Mitarbeitende lernen und sich weiterentwickeln?«

- **Sozialwissenschaften (gesellschaftliche Perspektive):** Hier wird untersucht, wie KI die **Arbeitsbeziehungen** und die **Unternehmenskultur** verändert. Die Definition konzentriert sich auf die Interaktion zwischen Mensch und Maschine: »Wie verschieben sich Machtgefüge und soziale Dynamiken im Team?«

Durch diese Vielfalt der Perspektiven auf KI wird deutlich: Wer KI im Unternehmen nur als IT-Projekt betrachtet, übersieht die ethischen, rechtlichen und sozialen Implikationen, die für eine erfolgreiche Integration in die HR-Prozesse entscheidend sind.

Die begriffliche Vielfalt führt in der Praxis häufig zu Unsicherheit. In Unternehmen zeigt sich oft, dass kein einheitliches Begriffsverständnis existiert, was die Konzeption zielgerichteter Schulungs- und Kompetenzmodelle erschwert. Führungskräfte und Mitarbeitende verwenden den Begriff »KI« oft unterschiedlich, was zu Missverständnissen und falschen Erwartungen führen kann.

Kindlinger und Abs[27] betonen, dass die gemeinsame Begriffsklärung im Unternehmen eine zentrale Voraussetzung für einen verantwortungsvollen, reflektierten und rechtssicheren Umgang mit KI darstellt. KI muss klar von klassischer Automatisierung und anderen digitalen Technologien getrennt werden. Der große Unterschied ist dabei insbesondere die Fähigkeit von KI-Systemen, aus Daten zu lernen und sich selbstständig anzupassen.

KI ist weit mehr als eine rein technologische Herausforderung; sie greift tief in das ethische und soziale Gefüge einer Organisation ein. Ein modernes Kompetenzmodell darf sich daher nicht auf die reine Bedienung von Tools beschränken. Es muss die Fähigkeit fördern, den KI-Einsatz ganzheitlich zu bewerten. Dabei stehen insbesondere die gesellschaftlichen Folgen im Fokus, die in der HR-Abteilung oft unmittelbar spürbar werden:

- **Veränderung der Arbeitswelt und Rollenprofile:** KI-Kompetenz bedeutet hier, die Verschiebung von Tätigkeiten zu reflektieren. Welche Aufgaben fallen weg, welche neuen Anforderungen entstehen? Es gilt zu verhindern, dass durch den KI-Einsatz eine Dequalifizierung stattfindet, bei der Mitarbeitende nur noch »Zuarbeiter« einer Maschine sind.
- **Wahrung von Fairness und Antidiskriminierung:** Da KI-Systeme auf historischen Daten basieren, besteht das Risiko, dass gesellschaftliche Vorurteile (Bias) automatisiert fortgeschrieben werden. Ein kompetenter Umgang erfordert die Sensibilität, Ergebnisse kritisch auf Verzerrungen zu prüfen – etwa wenn ein Algorithmus bestimmte demografische Gruppen im Recruiting unbewusst benachteiligt.
- **digitale Teilhabe und Inklusion:** Die Organisation muss sicherstellen, dass der technologische Fortschritt nicht zu einer Spaltung der Belegschaft führt. Kompe-

27 Kindlinger und Abs, 2025.

tenzaufbau bedeutet in diesem Kontext, Barrieren abzubauen und sicherzustellen, dass alle Mitarbeitenden – unabhängig von ihrer technologischen Vorbildung – Zugang zu den Chancen der KI erhalten.

- **Transparenz und Vertrauenskultur:** Gesellschaftliche Folgen zeigen sich auch im Betriebsklima. Wenn KI-Entscheidungen als »Blackbox« wahrgenommen werden, sinkt das Vertrauen. Zur Kompetenz gehört daher die Fähigkeit, KI-Prozesse erklärbar zu machen und einen offenen Dialog über die Nutzung von Daten zu führen.
- **Reflexion als Kernbestandteil der Kompetenz:** Die genannten gesellschaftlichen Folgen lassen sich nicht durch starre Regeln allein bewältigen. Deshalb ist **Reflexion** das zentrale Element: Mitarbeitende müssen befähigt werden, nicht nur zu fragen: »Funktioniert das Tool?«, sondern auch: »Welche langfristigen Auswirkungen hat dieser Prozess auf unser Miteinander und unsere Werte?« Erst diese reflektierte Distanz ermöglicht es der HR-Abteilung, KI nicht nur effizient, sondern auch verantwortungsbewusst zu steuern.

Regulatorische Einordnung und Risikoperspektive

Aus regulatorischer Sicht rückt insbesondere die europäische KI-Verordnung den Begriff der künstlichen Intelligenz in den Fokus. Der Entwurf des EU AI Act definiert KI-Systeme als maschinenbasierte Systeme mit einem gewissen Grad an Autonomie, die sich nach ihrer Inbetriebnahme anpassen können. Entscheidend ist dabei nicht nur die technische Umsetzung, sondern der konkrete Einsatzkontext.

Aichinger et al.[28] heben hervor, dass diese Definition für Unternehmen unmittelbare Konsequenzen hat. Nur wenn klar ist, welche Systeme als KI gelten, lassen sich regulatorische Pflichten korrekt einordnen. Besonders relevant ist dabei die Risikoklassifizierung von KI-Systemen (siehe Kapitel 1.8.2). Die Verordnung unterscheidet zwischen minimalem, begrenztem, hohem und unannehmbarem Risiko.

Hochrisiko-KI-Systeme, etwa in der Personalauswahl oder in sicherheitskritischen Bereichen, unterliegen besonderen Anforderungen wie Dokumentationspflichten, Risikomanagementprozessen und Prüfverfahren. Ein fehlendes oder ein ungenaues Begriffsverständnis kann hier zu erheblichen Compliance-Risiken führen. Aichinger et al. machen deutlich, dass begriffliche Klarheit keine theoretische Frage ist, sondern Grundlage für rechtssichere Unternehmensprozesse.

Technologische Entwicklung und neue Unsicherheiten

Hug et al.[29] betonen, wie die rasante technologische Entwicklung die begriffliche Unschärfe weiter verstärkt. Mit dieser Unschärfe ist das Phänomen gemeint, dass KI-

28 Aichinger et al., 2025.
29 Hug et al., 2024.

Funktionen zunehmend in herkömmliche Büro-Software eingebettet werden, z. B. »Copilot« in Office). Dadurch wird es für die Organisation immer schwieriger zu entscheiden, ab wann ein Prozess als »KI-gestützt« gilt und damit spezifischen regulatorischen Anforderungen unterliegt. Insbesondere der Einsatz generativer KI-Systeme und Large Language Models hat dazu geführt, dass KI-Technologien zunehmend in den operativen Arbeitsalltag integriert werden. KI-Systeme, die früher vor allem in Innovations- oder Forschungsabteilungen eingesetzt wurden, sind heute gängige Werkzeuge.

Diese Entwicklung bringt neue Unsicherheiten mit sich. Viele Nutzende verstehen die Funktionsweise, Grenzen und Risiken dieser Systeme nur unzureichend. Dadurch entstehen falsche Annahmen über Objektivität, Verlässlichkeit oder Datenschutz. Hug et al.[30] betonen daher die Notwendigkeit gezielter Qualifizierungsmaßnahmen, die technische, regulatorische und ethische Aspekte miteinander verbinden.

KI-Kompetenz bedeutet in diesem Zusammenhang nicht nur Anwendung, sondern auch Einordnung. Mitarbeitende müssen verstehen, wann KI sinnvoll unterstützt und wann menschliches Urteil unverzichtbar bleibt.

Gesellschaftliche Akzeptanz und flexible Definitionen

Praun et al.[31] weisen darauf hin, dass die Definition von KI nicht abgeschlossen ist, sondern sich kontinuierlich weiterentwickelt. Gesellschaftliche Debatten über Nutzen, Risiken und Verantwortung beeinflussen, wie KI wahrgenommen, akzeptiert und eingesetzt wird.

Unternehmen stehen damit vor der Aufgabe, flexible, aber klare Begriffsdefinitionen zu entwickeln. Diese müssen regulatorischen Anforderungen genügen und zugleich gesellschaftlich anschlussfähig bleiben. Ein starres Verständnis von KI greift dabei ebenso zu kurz wie eine rein technologische Sichtweise.

Organisationen sind gut beraten, ihre KI-Definitionen regelmäßig zu überprüfen und weiterzuentwickeln. Wer diese Thematik ignoriert, läuft Gefahr, regulatorische Veränderungen zu spät zu erkennen oder gesellschaftliche Akzeptanz zu verspielen.

Einordnende Zusammenfassung

Die begriffliche Einordnung von künstlicher Intelligenz ist weit mehr als eine akademische Definitionsfrage. Sie bildet das Fundament für die gesamte KI-Strategie der Organisation – von der gezielten Schulung über die Zuweisung von Verantwortung bis hin zur rechtlichen Compliance und der Akzeptanz in der Belegschaft. Ein einheitli-

30 Hug et al., 2024.
31 Praun et al., 2025.

ches, reflektiertes Begriffsverständnis ermöglicht es der Organisation, KI-Technologien realistisch einzuschätzen, Risiken frühzeitig zu identifizieren und Kompetenzen punktgenau aufzubauen.

Für die HR-Abteilung bedeutet das, dass KI-Kompetenz nicht bei der Auswahl technischer Tools beginnt, sondern bei:

- **Sprache:** Wichtig ist die Etablierung einer unternehmensweit einheitlichen Terminologie. Nur wenn alle Beteiligten – vom Management bis zum Betriebsrat – dasselbe verstehen, wenn sie von »KI«, »Algorithmen« oder »Autonomie« sprechen, lassen sich verbindliche Richtlinien und Betriebsvereinbarungen rechtssicher formulieren.
- **Verständnis:** Entscheidend ist ein tiefgreifendes Wissen über die Funktionsweisen und die systemischen Grenzen der Technologie, um überzogene Erwartungen oder unbegründete Ängste abzubauen.
- **Haltung:** Die Entwicklung einer professionellen Distanz ist sinnvoll, die KI als unterstützendes Instrument begreift, aber die finale Entscheidungshoheit und ethische Verantwortung konsequent beim Menschen belässt.

Damit wird deutlich: Eine tragfähige KI-Einführung ist kein reiner IT-Prozess, sondern primär eine Kommunikations- und Gestaltungsaufgabe für das Personalmanagement.

2.2.2 Technische Grundlagen und Rahmenbedingungen des KI-Einsatzes

Die Basis vieler KI-Anwendungen bildet das **maschinelle Lernen**. Dabei handelt es sich um Verfahren, bei denen Systeme aus Daten lernen, anstatt für jede Situation explizit programmiert zu werden. Je besser die Daten, desto besser die Ergebnisse. Maschinelles Lernen kommt überall dort zum Einsatz, wo Muster erkannt oder Vorhersagen getroffen werden sollen. Es müssen also adäquate Daten vorliegen, um genaue Ergebnisse zu erzielen, sonst beginnt die KI »Fakten« zu erfinden, da sie darauf trainiert ist, immer eine Antwort zu geben, auch wenn diese falsch ist.

Darauf aufbauend spielen **neuronale Netze** eine zentrale Rolle. Sie sind lose an die biologische Funktionsweise des menschlichen Gehirns angelehnt: Viele kleine Recheneinheiten (Neuronen) sind miteinander verknüpft und geben Informationen gewichtet weiter. Dennoch arbeiten sie rein mathematisch. Neuronale Netze sind besonders leistungsfähig, wenn es darum geht, komplexe Zusammenhänge in unstrukturierten Daten wie Sprache, Bildern oder Texten zu erkennen.

Ein Blick in die Praxis: das CV-Parsing

Wenn eine HR-Abteilung ein modernes Bewerbermanagement-System nutzt, kommen oft neuronale Netze zum Einsatz, um Lebensläufe zu »lesen«. Ein herkömmliches Programm würde z. B. nur nach dem Wort »Projektleitung« suchen. Ein neuronales Netz hingegen lernt durch das Training mit Tausenden Beispielen, Zusammenhänge zu verstehen: Es erkennt, dass Begriffe wie »Budgetverantwortung«, »Teamführung« und »Meilensteinplanung« im Kontext eines Lebenslaufs mit hoher Wahrscheinlichkeit auf Führungserfahrung hindeuten – selbst wenn ein Wort wie »Projektleitung« oder »Manager« gar nicht im Text vorkommt. Das Netz kombiniert diese einzelnen Signale zu einem Gesamtergebnis. Es »versteht« den Text zwar nicht inhaltlich, erkennt aber das statistische Muster, das eine qualifizierte Führungskraft beschreibt.

Eine Weiterentwicklung der neuronalen Netze ist das **Deep Learning**. Der Begriff »deep« (»tief«) bezieht sich dabei auf die Architektur: Während einfache neuronale Netze nur wenige Recheneinheiten durchlaufen, bestehen Deep-Learning-Modelle aus einer Vielzahl solcher Ebenen – sie sind sozusagen mehrschichtig verästelt. In jeder dieser Schichten filtert das System abstraktere Informationen heraus. Bei der Analyse eines Bildes würde die erste Schicht nur Kanten erkennen, die mittlere Formen und die tiefste Ebene schließlich ein Gesicht.

Diese Technik bildet die Grundlage für die heute dominierenden Large Language Models (LLM) wie ChatGPT. Für das Verständnis in der HR-Abteilung ist dabei die Funktionsweise entscheidend:

- **Wahrscheinlichkeitsrechnung statt Wissen:** Ein LLM »weiß« nichts über Personalentwicklung oder Arbeitsrecht. Es hat jedoch während des Trainings Milliarden von Sätzen analysiert und dabei gelernt, welche Wörter mit welcher Wahrscheinlichkeit aufeinanderfolgen.
- **der »Vervollständigungs«-Mechanismus:** Wenn eine HR-Abteilung ein LLM bittet, eine Absage zu formulieren, berechnet das Modell für jedes folgende Wort die höchste statistische Plausibilität. Das Ergebnis wirkt deshalb so natürlich und überzeugend, weil die Maschine die feinen Nuancen menschlicher Sprache durch ihre »tiefen« Schichten mathematisch perfekt imitiert.
- Für den Arbeitsalltag ist diese **technische Einsicht** die wichtigste Konsequenz: Da das System auf Wahrscheinlichkeiten basiert und nicht auf einer Fakten-Datenbank, können die Ergebnisse zwar täuschend echt klingen, aber faktisch falsch sein (»Halluzination«). Die HR-Abteilung muss daher verstehen, dass Deep Learning ein Werkzeug für Struktur und Form ist, die inhaltliche Validierung jedoch zwingend beim Menschen bleiben muss.

Gerade die Verantwortung für die Weiterverwendung der Ergebnisse macht ein **grundlegendes technisches Verständnis** notwendig, nicht im Sinne tiefer Programmierkenntnisse, sondern als Fähigkeit zur Einordnung. Wer KI im Unternehmen nutzt oder einführt, sollte nachvollziehen können, warum Systeme bestimmte Ergebnisse liefern und wovon ihre Qualität abhängt.

Ein zentraler Faktor ist dabei die **Qualität der Daten**. Maschinelles Lernen und darauf aufbauende Verfahren wie Deep Learning sind in hohem Maße datenabhängig. Die Leistungsfähigkeit eines KI-Systems hängt weniger von seiner Komplexität als vom Design und von der Qualität der Trainingsdaten ab. Unvollständige, verzerrte oder fehlerhafte Datensätze führen zwangsläufig zu problematischen Ergebnissen. Unternehmen tragen hier eine besondere Verantwortung, denn Datenqualität ist nicht nur eine technische, sondern auch eine ethische und organisatorische Frage.[32]

Mit der zunehmenden Leistungsfähigkeit moderner KI-Systeme steigt zugleich der **infrastrukturelle Aufwand**. Aktuelle KI-Modelle werden mit sehr großen Datenmengen trainiert und benötigen erhebliche Rechen- und Speicherkapazitäten. Für Unternehmen bedeutet das, dass der Einsatz von KI nicht nur eine Entscheidung für eine Software ist, sondern langfristige Überlegungen zu Dateninfrastruktur, Datenmanagement sowie finanziellen und personellen Ressourcen erfordert. KI ist damit kein kurzfristig zu betrachtendes Tool, sondern Teil einer strategischen Technologieentscheidung.[33]

Im betrieblichen Kontext kommt hinzu, dass unterschiedliche KI-Technologien sehr unterschiedliche Eigenschaften besitzen. Klassische Entscheidungsbäume, statistische Modelle, neuronale Netze oder generative KI-Systeme verfolgen jeweils eigene Logiken und eignen sich für unterschiedliche Anwendungsfälle. Während einfache Modelle gut erklärbar sind, liefern komplexere Systeme oft bessere, aber weniger transparente Ergebnisse. Die **Auswahl geeigneter Systeme** muss daher immer an den konkreten Use Case gekoppelt sein.[34]

Für Mitarbeitende und Führungskräfte bedeutet das: Nicht jede KI ist für jede Aufgabe geeignet. Schulungen sollten deshalb nicht nur die Anwendung einzelner Tools vermitteln, sondern auch ein Verständnis für deren Funktionsweise, Stärken und Grenzen schaffen. Nur so lassen sich realistische Erwartungen entwickeln und Fehlanwendungen vermeiden.

Ein vertieftes technisches Grundverständnis ist zudem Voraussetzung für eine verantwortungsvolle **Bewertung rechtlicher und ethischer Fragestellungen**. Fehlentscheidungen bei der Auswahl oder Anwendung von KI-Systemen können erhebliche Folgen haben, etwa wenn diskriminierende Daten zu systematischen Benachteiligun-

32 Hubel et al., 2024.
33 Hubel et al., 2024.
34 Baumgartner et al., 2023.

gen führen. Der Einsatz von KI darf nicht dazu beitragen, bestehende Ungleichheiten zu verstärken oder neue Risiken zu schaffen. Unternehmen sind daher gefordert, auch Aspekte wie Fairness, Transparenz und Nachvollziehbarkeit systematisch zu berücksichtigen.[35]

Eng damit verbunden ist die Frage der **Datensicherheit und der Integrität von Modellen**. KI-Systeme müssen so betrieben werden, dass die Herkunft der verwendeten Daten nachvollziehbar bleibt und Manipulationen frühzeitig erkannt werden können. Dazu gehören unter anderem die Überwachung von Modellverhalten, das Erkennen von Verzerrungen sowie klare Zugriffskontrollen auf Daten und Infrastruktur. Diese Maßnahmen sind keine einmalige Aufgabe, sondern Teil eines kontinuierlichen Governance-Prozesses.[36]

Neben den technischen Grundlagen ist für den erfolgreichen KI-Einsatz auch ein **Überblick über die verfügbaren Systemtypen** notwendig. In Unternehmen kommen heute sehr unterschiedliche Formen von KI zum Einsatz, von lernenden Systemen über sprachbasierte Anwendungen bis hin zu robotischen Lösungen. Entscheidend ist weniger die technische Kategorie als die Frage, welchen konkreten Mehrwert ein System im jeweiligen Arbeitskontext liefert.

Gleichzeitig zeigt sich in vielen Organisationen, dass **das vorhandene Potenzial von KI nicht ausgeschöpft** wird. Studien weisen darauf hin, dass KI häufig lediglich als Inspirationsquelle genutzt wird, etwa zur Ideenfindung oder Informationsrecherche, während weitergehende Anwendungsmöglichkeiten ungenutzt bleiben. Hauptursache dafür sind fehlende Schulungen und ein mangelndes Grundverständnis aufseiten von Belegschaft und Management. Gerade kleinere und mittlere Unternehmen greifen zur Kompensation häufig auf externe Dienstleister zurück. Dies kann kurzfristig entlasten, ersetzt jedoch kein internes Basiswissen. Ohne eigenes Verständnis lassen sich weder die Qualität externer Leistungen noch die langfristige strategische Bedeutung von KI-Systemen fundiert bewerten.

Aus diesem Grund sollten technologische Grundlagen stets gemeinsam mit **rechtlichen und ethischen Rahmenbedingungen** vermittelt werden. Erfolgreiche Lernformate zeichnen sich dadurch aus, dass sie technische Funktionsweisen verständlich erklären, konkrete Anwendungsbeispiele aufgreifen und Raum für Reflexion schaffen. Transparenz und Einordnung fördern Akzeptanz und reduzieren Unsicherheit.

Zusammenfassend lässt sich festhalten: Die technischen Grundlagen der künstlichen Intelligenz bilden das Fundament für ihren verantwortungsvollen Einsatz im Unter-

---

35 Aichinger et al., 2025.
36 Booth et al., 2024.

nehmen. Entscheidend ist dabei nicht maximale technische Tiefe, sondern ein ausgewogenes Verständnis von Funktionsweise, Grenzen, Risiken und Nutzen. Erst auf dieser Basis können KI-Systeme sinnvoll, rechtssicher und nachhaltig in den Arbeitsalltag integriert werden.

2.2.3 ChatGPT als Beispiel moderner KI

Der wohl bekannteste Chatbot ist **ChatGPT**, ein KI-basierter Textgenerator, der natürliche Sprache versteht und Ergebnisse liefert. Entwickelt wurde das System von OpenAI mit dem Ziel, KI für Menschen nutzbar zu machen. ChatGPT kann Texte schreiben, zusammenfassen, übersetzen, Ideen generieren oder bei Problemlösungen unterstützen. In den letzten Monaten und Jahren hat sich ChatGPT, wie auch andere Chatbots, extrem weiterentwickelt. Mittlerweile kann man über ChatGPT auch programmieren, Bilder erzeugen oder Agenten für sich arbeiten lassen – und man kann mit dem Chatbot reden.

So arbeitet ein Chatbot (erstellt mit Canva)

Die Illusion der Kompetenz: warum Korrektheit nicht garantiert ist

Der Erfolg moderner KI-Systeme liegt in ihrer Einfachheit: Die Hürde für den Einstieg ist minimal. Doch gerade diese Benutzerfreundlichkeit birgt eine Gefahr: Die Ergebnisse wirken sprachlich brillant und inhaltlich kompetent, sind aber faktisch nicht immer korrekt.

Dies liegt in der Natur der Technologie begründet:

- **Statistik statt Verständnis:** Ein Sprachmodell (LLM) versteht keine arbeitsrechtlichen Paragrafen oder betriebsinternen Richtlinien. Es berechnet lediglich Wort für Wort die höchste statistische Wahrscheinlichkeit einer Antwort basierend auf seinen Trainingsdaten.
- **Plausibilität vor Wahrheit:** Das System ist darauf optimiert, eine »gut klingende« und hilfreiche Antwort zu generieren. Im Zweifelsfall priorisiert die KI die sprachliche Logik gegenüber der faktischen Genauigkeit. In der Fachwelt spricht man hier von **Halluzinationen**: Die KI erfindet Informationen, die so glatt formuliert vorgetragen werden, dass sie für Laien kaum als Fehler erkennbar sind.

Für die HR-Abteilung ergibt sich daraus eine neue Form der Sorgfaltspflicht. Auch hier gilt, was für jede KI-Anwendung gilt: Inhalte dürfen niemals ungeprüft übernommen werden. Sie müssen fachlich eingeordnet und verantwortungsvoll genutzt werden. Die Rolle des Menschen verschiebt sich hierbei vom »Autor« zum »Lektor« – eine Aufgabe, die eine hohe Fachkompetenz voraussetzt, um die subtilen Fehler der Maschine überhaupt identifizieren zu können.

2.2.4 KI als strategisches Werkzeug – besonders für Führung und HR

Künstliche Intelligenz ist weit mehr als ein technisches Upgrade: Sie fungiert als strategisches Hilfsmittel, das Führungskräften und der HR-Abteilung neue Handlungsspielräume verschafft. Der strategische Wert liegt nicht darin, dass die Technik den Menschen ersetzt, sondern dass sie das operative »Grundrauschen« reduziert.

Vom Zeitfresser zur Gestaltungszeit

Auf der Arbeitsebene kann KI helfen, die Erstellung von Dokumenten und Entwürfen zu vereinfachen. Das betrifft beispielsweise:

- **Strukturierung von Inhalten:** das Erstellen erster Gerüste für Schulungsunterlagen oder Workshop-Konzepte
- **Aufbereitung von Informationen:** das Zusammenfassen von Feedback-Notizen oder langen Protokollen, um schneller zu den Kernbotschaften zu gelangen
- **Formulierungshilfe:** die Vorbereitung von Gesprächsleitfäden oder internen Ankündigungen, die dann nur noch individualisiert werden müssen

Strategisch wird dieser Einsatz erst durch die Konsequenz: Die gewonnene Zeit bei dieser »Fleißarbeit« ermöglicht es der HR-Abteilung, sich verstärkt auf die Aspekte zu konzentrieren, die eine Maschine nicht leisten kann: die individuelle Mitarbeiterberatung, das Gespür für die Unternehmenskultur und die strategische Personalentwicklung.

HR als Brückenbauer und Risikomanager

KI als strategisches Werkzeug zu nutzen, bedeutet auch, Verantwortung für den Rahmen zu übernehmen. Die HR-Abteilung verbindet die Technologie mit den Menschen in der Organisation. Wer versteht, wie diese Tools funktionieren, kann

1. **Sicherheit geben**, also Ängste der Belegschaft vor der neuen Technik durch sachliche Aufklärung neutralisieren.
2. **Compliance sichern**, also darauf achten, dass sensible Personaldaten geschützt bleiben und KI-Ergebnisse kritisch hinterfragt werden (Stichwort: Halluzinationen oder Vorurteile in Algorithmen)

Zusammenfassend lässt sich sagen: KI ist kein Ersatz für HR-Expertise, sondern eine Entlastung im Prozess. Wer die Technologie realistisch einschätzt, verliert die Angst vor ihr und kann sie gezielt einsetzen, um die HR-Arbeit moderner und menschenzentrierter zu gestalten.

2.2.5 KI in unserem Alltag – eine vertraute Technologie

Künstliche Intelligenz wird oft als etwas Neues wahrgenommen. Als eine Technologie, die plötzlich da ist und bestehende Arbeitsweisen grundlegend verändert. Diese Wahrnehmung ist verständlich, greift jedoch zu kurz. Tatsächlich nutzen wir KI bereits seit vielen Jahren, im Alltag, im Beruf und im privaten Umfeld. Meist unauffällig, im Hintergrund und ohne sie bewusst als KI wahrzunehmen.

Ein einfaches Beispiel ist die **Bild- und Gesichtserkennung auf dem Smartphone**. Das Entsperren per Gesicht, das automatische Sortieren von Fotos oder das Erkennen von Personen in Bildergalerien basiert auf KI-Verfahren. Diese Funktionen werden täglich genutzt, ohne dass sie als künstliche Intelligenz empfunden werden. Sie gelten als selbstverständlich.

Ähnlich verhält es sich mit **E-Mail-Spamfiltern**. Seit Jahren analysieren Systeme eingehende Nachrichten, erkennen Muster und entscheiden, ob eine E-Mail relevant oder unerwünscht ist. Diese Entscheidungen werden automatisch getroffen, meist sehr zuverlässig. Kaum jemand empfindet das als bedrohlich, ganz im Gegenteil, es wird als Erleichterung wahrgenommen.

Auch **Sprachassistenten** wie Siri oder Alexa sind seit Langem Teil vieler Haushalte. Sie reagieren auf Sprache, verstehen Anfragen, führen einfache Aufgaben aus oder steuern andere Systeme. Obwohl hier KI eingesetzt wird, wird sie oft als technische Komfortfunktion eingeordnet, nicht als komplexe Technologie.

Ein weiteres Beispiel sind **Empfehlungssysteme**, etwa bei Streamingdiensten wie Netflix oder auf Musikplattformen. Inhalte werden vorgeschlagen, weil Systeme aus dem Nutzungsverhalten lernen und Muster erkennen. Diese Form der KI beeinflusst Entscheidungen, ohne als solche wahrgenommen zu werden. Sie ist integriert, akzeptiert und kaum hinterfragt.

Selbst **autonome Systeme**, etwa im Bereich des Autofahrens oder der Logistik, sind keine völlig neue Entwicklung. Assistenzsysteme im Auto, wie Navigationssysteme oder automatische Bremsfunktionen, nutzen KI-basierte Verfahren schon seit Jahren. Der Übergang zur stärkeren Automatisierung erfolgte auch hier schrittweise und nicht abrupt.

Diese Beispiele zeigen: KI ist nicht plötzlich aufgetaucht, sondern bereits länger in unseren Alltag integriert. Sie wurde über Jahre hinweg in kleinen Schritten eingeführt. Der Unterschied in der Wahrnehmung liegt weniger in der Existenz der Technologie, sondern daran, dass wir die KI nun aktiv durch Befehle, also »Prompts«, nutzen können und sehen, dass wie von Zauberhand Ergebnisse entstehen. Mit Systemen wie ChatGPT oder Gemini ist KI erstmals sehr direkt erlebbar geworden. Menschen können mit der KI kommunizieren, Fragen stellen, Texte erzeugen lassen.

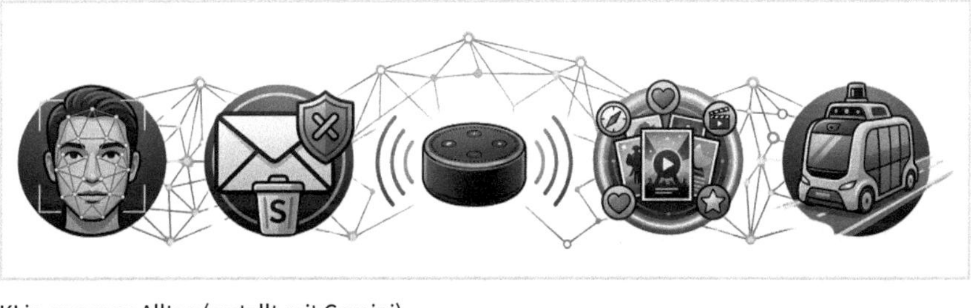

KI in unserem Alltag (erstellt mit Gemini)

Diese Angst entsteht häufig nicht durch die Technologie selbst, sondern aus einem Gefühl von Kontrollverlust heraus. Was zuvor im Hintergrund gearbeitet hat, ist nun sichtbar. Aufgaben, die bislang nur von Menschen erledigt werden konnten, werden plötzlich mit KI-Unterstützung erfüllt oder verändern sich durch die Hilfestellung von KI. Das wirkt neu, obwohl die zugrunde liegenden Technologien nicht neu sind.

Ein bewusster Blick auf den Alltag hilft, diese Angst einzuordnen. KI hat unseren Alltag nicht plötzlich verändert. Sie begleitet uns schon lange. Neu ist, dass wir sie aktiv nutzen, steuern und bewusst einsetzen können. Genau darin liegt aber auch eine Chance.

In meinen Trainings nutze ich dieses Wissen und es zeigt Wirkung. Denn wer versteht, dass und in welcher Form KI bereits Teil des Alltags ist, kann ihr sachlicher begegnen. Sie wird nicht länger als unkontrollierbare Macht wahrgenommen, sondern als Werkzeug, das sich weiterentwickelt hat. Ein Werkzeug, das Nutzen bringt, wenn es verstanden und verantwortungsvoll eingesetzt wird.

Für HR ist diese Einordnung besonders wertvoll. Sie hilft, Mitarbeitende abzuholen, Ängste aufzufangen und Gespräche über KI zu führen. KI ist eine technische Weiterentwicklung, nutzbar und sichtbar für alle. Das ist neu.

2.2.6 KI-Systeme im Unternehmenskontext

Nachdem die technischen Grundlagen von künstlicher Intelligenz eingeordnet wurden, stellt sich für Unternehmen die entscheidende Frage, wie diese Technologien konkret in den organisatorischen Alltag einbezogen werden können. KI tritt im Unternehmen nicht als einzelnes Produkt oder klar abgegrenztes System auf, sondern in sehr unterschiedlichen Formen, mit unterschiedlichen Wirkungen und Verantwortlichkeiten.

Es ist wichtig festzuhalten, dass KI kein isoliertes IT-Thema ist. KI wirkt sich auf Technik und Prozesse, aber auch auf die Menschen und die Organisation aus. Die künstliche Intelligenz kann in bestehende Abläufe eingreifen, Entscheidungswege verändern und Kompetenzen verschieben. Genau deshalb ist eine systematische Einordnung in die Organisation von Beginn an notwendig.

Das KI-System im betrieblichen Gefüge

Im Unternehmenskontext bezeichnet der Begriff »KI-System« weit mehr als nur eine einzelne Software-Anwendung. Es handelt sich vielmehr um ein komplexes Zusammenspiel verschiedener Ebenen, die erst in ihrer Gesamtheit eine sichere Nutzung ermöglichen. Ein funktionsfähiges KI-System basiert auf

- **technischen Komponenten:** Dazu gehören das zugrunde liegende Modell (z. B. für maschinelles Lernen oder generative Prozesse), die notwendigen Datenquellen sowie die IT-Infrastruktur, in der das System betrieben wird.
- **der organisatorischen Einbettung:** Hierzu zählen die festgelegten Regeln für die Nutzung, die menschliche Überwachung sowie die klare Zuweisung von Verantwortlichkeiten.

Diese organisatorischen Leitplanken sind zwar kein Teil des Programmcodes, aber ein integraler Bestandteil des »Systems« im Sinne der Betriebssicherheit und Compliance. Entscheidend ist dabei die Funktion im Arbeitskontext: KI-Systeme unterstützen, strukturieren oder automatisieren Arbeitsabläufe, agieren jedoch – sofern nicht explizit anders konfiguriert – stets als Werkzeug innerhalb eines vom Menschen definierten Rahmens.

2.2.6.1 Typische Formen von KI-Systemen im Unternehmen

KI-Systeme lassen sich im Unternehmensalltag grob nach ihrer Rolle einordnen. Diese Unterscheidung hilft, Erwartungen realistisch zu halten und Verantwortlichkeiten klar zu definieren.

Assistenzsysteme

Assistenzsysteme unterstützen Mitarbeitende bei konkreten Aufgaben, etwa beim Schreiben von Texten, bei Analysen, bei der Beantwortung von E-Mails, bei der Präsentationserstellung oder bei der Aufbereitung von Informationen. Sie liefern Vorschläge und Entwürfe, ohne eigenständig Prozesse auszulösen. Die Entscheidung bleibt vollständig beim Menschen. Ein Beispiel hierfür ist Microsoft Copilot, der direkt im jeweiligen Programm mitwirkt.

Beispielweise kann vorgegeben werden, zu welchem Thema eine Präsentation erstellt werden soll. Wichtige Daten werden vom Nutzer geliefert und Microsoft Copilot erstellt auf dieser Grundlage eine entsprechende Präsentation. Diese ist als »Entwurf« zu betrachten und muss dann vom Menschen weiter ausgearbeitet werden. Der enorme Vorteil liegt in der Schnelligkeit der Folienerstellung und Textrecherche, aber auch hier müssen die Ergebnisse kontrolliert werden. In mehreren meiner Schulungen hat sich herausgestellt: Wenn zu wenig Daten zur Erstabfrage, also bei der Eingabe des ersten Prompts, vorliegen, beginnt die KI, etwas zu erfinden.

Ein Blick in die Seminarpraxis: die erfundene Gaststätte

Hier ein amüsantes Beispiel: Ein Teilnehmer erstellte einen Blogbeitrag über Copilot in Word zu seinem Wohnort, ein Dorf mit 1.000 Einwohnern. Er wunderte sich bei der Präsentation des Ergebnisses, dass eine Gaststätte als Ausflugsziel mit dem Namen »Zur Post« im Ort empfohlen wurde – mit Öffnungszeiten und einladend klingendem Namen. Angeblich gebe es dort gut bürgerliches Essen. Es stellte sich jedoch heraus, dass diese Gaststätte gar nicht existierte. Was war passiert? Im Nachbarort gibt es eine Gaststätte »Zur Linde«. Da die KI darauf programmiert ist, immer »gute« Ergebnisse zu liefen, erfand sie die Gaststätte, da ihr nicht genügend Daten zum Ort vorlagen. Außerdem schien die KI davon auszugehen, dass jeder Ort eine Gaststätte haben sollte.

Im Laufe der nächsten Jahre werden sich solche Fehler jedoch reduzieren, da die KI nicht mehr nur auf Internetdaten zurückgreift, sondern durch die aktive Nutzung von uns allen ständig dazulernt und die Ergebnisse verbessert.

Automatisierungssysteme

Bei Automatisierungssystemen übernimmt die KI wiederkehrende Aufgaben innerhalb definierter Prozesse, etwa in der Dokumentenverarbeitung, im Reporting oder in der Datenpflege. Die Systeme arbeiten regelbasiert oder datengetrieben, bewegen sich aber innerhalb klar gesteckter Grenzen.

Hier einige Beispiele für Automatisierungssysteme:

- **SAP:** automatisierte Verarbeitung von Personalstammdaten, Abwesenheiten, Gehaltsabrechnungen oder Reports innerhalb von SAP HCM und SuccessFactors
- **DATEV:** automatisierte Lohn- und Gehaltsabrechnung, Belegverarbeitung und Prüfmechanismen
- **DocuWare:** automatische Klassifikation, Ablage und Weiterverarbeitung von Personal- und Vertragsdokumenten

Automatisierungssysteme wirken im Hintergrund, haben jedoch eine hohe organisatorische Auswirkung. Sie erhöhen die Effizienz, reduzieren manuelle Fehler und schaffen Konsistenz in Prozessen. Gleichzeitig bleibt ihr Handlungsspielraum klar begrenzt: Sie führen aus, was vorgegeben ist, sie bewerten oder entscheiden aber nicht.

Entscheidungsunterstützende Systeme

Entscheidungsunterstützende Systeme analysieren große Datenmengen und bereiten Entscheidungen vor, etwa durch Prognosen, Risikoeinschätzungen oder Handlungsempfehlungen. Sie liefern Wahrscheinlichkeiten, keine Gewissheiten, und benötigen immer menschliche Einordnung.

Beispiele für entscheidungsunterstützende Systeme sind:

- **LinkedIn Talent Insights:** Arbeitsmarktanalysen, Skill-Verfügbarkeiten und Wettbewerbsvergleiche zur strategischen Personalplanung
- **Workday:** Prognosen zu Fluktuation, Nachfolgeplanung und Personalbedarf auf der Basis historischer Daten
- **Microsoft Copilot**: Zusammenfassungen, Szenarien und Entscheidungsoptionen auf der Basis interner Dokumente und Daten.

KI-Agenten

In fortgeschritteneren Szenarien übernehmen KI-Systeme mehrere aufeinanderfolgende Schritte, etwa Recherche, Auswertung und Vorbereitung von Ergebnissen. Auch hier gilt: Die Verantwortung für Zielsetzung, Kontrolle und Freigabe liegt beim Menschen.

Hier ein Beispiel aus der Praxis einer Großkanzlei: KI-Agenten kommen dort zum Einsatz, wo mehrere Arbeitsschritte miteinander verknüpft werden müssen und Schnelligkeit und Termintreue eine Rolle spielt. Ein KI-Agent könnte zum Beispiel zur Vorbereitung eines Mandantentermins eingesetzt werden: Während eines laufenden Meetings in Microsoft Teams wird entschieden, dass kurzfristig ein Mandantentermin vor Ort stattfinden soll. Ein KI-Agent würde dabei nicht als einzelnes Tool genutzt, sondern als orchestriertes System im Hintergrund. Der Ablauf könnte folgendermaßen aussehen:

- Der KI-Agent durchsucht interne Dokumentenmanagementsysteme nach relevanten Akten, Schriftsätzen und E-Mails zum Mandat.
- Er fasst die wichtigsten Inhalte zusammen, markiert offene Punkte und bereitet eine strukturierte Entscheidungsgrundlage für die beteiligten Partner vor.
- Parallel recherchiert der Agent geeignete Reiseoptionen, berücksichtigt Präferenzen der Beteiligten, Reiserichtlinien der Kanzlei sowie zeitliche Restriktionen.
- Auf der Basis dieser Informationen schlägt der Agent konkrete Flug- oder Bahnverbindungen vor und bereitet die Buchung vor.
- Nach Freigabe durch eine verantwortliche Person trägt der Agent Termine automatisch in Microsoft Outlook ein, reserviert Besprechungsräume und versendet Kalendereinladungen an alle Beteiligten.
- Zusätzlich erstellt er eine To-do-Liste mit Fristen, Ansprechpartnerinnen und -partnern und mit den nächsten Schritten.

Wichtig ist: Der KI-Agent **entscheidet nicht eigenständig**, sondern bereitet vor, koordiniert und automatisiert. Wie erwähnt: Zielsetzung, Auswahl und Freigabe liegen ausdrücklich in der Verantwortung der Menschen.

Ähnliche Muster finden sich auch in anderen Unternehmensbereichen. Auch hier können KI-Agenten für verschiedene Aufgaben eingesetzt werden:

- **Vorbereitung von Vorstandssitzungen:** Ein KI-Agent sammelt relevante Kennzahlen, erstellt Entscheidungsvorlagen und bereitet Diskussionspunkte für Vorstandssitzungen auf.
- **HR-Aufgaben:** Ein Agent analysiert interne Skill-Daten, gleicht sie mit Projektbedarfen ab, schlägt Besetzungsoptionen vor und plant Gesprächstermine.
- **Projektmanagement:** KI-Agenten überwachen Projektfortschritte, erkennen Verzögerungen und schlagen Maßnahmen vor, ohne selbst Entscheidungen zu treffen.
- **Einkauf und Compliance:** Verträge werden analysiert, Risiken markiert, Fristen überwacht und Freigaben vorbereitet.

KI-Agenten markieren in den Bereichen HR und Führung einen qualitativen Sprung gegenüber klassischer Automatisierung. Sie übernehmen nicht nur Einzelschritte, sondern **koordinieren ganze Prozessketten**. Dadurch wirken sie deutlich »handelnder« als frühere Systeme. Genau hier liegt die zentrale Herausforderung: Je autonomer

KI-Agenten wirken, desto wichtiger wird die klare Trennung zwischen **Unterstützung** und **Verantwortung**.

Für HR bedeutet das:
- Rollen und Zuständigkeiten müssen klar definiert sein.
- Mitarbeitende müssen verstehen, **was der Agent tut und was nicht**.
- Verantwortung darf nicht implizit an Systeme abgegeben werden.

KI-Agenten erhöhen die Effizienz und Geschwindigkeit. Sie ersetzen jedoch weder Entscheidungskompetenz noch Führung. Sie verändern Arbeit – aber sie entlasten nicht von Verantwortung.

Physische KI-Systeme und Robotik
In Produktion, Logistik oder Infrastruktur kommen KI-gestützte Maschinen und Roboter zum Einsatz. Sie agieren in klar strukturierten Umgebungen und übernehmen physische Tätigkeiten, häufig in Kombination mit digitalen Steuerungssystemen.

KI-gestützte Maschinen und Roboter werden parallel eingesetzt und überschneiden sich teilweise in ihrem Tätigkeitsgebiet. Wichtig ist, dass sie im Unternehmen nicht pauschal behandelt werden, sondern je nach Wirkung und Risiko unterschiedlich bewertet werden.

Physische KI-Systeme sind längst Teil des Arbeitsalltags großer Organisationen. Bei **Amazon** zum Beispiel kommen KI-gestützte Roboter in Logistikzentren zum Einsatz, die Regale transportieren, Laufwege optimieren und den Materialfluss steuern. Die Systeme erkennen Hindernisse, passen Routen an und arbeiten eng mit menschlichen Mitarbeitenden zusammen. Entscheidungen über Prioritäten, Arbeitsorganisation und Prozessgestaltung bleiben jedoch beim Menschen.

Auch bei **Deutsche Post DHL Group** werden physische KI-Systeme eingesetzt. In Paketzentren unterstützen automatische Sortieranlagen und Roboterarme bei der Erkennung, Zuordnung und Weiterleitung von Sendungen. KI hilft dabei, Volumen zu prognostizieren, Abläufe zu optimieren und körperlich belastende Tätigkeiten zu reduzieren.

Beide Beispiele zeigen: Physische KI ersetzt keine Verantwortung, sondern verändert Aufgabenprofile. Mitarbeitende übernehmen verstärkt überwachende, koordinierende und steuernde Rollen, während repetitive oder schwere Tätigkeiten automatisiert werden.

KI ist nicht gleich KI: Je nach Einsatzgebiet variiert der Grad der Eigenständigkeit eines Systems erheblich. Um eine klare Orientierung für die Zusammenarbeit von Mensch und Maschine zu schaffen, vergleicht die folgende Übersicht verschiedene KI-Systeme hinsichtlich ihrer typischen Funktionen, der menschlichen Rolle im Prozess sowie der notwendigen Risikobetrachtung.

Form des KI-Systems	Typische Funktion im Arbeitsalltag	Grad der Selbstständigkeit	Rolle des Menschen	Verantwortung und Risiko
Assistenzsysteme	Unterstützen bei einzelnen Aufgaben wie Texten, Analysen, Präsentationen oder Informationsaufbereitung. Erstellen Entwürfe und Vorschläge.	sehr gering	Der Mensch initiiert, prüft, entscheidet und übernimmt Ergebnisse bewusst.	Die Verantwortung liegt vollständig beim Menschen. Risiko entsteht durch die ungeprüfte Übernahme plausibel klingender Inhalte.
Automatisierungssysteme	Übernehmen wiederkehrende Aufgaben innerhalb klar definierter Prozesse, z. B. Dokumentenverarbeitung, Reporting oder Datenpflege.	gering bis mittel	Der Mensch definiert Regeln, Prozesse und Ausnahmen. Eingriffe erfolgen bei Abweichungen.	Die Verantwortung liegt in Prozessdesign, Kontrolle und Monitoring. Risiko: blinde Ausführung fehlerhafter Regeln.
Entscheidungsunterstützende Systeme	Analysieren große Datenmengen und liefern Prognosen, Szenarien oder Handlungsempfehlungen.	mittel	Der Mensch interpretiert Ergebnisse, wägt ab und trifft die Entscheidung.	Die Verantwortung bleibt menschlich. Risiko: Überbewertung datenbasierter Empfehlungen und verdeckter Bias.
KI-Agenten/ orchestrierte Systeme	Verknüpfen mehrere Schritte wie Recherche, Analyse, Koordination und Vorbereitung von Ergebnissen über verschiedene Systeme hinweg.	mittel bis hoch	Der Mensch setzt Ziele, gibt frei, kontrolliert und greift ein.	Hohe Verantwortung für Zieldefinition und Governance. Risiko: implizite Verantwortungsverschiebung durch scheinbare Autonomie.

Form des KI-Systems	Typische Funktion im Arbeitsalltag	Grad der Selbstständigkeit	Rolle des Menschen	Verantwortung und Risiko
Physische KI-Systeme und Robotik	Übernehmen physische Tätigkeiten in Produktion, Logistik oder Infrastruktur in klar strukturierten Umgebungen.	hoch (operativ), gering (strategisch)	Der Mensch überwacht, steuert, priorisiert und verantwortet die Sicherheit.	Die Verantwortung liegt bei Organisation und Führung. Risiko: Sicherheits-, Haftungs- und Akzeptanzfragen.

Kategorisierung von KI-Systemen in der Arbeitswelt

2.2.6.2 Einsatzbereiche im Unternehmen

KI-Systeme finden sich heute in nahezu allen Unternehmensbereichen:

- im **Marketing** bei Personalisierung und Kampagnensteuerung
- im **Vertrieb** bei Lead-Qualifizierung und Angebotsvorbereitung
- im **Kundenservice** durch Chatbots und Assistenzsysteme
- im **HR-Bereich** bei Recruiting, Weiterbildung und Personalplanung
- im **Finanzwesen** bei Prognosen, Prüfungen und Automatisierung
- in der **Produktion** und Logistik bei Planung, Qualitätssicherung und Wartung

Diese Breite zeigt, dass KI nicht punktuell wirkt, sondern strukturell. Sie verändert Arbeit nicht nur dort, wo sie eingesetzt wird, sondern auch in angrenzenden Bereichen.

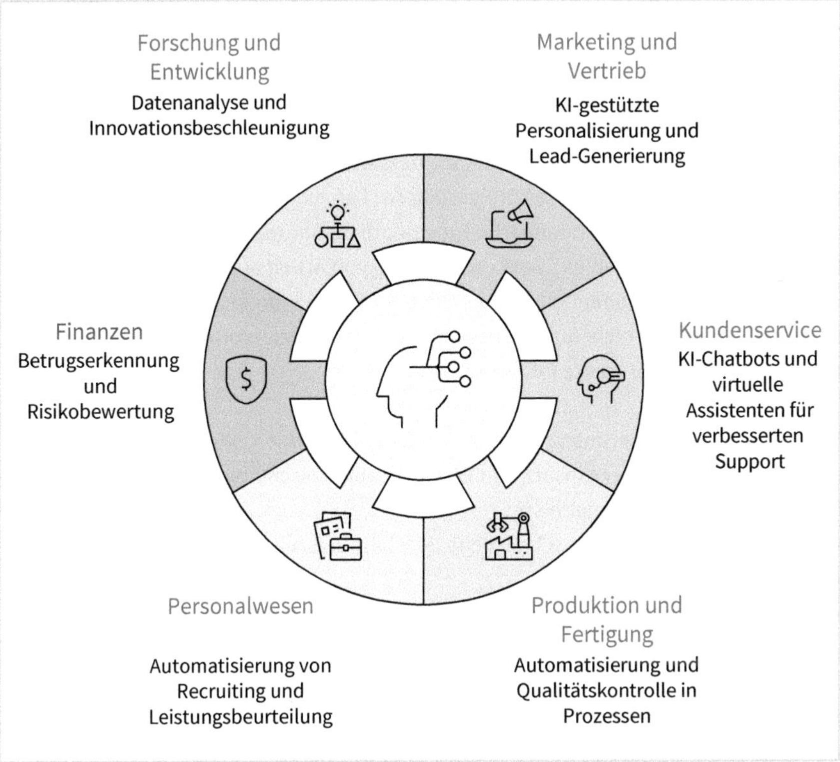

KI-Anwendungen im Unternehmen (erstellt mit Napkin AI)

2.2.6.3 Warum KI-Systeme keine reinen IT-Systeme sind

Ein häufiger Fehler in der Einführung von KI besteht darin, die Verantwortung ausschließlich bei der IT zu verorten. Zwar ist der IT-Bereich für Infrastruktur, Sicherheit und Betrieb unverzichtbar, doch KI-Systeme betreffen weit mehr als technische Stabilität. KI beeinflusst

- wie Entscheidungen vorbereitet werden,
- welche Kompetenzen benötigt werden,
- wie Verantwortung verteilt ist,
- welche Risiken entstehen und
- wie Mitarbeitende Technologie wahrnehmen.

Damit werden **HR, Führungskräfte, Compliance, Datenschutz und Fachbereiche** zwangsläufig mit in die Verantwortung genommen. Der Einsatz von KI-Systemen benötigt klare Governance-Strukturen, Schulungskonzepte und Kommunikationsregeln. Ohne diese Einbettung entstehen Unsicherheit, Fehlanwendungen oder Akzeptanzprobleme.

2.2.6.4 Produktivität, Qualität und emotionale Effekte beim Einsatz generativer KI

Studien zeigen, dass insbesondere der Einsatz generativer KI in wissensintensiven Tätigkeiten deutliche Effekte entfalten kann. Sowohl Einzelpersonen als auch Teams erzielen mit KI-Unterstützung signifikant bessere Ergebnisse als Vergleichsgruppen ohne KI. Neben einer messbaren Steigerung der Leistungsfähigkeit verkürzt sich auch der Zeitaufwand für Aufgabenbearbeitung deutlich. Darüber hinaus wirkt sich der KI-Einsatz positiv auf die subjektive Wahrnehmung von Arbeit aus: Mitarbeitende berichten von höherer Zufriedenheit und positiveren Emotionen im Arbeitsprozess. Diese Effekte treten jedoch nicht automatisch ein, sondern setzen voraus, dass KI sinnvoll in bestehende Arbeitsprozesse integriert wird.

In einem Online-Experiment[37] mit 453 Fachkräften mit College-Abschluss wurde untersucht, wie sich der Einsatz von ChatGPT auf typische berufliche Schreibaufgaben auswirkt. Die Kernergebnisse:

- **Zeitersparnis:** Die durchschnittliche Bearbeitungszeit sank um **40 Prozent**, wenn ChatGPT genutzt wurde.
- **Qualitätssteigerung:** Die durchschnittliche Qualität der Ergebnisse stieg um **18 Prozent** im Vergleich zur Kontrollgruppe ohne KI.

Diese Effekte zeigen, dass generative KI das Arbeiten nicht nur schneller macht, sondern zugleich bessere Ergebnisse liefert – ein klarer Produktivitäts- und Qualitätsgewinn.

Weitere positive Befunde aus der Studie waren:

- **Produktivitätsungleichheit nahm ab:** ChatGPT half insbesondere leistungsschwächeren Teilnehmenden relativ stärker, was zu einer Verringerung der Leistungsunterschiede zwischen Teilnehmenden führte.
- **Übernahme im Arbeitsalltag:** Teilnehmende, die während des Experiments Zugang zu ChatGPT hatten, berichteten später deutlich häufiger, dass sie ChatGPT auch in ihrem Arbeitsalltag verwenden – **etwa doppelt so häufig zwei Wochen nach dem Versuch** wie die Kontrollgruppe.

2.2.6.5 Ungenutztes Potenzial durch fehlende Kompetenzen

Trotz der nachgewiesenen Potenziale nutzen viele Unternehmen KI bislang nur in begrenztem Umfang. Ein zentraler hemmender Faktor ist das **fehlende Kompetenzniveau der Beschäftigten**. Ein Großteil der Führungskräfte sieht genau hier den größten Engpass für einen weitergehenden KI-Einsatz. Zwar erkennen viele Organisationen grundsätzlich die Notwendigkeit von Qualifizierung, gleichzeitig fehlt jedoch häufig das Bewusstsein für den langfristigen Nutzen entsprechender Investitionen.

37 https://shakkednoy.com/Noy%20Zhang%20NBER%20SI.pdf

Hinzu kommt, dass das Interesse an der aktiven Auseinandersetzung mit KI-Themen in Teilen der Belegschaft als gering eingeschätzt wird.[38]

Diese Situation wird dadurch verschärft, dass KI-Anwendungen oft **ohne einheitliche Kompetenzmodelle und ohne ein gemeinsames Begriffsverständnis** genutzt werden. In vielen Unternehmen existieren weder verbindliche Regelwerke noch formale Ziele für den KI-Einsatz. Die Folge ist ein fragmentierter, schwer steuerbarer Einsatz, der weder rechtlich noch organisatorisch langfristig abgesichert ist.[39]

Die beschriebenen Defizite wirken sich unmittelbar auf die Art und Weise aus, wie KI im Arbeitsalltag eingesetzt wird. Häufig beschränkt sich die Nutzung auf einfache Anwendungen, die ohne größere Anpassung in bestehende Prozesse integriert werden können. Komplexere Einsatzmöglichkeiten, die strategischen Mehrwert schaffen würden, bleiben dagegen ungenutzt oder werden bewusst vermieden. Damit entsteht eine Diskrepanz zwischen dem technisch Möglichen und dem tatsächlich Umgesetzten.

Ein weiterer Effekt fehlender Kompetenz ist eine **erhöhte Unsicherheit im Umgang mit KI-Systemen**. Mitarbeitende nutzen Werkzeuge entweder sehr zurückhaltend oder verlassen sich unkritisch auf Ergebnisse, ohne diese ausreichend einzuordnen. Beides kann problematisch sein: Zurückhaltung verhindert Innovation, während unreflektierte Nutzung Risiken für Qualität, Datenschutz und Verantwortung mit sich bringt. Ohne ein grundlegendes Verständnis der Funktionsweise, Grenzen und typischen Fehlerquellen von KI lassen sich Ergebnisse weder sinnvoll bewerten noch angemessen verantworten.

Auch auf **Führungsebene** zeigt sich dieses **Spannungsfeld**. Entscheidungen über den Einsatz von KI werden häufig aus dem Bauch heraus getroffen oder an einzelne Fachabteilungen delegiert, ohne dass ein gemeinsames Verständnis der Ziele, Risiken und Zuständigkeiten besteht. Dadurch entstehen Insellösungen, die weder skalierbar noch nachhaltig sind. Gleichzeitig fehlt es an klaren Leitplanken, die Orientierung geben und Sicherheit schaffen – sowohl für Führungskräfte als auch für Mitarbeitende. In der Praxis zeigt sich immer wieder ein ähnliches Muster: Der Roll-out neuer KI-Tools startet häufig in der Führungsebene. Ausgerechnet dort werden viele der Funktionen jedoch kaum genutzt, zumindest nicht in dem Umfang, wie es im operativen Alltag möglich wäre.

Hinzu kommt die Altersstruktur im Management in vielen Unternehmen. Das führt nicht selten zu Zurückhaltung, Skepsis oder schlicht fehlender Neugier im Umgang mit neuen Werkzeugen.

---

38 Rampelt et al., 2025.

39 von Richthofen et al., 2023; Henke, 2023.

Microsoft Copilot ist hier ein gutes Beispiel: Führungskräfte arbeiten vor allem mit Outlook und Teams. Anwendungen wie Word oder PowerPoint werden deutlich seltener genutzt. Genau dort liegt jedoch ein Großteil des Potenzials von Microsoft Copilot. Entsprechend bleiben viele Funktionen ungetestet oder werden gar nicht erst entdeckt.

Gleichzeitig sind die **Lizenzen** für Unternehmen kein kleiner Kostenfaktor. Die Folge ist paradox: Entweder profitieren hauptsächlich Führungskräfte von den Lizenzen, obwohl sie das Tool nur eingeschränkt nutzen, oder es wird auf Basis dieser begrenzten Erfahrung entschieden, dass sich der Einsatz nicht lohnt. Häufig geschieht das, ohne dass jemals ein strukturiertes Training stattgefunden hat, das überhaupt erst ermöglichen würde, den sinnvollen Einsatz realistisch zu bewerten.

Langfristig führt diese Situation dazu, dass KI als Werkzeug zwar präsent ist, aber nicht wirksam in Wertschöpfungsprozesse integriert wird. Der technologische Fortschritt überholt die organisatorischen und kulturellen Strukturen. Unternehmen geraten in eine Haltung, in der sie nur auf neue Tools reagieren, statt den Einsatz aktiv zu gestalten. Genau hier liegt ein zentrales Risiko: Nicht die Technologie selbst begrenzt den Nutzen von KI, sondern der fehlende Kompetenzaufbau im Unternehmen.

Um dieses Potenzial zu erschließen, braucht es mehr als punktuelle Schulungen oder Tool-Einführungen. Erforderlich ist ein systematischer Ansatz, der unterschiedliche Rollen, Vorkenntnisse und Verantwortlichkeiten berücksichtigt. Kompetenzaufbau muss dabei als kontinuierlicher Prozess verstanden werden, der Lernen, Reflexion und Anwendung miteinander verbindet. Erst wenn Mitarbeitende und Führungskräfte Sicherheit im Umgang mit KI gewinnen, kann aus punktueller Nutzung eine nachhaltige, strategisch wirksame Integration werden.

2.2.6.6 Governance, Mitbestimmung und Lernen als Erfolgsfaktoren

Ein weiterer kritischer Punkt ist die **Einbindung relevanter Akteure** in die Gestaltung des KI-Einsatzes. In vielen Unternehmen werden Betriebsräte und Interessenvertretungen nur unzureichend beteiligt, obwohl KI-Systeme tief in Arbeitsprozesse und Entscheidungsstrukturen eingreifen. Gleichzeitig fehlt es häufig an systematischen Nachweisen darüber, ob Beschäftigte über die erforderlichen Kompetenzen verfügen, um KI verantwortungsvoll einzusetzen – ein Aspekt, der auch aus regulatorischer Perspektive zunehmend an Bedeutung gewinnt.[40]

Positive Beispiele zeigen jedoch, dass der Aufbau von KI-Kompetenz besonders wirksam ist, wenn er nicht ausschließlich über formale Schulungen erfolgt. In vielen Organisationen haben sich lebendige KI-Communitys etabliert, die auf Peer-Learning,

40 von Richthofen et al., 2023; Remmertz, 2024.

Erfahrungsaustausch und die gemeinsame Reflexion konkreter Anwendungsfälle setzen. Diese Form des Lernens unterstützt nicht nur den Kompetenzaufbau, sondern fördert auch Akzeptanz und ein realistisches Verständnis der Möglichkeiten und Grenzen von KI. Ergänzt durch interdisziplinäre Expertinnen und Experten und eine partizipative KI-Governance können so Strategien und Kompetenzmodelle kontinuierlich weiterentwickelt werden.[41]

Für HR ergibt sich daraus eine besondere Verantwortung. Es geht nicht mehr nur darum, Trainings zu organisieren oder Inhalte bereitzustellen. HR prägt mit, welche Fähigkeiten im Unternehmen aufgebaut werden, wie Rollen verstanden werden und welche Haltung gegenüber neuen Technologien entsteht. Der Einsatz von KI zeigt dabei sehr deutlich, wie eine Organisation mit Unsicherheit umgeht, wie Verantwortung übernommen wird und ob Lernen tatsächlich erwünscht ist.

Führungskräfte stehen dabei ebenfalls in der Pflicht. Sie müssen Ergebnisse aus KI-Systemen einordnen können, Entscheidungen erklären und Orientierung geben. KI verstärkt vorhandene Führungsmuster. Sie nimmt niemandem Entscheidungen ab und sie ersetzt Führung nicht.

Wer bereits zuvor zur Mikrokontrolle neigte, läuft Gefahr, die Verantwortung an den Algorithmus zu delegieren (»Die KI hat das so berechnet«). In der Trainingspraxis zeigt sich oft: Nutzt eine Führungskraft KI-Entwürfe etwa für Feedbackgespräche ungeprüft und unkritisch als Vorlage, verstärkt dies die Distanz zum Team. Nutzt sie die Technologie hingegen als Sparringspartner, um die eigene Perspektive zu wechseln, verstärkt dies ihre soziale Kompetenz. KI ersetzt Führung somit nicht, sondern fordert eine noch klarere Haltung und die ethische Einordnung von Ergebnissen.

2.2.6.7 Auswirkungen der KI-Systeme – Arbeitsprozesse und Schulungsschwerpunkte

Die systematische Einordnung von KI-Systemen schafft nicht nur **technisches Verständnis**, sondern **Handlungssicherheit**. Sie bildet die Basis für wirksame Schulungskonzepte, klare Governance-Strukturen und einen verantwortungsvollen Einsatz von KI im Unternehmen. Die Bewertung von KI-Systemen im Unternehmen ist praktisch relevant. Sie entscheidet ganz konkret darüber, wie Verantwortung verteilt wird, wie Qualifizierung aufgebaut ist und wie Governance tatsächlich gelebt wird. Unterschiedliche Formen von KI wirken sehr unterschiedlich auf die tägliche Arbeit im Unternehmen ein. Entsprechend verändern sich auch die Anforderungen an Mitarbeitende, Führungskräfte und die Organisation insgesamt.

41 Rampelt et al., 2025; Baumgartner et al., 2023.

Je nach Kategorie haben KI-Systeme folgende Auswirkungen:

- **Assistenzsysteme**, etwa zur Texterstellung oder zur Strukturierung von Informationen, greifen in Arbeitsprozesse ein, ohne bestehende Entscheidungsstrukturen unmittelbar zu verändern. Die Verantwortung liegt hier vor allem bei den Nutzerinnen und Nutzern selbst. Sie müssen Ergebnisse einordnen, prüfen und sinnvoll weiterverarbeiten. Um dies tun zu können, ist jedoch entsprechendes Fachwissen notwendig. Schulungen sollten in diesem Kontext weniger auf Bedienung abzielen, sondern auf Verständnis:
  - Wie entstehen Ergebnisse?
  - Wo liegen typische Fehler?
  - Wo sind klare Grenzen?

  Das Ziel ist es, Mitarbeitende in die Lage zu versetzen, KI-Ergebnisse kritisch zu bewerten, statt sie entweder ungeprüft zu übernehmen oder aus Unsicherheit vollständig abzulehnen.
- **Automatisierungssysteme** gehen deutlich weiter. Sie übernehmen definierte Prozessschritte eigenständig und wirken damit direkt auf Abläufe, Qualität und Effizienz. Verantwortung verschiebt sich hier stärker in Richtung Prozessdesign und Überwachung. Mitarbeitende müssen nicht nur wissen, wie das System arbeitet, sondern auch erkennen, wann Eingriffe notwendig sind und welche Folgen Fehlentscheidungen haben können. Schulungen sollten deshalb so strukturiert sein, dass Mitarbeiter entscheiden können,
  - welche Prozesse,
  - welche Eskalationswege und
  - welche geeigneten Kontrollmechanismen

  es geben sollte.
- Besonders anspruchsvoll sind **entscheidungsunterstützende Systeme und KI-Agenten**. Sie priorisieren Optionen, bereiten Entscheidungen vor oder koordinieren Aufgaben. Auch wenn die finale Entscheidung formal beim Menschen bleibt, beeinflussen diese Systeme Wahrnehmung, Bewertung und Handlungsspielräume erheblich. Genau an dieser Stelle entsteht das Risiko, Verantwortung an KI-Systeme abzugeben. Schulung und Governance sollten daher sicherstellen, dass Zuständigkeiten eindeutig bleiben und KI-Ergebnisse als das verstanden werden, was sie sind: datenbasierte Vorschläge und keine objektiven Wahrheiten.
- **Physische KI-Systeme und robotische Anwendungen** bringen zusätzliche sicherheitsrelevante Anforderungen mit sich. Neben fachlicher Kompetenz braucht es hier
  - klar definierte Zuständigkeiten,
  - dokumentierte Abläufe und
  - regelmäßige Überprüfungen,

  um Risiken für Menschen, Infrastruktur und Organisation zu begrenzen.

Für Unternehmen bedeutet das insgesamt: **Eine pauschale Betrachtung von KI-Kompetenz reicht nicht aus.** Je nach Systemtyp, Einsatzbereich und Nähe zur Entscheidungsfindung unterscheiden sich die Anforderungen erheblich. Schulungen, Verantwortungsmodelle und Dokumentationspflichten müssen entsprechend differenziert gestaltet werden. Genau an dieser Stelle ist HR gefordert, technologische Einordnung mit Qualifizierung, Rollenverständnis und Unternehmenskultur zusammenzubringen.

Führungskräfte tragen dabei eine besondere Verantwortung im Alltag. Sie setzen den Rahmen, in dem KI genutzt wird, und prägen den Umgang mit Unsicherheit, Kontrolle und Verantwortung. Hier ist es wichtig, klare Regeln zu definieren.

2.2.7 Zahlen und Fakten

Die Geschwindigkeit, mit der sich künstliche Intelligenz entwickelt, zeigt sich besonders deutlich an der Anzahl verfügbarer KI-Tools. Anfang 2026 listet das Verzeichnis Toolify[42] rund 27.800 KI-Websites und -Tools, verteilt auf 459 Kategorien. Diese Zahl verdeutlicht weniger die technische Vielfalt als vielmehr die Tatsache, dass KI inzwischen nahezu jeden Arbeitsbereich erreicht hat – von Textverarbeitung über Design, Analyse und Automatisierung bis hin zu komplexen Agentensystemen.

Für HR ergibt sich daraus eine klare Herausforderung: Es ist weder realistisch noch sinnvoll, alle Tools zu kennen. Gleichzeitig wird es immer schwieriger, den Überblick zu behalten, wenn keine grundlegende Einordnung erfolgt. Wer sich nicht aktiv mit KI beschäftigt, verliert nicht den Anschluss an einzelne Anwendungen, sondern an die dahinterliegenden Entwicklungen. Genau hier liegt der Unterschied zwischen punktuellem Tool-Wissen und echter KI-Kompetenz.

Einige KI-Anwendungen haben sich besonders stark verbreitet:

- Die besondere Stärke von **ChatGPT** im Arbeitskontext liegt in seiner Rolle als vielseitiger Text- und Strukturierungsassistent, der komplexe Denkprozesse unmittelbar unterstützt. Durch die intuitive Interaktion – auch per Sprachbefehl – sinkt die Hemmschwelle zur Nutzung massiv, was das Tool zu einem hocheffizienten Begleiter für die schnelle Erarbeitung von Erstentwürfen oder Analysen macht.
- **Google Gemini** wird gern genutzt, weil es sich nahtlos in bestehende Google-Dienste integriert und Informationen aus unterschiedlichen Quellen zusammenführen kann. Gerade dort, wo Recherche und Zusammenfassung im Vordergrund stehen, wird dieser Ansatz geschätzt.

42 https://www.toolify.ai/

- Parallel dazu hat die Suchmaschine **Google** einen KI-Modus eingeführt, bei der Nutzerinnen und Nutzer direkt zusammengefasste Antworten erhalten. Hintergrund dieser Entwicklung ist der veränderte Umgang mit Information: Viele Menschen nutzen dialogbasierte KI-Systeme wie ChatGPT inzwischen als erste Anlaufstelle. Das hat Google spürbar Marktanteile gekostet und den Druck erhöht, eigene KI-Lösungen schneller in bestehende Produkte zu integrieren.
- Microsoft-basierte KI-Lösungen wie **Copilot** gewinnen an Bedeutung, weil sie direkt in bekannte Arbeitsumgebungen eingebettet sind. Mitarbeitende müssen keine neuen Systeme lernen, sondern erweitern ihre bestehenden Werkzeuge. Der Nutzen liegt weniger in spektakulären Funktionen als in der Alltagstauglichkeit.
- **Perplexity** oder ähnliche Recherche-Tools werden bevorzugt, weil sie Informationen mit Quellen verknüpfen und damit Transparenz schaffen. Gerade für analytische Aufgaben oder vorbereitende Recherchen wird dieser Ansatz als vertrauenswürdig empfunden.
- Auch spezialisierte Tools wie **DeepL** oder **Grammarly** sind beliebt, weil sie klar umrissene Aufgaben sehr zuverlässig erfüllen. Übersetzung, sprachliche Korrekturen oder stilistische Anpassungen lassen sich effizient unterstützen – ohne komplexe Einarbeitung.

Die Beliebtheit dieser Tools zeigt ein klares Muster: KI wird dort genutzt, wo sie verständlich ist, sich in bestehende Arbeitsabläufe integriert und konkrete Entlastung bietet. Technische Raffinesse allein reicht nicht aus. Akzeptanz entsteht durch Nutzbarkeit und Vertrauen.

Für HR bedeutet diese Entwicklung, den Fokus nicht auf einzelne Trend-Tools zu legen, sondern auf Orientierung. Mitarbeitende brauchen Klarheit darüber, welche KI-Anwendungen sinnvoll, erlaubt und sicher sind. Gleichzeitig muss HR in der Lage sein, Entwicklungen einzuordnen, Risiken zu erkennen und Schulungsbedarfe abzuleiten.

Die große Auswahl an KI-Tools kann schnell ein Gefühl der Überforderung auslösen, doch sie soll eher als Hinweis dienen, dass KI im Arbeitsalltag angekommen ist. KI-Tools werden genutzt, ausprobiert und weiterentwickelt. Wer sich heute bewusst damit auseinandersetzt, schafft eine solide Grundlage, um auch in Zukunft handlungsfähig zu bleiben. Für HR ist das keine Aufgabe am Rand, sondern ein fester Bestandteil zeitgemäßer Personal- und Organisationsentwicklung.

Doch wie behält man den Überblick bei über 27.000 KI-Tools? Die Vielzahl an KI-Tools wirkt auf den ersten Blick erschlagend. Für HR ist jedoch wichtig zu verstehen: **Überblick bedeutet nicht Vollständigkeit.** Niemand muss Tausende Anwendungen kennen oder bewerten. Entscheidend ist eine klare Struktur im Umgang mit KI. Dabei helfen die folgenden Leitprinzipien:

1. Vom Tool zum Zweck denken
Der wichtigste Schritt ist, nicht bei der Faszination für ein neues Tool anzufangen, sondern beim konkreten geschäftlichen Bedarf. Dabei stellen sich drei Fragen:

- Wofür wird KI im Unternehmen genutzt?
- Welche Prozesse sollen unterstützt werden?
- Wo entstehen aktuell Zeitverlust, Unsicherheit oder Fehler?

Erst wenn der Zweck klar ist, wird die Auswahl überschaubar. Viele Tools lösen ähnliche Aufgaben, unterscheiden sich aber im Kontext.

Erst wenn klar ist, in welchen Prozessen Zeitverlust, Unsicherheit oder Fehler entstehen, wird die Auswahl überschaubar. Viele Tools lösen ähnliche Aufgaben, unterscheiden sich aber massiv in ihrem spezifischen Anwendungsbereich, z. B. unterscheidet sich ein Tool für kreative Marketing-Texte grundlegend von einer Lösung für die präzise Analyse von Vertragsdaten.

2. Kategorien statt Einzellösungen definieren
Statt einzelne Tools zu sammeln, hilft zunächst eine grobe Einteilung, in welchen Bereichen der KI-Einsatz sinnvoll sein könnte, z. B.:

- **Text und Kommunikation** (z. B. E-Mail-Entwürfe, Zusammenfassungen)
- **Recherche und Analyse** (z. B. Marktdaten, interne Wissensdatenbanken)
- **Automatisierung und Agenten** (z. B. Lead-Qualifizierung, Terminbuchung)
- **Design und Medien** (z. B. Präsentationsgrafiken, Bildbearbeitung)
- **Übersetzung und Sprache** (z. B. Kommunikation mit internationalen Standorten)

Pro Kategorie reicht es völlig aus, wenn HR in enger Abstimmung mit den Fachbereichen und der IT **ein bis zwei empfohlene Standard-Tools** festlegt. Diese Bündelung spart Schulungsressourcen und erleichtert den internen Support.

3. Unternehmenskontext priorisieren
Nicht jedes beliebte Tool ist für jedes Unternehmen geeignet. Wichtige Fragen vorab sind:

- Wo werden Daten verarbeitet?
- Ist das Tool in bestehende Systeme integrierbar?
- Gibt es Datenschutz- und Compliance-Freigaben?
- Gelangen Informationen in einer öffentlichen Cloud oder in einem geschützten Unternehmensbereich?

Zudem ist die technische Integration entscheidend: Ein weniger spektakuläres Tool, das sich nahtlos in bestehende Systeme (wie Microsoft 365) einfügt, ist oft sinnvoller als eine isolierte Speziallösung. Daher ist es zwingend notwendig, vorab Datenschutz- und Compliance-Freigaben einzuholen, um rechtliche Risiken auszuschließen.

4. Klare Empfehlungen statt Verbote
Mitarbeitende nutzen KI ohnehin. Orientierung entsteht nicht durch Verbote, sondern durch klare Aussagen:

- Welche Tools sind empfohlen?
- Welche sind nicht erlaubt?
- Welche dürfen nur für bestimmte Zwecke genutzt werden?

Diese Klarheit reduziert Risiken deutlich.

5. KI-Kompetenz vor Tool-Schulung
Der Überblick geht nicht durch Tool-Listen verloren, sondern durch fehlende Einordnung. Wer versteht,

- wie KI funktioniert,
- wo Risiken liegen,
- warum Ergebnisse geprüft werden müssen,

kann auch mit neuen Tools souverän umgehen, selbst wenn diese morgen wieder verschwinden.

6. Regelmäßige Einordnung statt Dauerbeobachtung
HR muss den Markt nicht permanent scannen. Bewährt haben sich:

- halbjährliche Kurz-Updates
- interne Austauschformate
- klar definierte Ansprechpartnerinnen und -partner für KI-Fragen

So bleibt das Thema präsent, ohne den Arbeitsalltag zu dominieren.

Überblick entsteht nicht durch das Wissen über 27.000 Tools, sondern durch **klare Prinzipien, Einordnung und Verantwortung**. HR wird damit nicht zum Tool-Scout, sondern zum Orientierungsgeber.

2.3 Schwache und starke künstliche Intelligenz – eine notwendige Unterscheidung

Wenn über künstliche Intelligenz gesprochen wird, vermischen sich häufig unterschiedliche Vorstellungen. Manche Erwartungen sind sehr konkret und pragmatisch, andere reichen bis zu der Idee einer denkenden Maschine, die den Menschen übertrifft. Genau diese Vermischung sorgt für Unsicherheit. Eine klare Unterscheidung zwischen schwacher und starker KI hilft, diese Bilder einzuordnen und realistisch zu bleiben.

Die Begriffe »schwache« und »starke« KI stehen nicht für Qualitätsstufen im Sinne von gut oder schlecht. Es handelt sich vielmehr um grundlegend unterschiedliche Konzepte. Während schwache KI heute allgegenwärtig ist und bereits produktiv eingesetzt wird, bleibt starke KI bislang eine theoretische Vorstellung.

Was unter schwacher KI verstanden wird

Als schwache KI werden Systeme bezeichnet, die für klar abgegrenzte Aufgaben entwickelt wurden.[43] Sie erledigen genau die Aufgaben, für die sie trainiert wurden, und gehen nicht darüber hinaus. Ein eigenes Verständnis oder eine übergreifende Intelligenz besitzen sie nicht. Ihr Einsatz bewegt sich immer innerhalb eines fest definierten Rahmens.

Alle KI-Anwendungen, die heute im Unternehmensalltag eingesetzt werden, gehören zur sogenannten schwachen KI. Dazu zählen Sprachmodelle, Systeme zur Bilderkennung, Empfehlungssysteme, Übersetzungstools, Chatbots und auch KI-Agenten. Diese Systeme können sehr leistungsfähig sein und in ihrem jeweiligen Anwendungsbereich komplexe Aufgaben übernehmen. KI-Agenten treffen sogar Entscheidungen, allerdings ausschließlich innerhalb klar vorgegebener Ziele, Regeln und Handlungsspielräume. Sie besitzen keine eigene Intelligenz, kein Verständnis und keine Verantwortung im menschlichen Sinne. Ihr Einsatz bleibt stets auf den definierten Anwendungsrahmen beschränkt.

Ein Sprachmodell kann zum Beispiel Texte formulieren, aber keine strategischen Ziele entwickeln. Ein Empfehlungssystem erkennt Vorlieben, versteht aber nichts von gesellschaftlich relevanten Werten. Ein KI-Agent kann Prozesse koordinieren, trifft jedoch keine eigenständigen Entscheidungen im rechtlichen oder ethischen Sinne.

Diese KI-Systeme wirken intelligent, weil ihre Ergebnisse gut an menschliche Kommunikation angepasst sind. Tatsächlich arbeiten sie mit Wahrscheinlichkeiten und Mustern. Sie berechnen, welche Antwort statistisch plausibel ist, nicht, welche Aussage wahr oder sinnvoll ist.

Warum schwache KI oft überschätzt wird

Ein wesentlicher Grund für überhöhte Erwartungen an KI liegt in der Art, wie sie auftritt. Sie kommuniziert in natürlicher Sprache, reagiert schnell und formuliert ihre Antworten oft sehr überzeugend. Dadurch entsteht leicht der Eindruck von Verständnis und Verlässlichkeit. Doch dieser Eindruck täuscht.

Schwache KI ist in der Lage, Inhalte zu kombinieren, zusammenzufassen oder neu zu formulieren. Was sie jedoch nicht kann, ist zu beurteilen, ob ein Ergebnis im konkreten

---

43 https://www.dogado.de/ki-lexikon/schwache-ki?utm

Zusammenhang sinnvoll oder angemessen ist. Kontext entsteht bei ihr nicht aus Erfahrung, Intuition oder Einordnung, sondern ausschließlich aus Daten. Fehlen diese oder sind sie verzerrt, entstehen entsprechend fehlerhafte oder ungeeignete Ergebnisse.

Gerade im Unternehmenskontext ist diese Differenzierung entscheidend. Wird KI als eine Art denkender Akteur wahrgenommen, kann das zu Fehlentscheidungen und falschen Darstellungen führen. Entscheidungen werden dann schleichend an Systeme ausgelagert, obwohl diese weder dafür vorgesehen noch dafür geeignet sind.

Zur Überschätzung trägt auch die scheinbare Vielseitigkeit moderner KI-Systeme bei. Texte schreiben, Tabellen auswerten, Präsentationen strukturieren oder Fragen beantworten funktioniert oft schnell und reibungslos. Diese Bandbreite an Einsatzmöglichkeiten vermittelt den Eindruck, KI könne komplexe Probleme umgehend lösen. Tatsächlich bleibt ihre Leistungsfähigkeit jedoch immer an Muster, Trainingsdaten und statistische Zusammenhänge gebunden.

Schwache KI arbeitet mit Wahrscheinlichkeitsberechnung und nicht mit konkreten Ergebnissen. Sie berechnet Wahrscheinlichkeiten dafür, welches Wort, welcher Satz oder welche Handlung statistisch am besten passt. Dabei entstehen Ergebnisse, die logisch wirken, aber nicht zwingend richtig sind. Das System »weiß« nicht, ob eine Aussage wahr, sinnvoll oder vollständig ist. Es erkennt lediglich Muster, die in ähnlicher Form bereits vorhanden waren. In der Praxis merke ich, dass diese Tatsache oft nicht bekannt ist.

Besonders kritisch wird es dort, wo KI-Ergebnisse ungeprüft übernommen werden. In solchen Fällen entsteht eine Scheinautorität. Aussagen wirken fundiert, weil sie klar strukturiert, sprachlich sicher und selbstbewusst formuliert sind. Fehler fallen dann nicht sofort auf, sondern erst, nachdem Inhalte weiterverarbeitet und kommuniziert oder wenn nach konkreten Quellenangaben gefragt wird. Im Unternehmenskontext kann dies zu falschen Annahmen, Fehlentscheidungen oder rechtlichen Risiken führen.

Hinzu kommt, dass schwache KI keine Unternehmensziele kennt. Sie verfolgt keine strategischen Interessen, kennt keine Unternehmenswerte und kann Prioritäten nicht einschätzen. Sie kann unterstützen, vorbereiten und Vorschläge liefern. Abwägen kann sie nicht. Die Einordnung, ob ein Ergebnis zur Situation, zur Unternehmenskultur oder zu regulatorischen Vorgaben passt, bleibt also immer eine menschliche Aufgabe.

Auffällig ist zudem, dass die Grenzen schwacher KI oft erst sichtbar werden, wenn die ersten Fehler ans Licht kommen. Solange Ergebnisse plausibel erscheinen, wird ihre Entstehung kaum hinterfragt. Erst bei widersprüchlichen, fehlerhaften oder unangemessenen Ausgaben der KI wird deutlich, dass das System keine Verantwortung tragen kann. In vielen Organisationen kommt diese Erkenntnis oft spät.

Ein realistischer Umgang mit schwacher KI erfordert daher bewusstes Gegensteuern. Mitarbeitende müssen lernen, Ergebnisse kritisch zu lesen, Rückfragen zu stellen und Kontext aktiv einzubringen. Führungskräfte sind gefordert, klare Rahmenbedingungen zu setzen und deutlich zu machen, dass KI ein Werkzeug ist und kein Entscheidungsträger.

Die Fähigkeit, zwischen überzeugender Darstellung und tatsächlicher inhaltlicher Qualität zu unterscheiden, wird damit zu einer zentralen Kompetenz. Schwache KI entfaltet ihren Nutzen nicht durch Autonomie, sondern durch reflektierte Zusammenarbeit mit Menschen. Wo diese Zusammenarbeit bewusst gestaltet wird, kann KI entlasten und unterstützen, doch wo sie überschätzt wird, entstehen neue Risiken statt echter Effizienzgewinne.

Die Rolle von schwacher KI im Arbeitsalltag

Richtig eingesetzt entsteht durch schwache KI ein spürbarer Nutzen im Arbeitsalltag. Sie entlastet bei Routinetätigkeiten, strukturiert Informationen und unterstützt Denkprozesse. Fachkompetenz ersetzt sie jedoch nicht, sondern sie ergänzt sie.

Besonders deutlich zeigt sich das im HR-Kontext. KI kann bei der Vorauswahl von Bewerbungen unterstützen, Feedback strukturieren oder Schulungsunterlagen vorbereiten. Die Bewertung, Einordnung und Entscheidung bleiben jedoch beim Menschen. Und genau hier liegt der Mehrwert: KI verschafft Zeit und Übersicht, übernimmt aber keine Verantwortung.

KI ist damit ein Werkzeug, kein handelnder Akteur. Sie erhöht Effizienz, hat aber keine Verantwortung. Diese klare Zuordnung ist entscheidend für Akzeptanz, Vertrauen und einen sicheren Einsatz im Unternehmen.

Was unter starker KI verstanden wird

Starke KI, im Fachjargon oft als **Artificial General Intelligence (AGI)** bezeichnet, ist bislang ein rein theoretisches Konzept. Gemeint sind Systeme, die über ein allgemeines, menschenähnliches Verständnis verfügen und Wissen flexibel von einem Bereich auf einen völlig anderen übertragen können – ohne für jede Aufgabe neu trainiert werden zu müssen.

Beispiel für starke KI: Während eine heutige »schwache« KI exzellent medizinische Bilder analysiert, aber keine einzige Zeile Code schreiben kann, ohne dafür programmiert zu sein, könnte eine **AGI** wie ein Mensch heute eine Diagnose stellen, morgen eine Brücke konstruieren und übermorgen ein philosophisches Buch schreiben, allein durch logische Schlussfolgerung und echtes Verständnis.

Im Gegensatz zu den heute genutzten Systemen existiert eine starke KI derzeit noch nicht. Auch wenn moderne Sprachmodelle verblüffend menschlich antworten, besitzen sie kein Bewusstsein oder Selbstreflexion; sie simulieren Verhalten auf der Basis statistischer Wahrscheinlichkeiten, ohne die Bedeutung ihres Handelns tatsächlich zu erfassen.

Warum starke KI dennoch diskutiert wird

Die Vorstellung einer starker KI ist eng mit gesellschaftlichen und ethischen Fragen verbunden. Die Debatte um starke KI wird oft von der Sorge begleitet, dass autonome Systeme Entscheidungen treffen könnten, die sich dem menschlichen Einfluss entziehen oder menschlichen Werten widersprechen. Diese Vorstellung einer »KI mit eigenem Willen« entspringt eher der Science-Fiction als der aktuellen technologischen Realität, prägt aber massiv die Ängste in der Belegschaft.

Für Unternehmen ist die Unterscheidung zwischen schwacher und starker KI besonders relevant. Ängste vor Kontrollverlust oder Arbeitsplatzverdrängung entstehen häufig aus der Vorstellung, es gäbe denkende Maschinen. Im Unternehmensalltag kommen jedoch ausschließlich Formen schwacher KI zum Einsatz.

Diese Klarheit hilft, Diskussionen zu versachlichen. Es geht nicht um autonome, denkende Systeme, sondern um leistungsfähige Werkzeuge, die gezielt eingesetzt werden können.

Auswirkungen des Verständnisses von KI auf Erwartungen und Entscheidungen

Wer schwache und starke KI nicht sauber voneinander trennt, läuft Gefahr, falsche Entscheidungen zu treffen. Entweder wird KI überschätzt und unkritisch eingesetzt, oder sie wird aus Sorge grundsätzlich abgelehnt.

Beides ist problematisch. Zu hohe Erwartungen führen zu Frust und Fehlanwendungen. Übermäßige Zurückhaltung verhindert eine sinnvolle Nutzung sowie Innovation und verschenkt Potenzial. Eine realistische Einordnung schafft dagegen Klarheit.

Für HR bedeutet das, Erwartungen aktiv zu moderieren. Schulungen sollten genau diesen Punkt aufgreifen. Mitarbeitende sollten verstehen, was KI leisten kann und wo ihre Grenzen liegen. Nur so entsteht ein souveräner Umgang.

Die Verantwortung bleibt beim Menschen

Unabhängig vom technischen Fortschritt gilt ein zentraler Grundsatz: Verantwortung lässt sich nicht an eine KI delegieren, sondern Menschen entscheiden. Auch bei komplexen Systemen bleibt der Mensch für Entscheidungen, Bewertungen und deren Konsequenzen verantwortlich.

Diese Verantwortung betrifft Führungskräfte ebenso wie Mitarbeitende. KI kann vorbereiten, strukturieren und unterstützen. Sie übernimmt jedoch weder Haftung noch ethische Abwägung. Gerade in sensiblen Bereichen wie Personalentscheidungen, Leistungsbewertungen oder interner Kommunikation ist diese Trennung von entscheidender Bedeutung.

2.4 Glossar: wichtige Begriffe und Technologien

Rund um künstliche Intelligenz hat sich in kurzer Zeit eine eigene Sprache entwickelt. Begriffe werden oft selbstverständlich, aber nicht immer eindeutig verwendet. Genau das führt zu Unsicherheit, auch in Unternehmen. In der Praxis zeigt sich dabei häufig, dass weniger die Technik irritiert als die Begriffe selbst.[44]

KI-System
Ein grundlegender Begriff ist das KI-System selbst. Gemeint sind damit Anwendungen oder Softwarelösungen, die mithilfe von Daten Aufgaben übernehmen, die bisher menschliches Denken erfordert haben. Das reicht von einfachen Klassifizierungen bis hin zu komplexer Text- oder Bildgenerierung. Wichtig ist dabei: Ein KI-System ist kein eigenständiges Wesen, sondern immer Teil einer technischen Umgebung, die von Menschen gestaltet wurde. Diese Einordnung geht im Alltag schnell verloren, wenn Ergebnisse sehr überzeugend wirken.

Algorithmus
Algorithmen sind feste Rechen- und Entscheidungsregeln, nach denen ein System arbeitet. In KI-Systemen kommen besonders komplexe Algorithmen zum Einsatz, die Zusammenhänge in großen Datenmengen erkennen. Der Algorithmus bestimmt, wie Daten verarbeitet werden. Er trifft jedoch keine Entscheidungen im menschlichen Sinne, auch wenn es sich für viele so anfühlt.

Training
Ein weiterer zentraler Begriff ist das Training. KI-Systeme werden nicht programmiert wie klassische Software, sondern trainiert. Sie erhalten große Mengen an Beispieldaten, aus denen sie Muster ableiten. Die Qualität dieser Daten ist entscheidend. Verzerrte, unvollständige oder fehlerhafte Daten führen zwangsläufig zu problemati-

44 Die Begriffsdefinitionen sind folgenden Quellen entnommen: Europäisches Parlament/Rat der EU: Verordnung (EU) 2024/1689 zur Festlegung harmonisierter Vorschriften für künstliche Intelligenz (KI-Verordnung); ISO/IEC 22989:2022: Information technology – Artificial intelligence – Concepts and terminology; OECD: OECD Definition of an AI System (2024 Revision).

schen Ergebnissen. Das ist kein theoretisches Risiko, sondern zeigt sich in realen Anwendungen immer wieder.

Modell

Im Zusammenhang mit Training taucht häufig der Begriff »Modell« auf. Ein KI-Modell ist das Ergebnis dieses Trainingsprozesses. Es enthält die gelernten Muster und Regeln, die später im Betrieb angewendet werden. Modelle werden nicht einmalig erstellt, sondern regelmäßig angepasst, verbessert oder neu trainiert. Auch hier zeigt sich: KI ist kein statisches Produkt.

Generative KI

Besondere Aufmerksamkeit hat in den letzten Jahren die generative KI erhalten. Sie erzeugt neue Inhalte wie Texte, Bilder oder Zusammenfassungen. Diese Systeme wirken besonders leistungsfähig, weil sie sehr natürliche Ergebnisse liefern. Gleichzeitig bergen sie besondere Risiken, da ihre Ausgaben überzeugend wirken, auch wenn sie inhaltlich falsch oder unvollständig sind. Gerade diese sprachliche Sicherheit macht die Einordnung im Arbeitsalltag anspruchsvoll.

Prompt

Ein Begriff, der in im Zusammenhang mit generativer KI häufig fällt, ist »Prompt«. Ein Prompt ist die Eingabe, mit der Nutzerinnen und Nutzer ein KI-System steuern. Er bestimmt, was das System erzeugt und in welcher Form. Prompts sind keine technischen Befehle, sondern sprachliche Anweisungen. Entsprechend unterschiedlich fallen die Ergebnisse aus, je nachdem, wie klar oder unscharf Prompts formuliert sind. Auch hier zeigt sich, dass KI-Kompetenz stark mit Sprach- und Einordnungsfähigkeit verbunden ist.

Datenquellen

Ebenfalls relevant ist das Thema Datenquellen. KI-Systeme greifen auf unterschiedliche Arten von Daten zu. Das können interne Unternehmensdaten, öffentlich verfügbare Informationen oder speziell kuratierte Datensätze sein. Entscheidend ist, welche Daten genutzt werden dürfen und welche nicht. Datenschutz und Vertraulichkeit spielen hier eine zentrale Rolle.

Cloud-basierte KI

Im Unternehmenskontext begegnet man häufig dem Begriff »Cloud-basierte KI«. Damit sind Systeme gemeint, die nicht im eigenen Unternehmen betrieben werden, sondern auf externen Servern laufen. Diese Lösungen sind flexibel und schnell verfügbar, erfordern aber besondere Aufmerksamkeit im Umgang mit Daten. Inhalte bzw. Daten verlassen in diesen Fällen das unmittelbare Unternehmensumfeld. Genau das wird im Alltag häufig unterschätzt oder erst sehr spät berücksichtigt.

On-Premise-Lösung

Den Cloud-basierten Systemen gegenüber stehen sogenannte On-Premise-Lösungen. Damit sind KI-Systeme gemeint, die nicht über externe Anbieter betrieben werden, sondern innerhalb der eigenen IT-Infrastruktur eines Unternehmens laufen. Die Systeme werden auf eigenen Servern oder in firmeneigenen Rechenzentren betrieben. Diese Form des Betriebs bietet ein hohes Maß an Kontrolle über Daten, Zugriffe und Prozesse. Gleichzeitig ist der unternehmensintern damit verbundene Aufwand deutlich höher: Betrieb, Wartung, Updates und Sicherheit liegen vollständig in der Verantwortung des Unternehmens. Welche Lösung sinnvoll ist, hängt daher weniger von der Technologie selbst ab als vom konkreten Anwendungsfall, den vorhandenen IT-Ressourcen und den organisatorischen Rahmenbedingungen.

Automatisierung

Ein weiterer relevanter Begriff ist die »Automatisierung«. Dabei geht es darum, Aufgaben an technische Systeme zu übertragen, die zuvor manuell erledigt wurden. Nicht jede automatisierte Lösung basiert auf künstlicher Intelligenz, allerdings wird KI zunehmend genutzt, um solche Prozesse flexibler und anpassungsfähiger zu gestalten. Durch lernfähige Elemente kann Automatisierung auf veränderte Bedingungen reagieren. Eine saubere Abgrenzung ist wichtig, um Möglichkeiten realistisch einzuschätzen und falsche Erwartungen zu vermeiden.

Die in der Grafik auf der folgenden Seite genannten Begriffe beschreiben unterschiedliche Ausprägungen und Anwendungsfelder von künstlicher Intelligenz. Sie wirken auf den ersten Blick technisch, lassen sich aber gut anhand ihres Nutzens im Arbeitsalltag einordnen.

Maschinelles Lernen

Ein zentrales Fundament bildet das maschinelle Lernen. Darunter versteht man Verfahren, bei denen Systeme aus Daten lernen, ohne für jeden Einzelfall explizit programmiert zu sein. Statt fester Regeln werden Zusammenhänge aus Beispielen abgeleitet. Je besser und strukturierter die Daten, desto verlässlicher die Ergebnisse. Maschinelles Lernen kommt überall dort zum Einsatz, wo Muster erkannt oder Prognosen erstellt werden, etwa bei der Auswertung von Bewerberdaten, bei Absatzprognosen oder bei der Analyse von Kundenfeedback.

Neuronale Netze

Aufbauend auf maschinelles Lernen spielen neuronale Netze eine wichtige Rolle. Sie sind vom menschlichen Gehirn inspiriert, funktionieren aber rein mathematisch. Neuronale Netze verarbeiten Informationen in mehreren Schichten und sind besonders gut darin, komplexe Zusammenhänge zu erkennen. Sie bilden die Grundlage vieler moderner KI-Anwendungen, insbesondere im Bereich Sprache, Bilder und Texte.

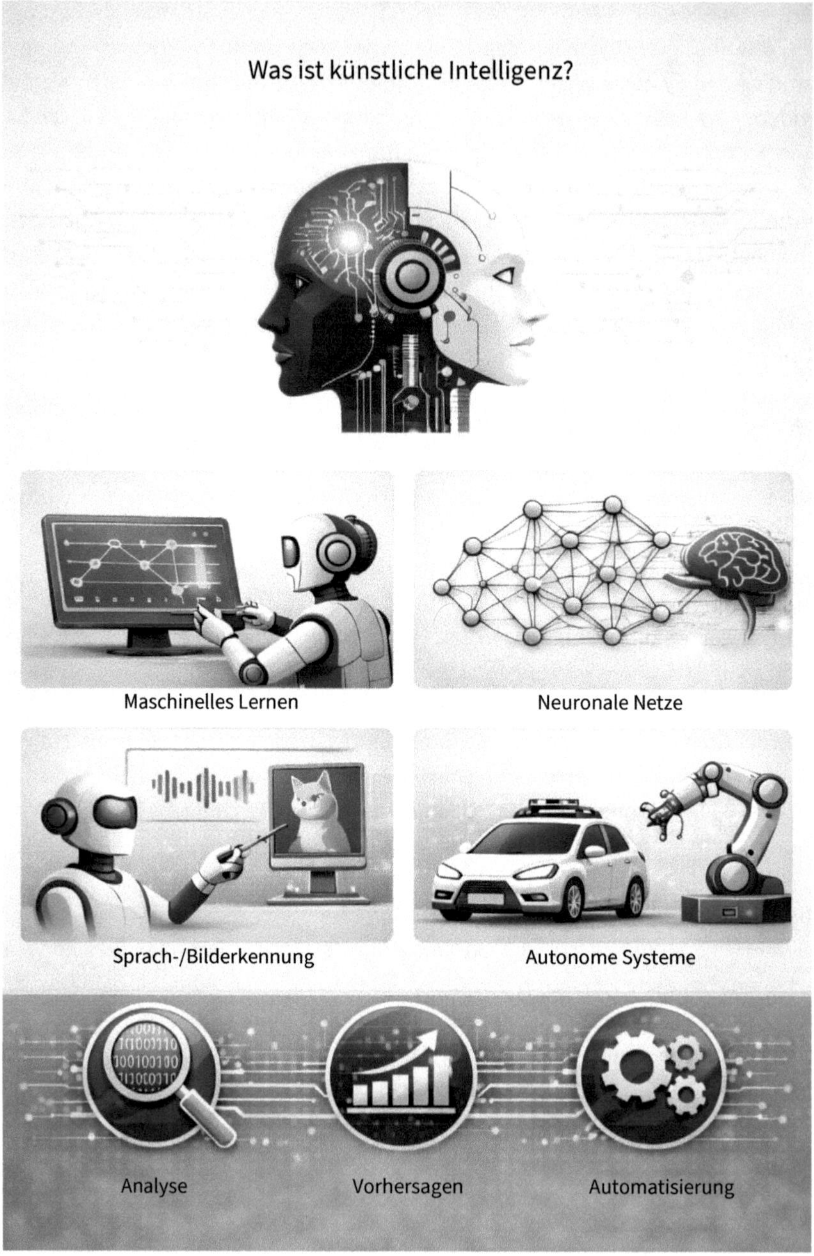

Was ist künstliche Intelligenz? (Erstellt mit ChatGPT und Canva)

Für Unternehmen ist weniger die Technik selbst relevant als die Tatsache, dass diese Systeme sehr leistungsfähig, aber nicht immer transparent sind.

Sprach- und Bilderkennung

Besonders sichtbar wird die Leistungsfähigkeit von KI bei der Sprach- und Bilderkennung. KI kann gesprochene Sprache transkribieren, Texte verstehen, Bilder analysieren oder visuelle Inhalte erzeugen. Diese Fähigkeiten werden längst im Alltag genutzt – in Chatbots, Übersetzungsdiensten, in der Dokumentenanalyse oder bei der automatisierten Auswertung von Lebensläufen. Die Ergebnisse wirken oft erstaunlich präzise, was dazu verleitet, sie ungeprüft zu übernehmen.

Autonome Systeme

Ein weiteres Feld sind autonome Systeme. Gemeint sind Anwendungen, die nicht nur analysieren oder vorschlagen, sondern eigenständig handeln – zumindest innerhalb eines definierten Rahmens. Selbstfahrende Fahrzeuge oder Industrieroboter sind bekannte Beispiele. Im Unternehmenskontext begegnen autonome Systeme häufig in Form automatisierter Prozesse, etwa bei der Steuerung von Lieferketten oder der Bearbeitung standardisierter Anfragen.

KI-Agenten

An dieser Stelle wird ein Begriff besonders relevant, der in den kommenden Jahren stark an Bedeutung gewinnen wird: KI-Agenten. KI-Agenten sind Systeme, die nicht nur einzelne Aufgaben ausführen, sondern eigenständig mehrere Schritte planen, ausführen und aufeinander abstimmen können. Sie arbeiten zielorientiert. Das bedeutet: Ein KI-Agent erhält ein Ziel und entscheidet selbstständig, welche Aktionen notwendig sind, um dieses Ziel zu erreichen. Dabei nutzt er vorhandene Tools, Datenquellen und Schnittstellen.

Ein einfaches Beispiel ist eine **Flugbuchung**. Ein KI-Agent kann den Auftrag erhalten, einen passenden Flug zu finden. Er durchsucht verschiedene Buchungsplattformen, vergleicht Preise, prüft Verfügbarkeiten, berücksichtigt Präferenzen wie Abflugzeiten oder Zwischenstopps und schlägt eine konkrete Option vor. In erweiterten Szenarien kann er sogar buchen, Bestätigungen verarbeiten und Termine im Kalender eintragen.

Ähnliche Anwendungen finden sich bereits im **Kundenservice**, in der **Reiseplanung**, im **Einkauf** oder in der **internen Organisation**. KI-Agenten können Meetings koordinieren, Angebote einholen, Berichte vorbereiten oder einfache Prozesse vollständig automatisieren. Entscheidend ist dabei: Der Agent handelt nicht völlig frei, sondern innerhalb klar definierter Grenzen und Ziele.

Genau hier liegt auch die Herausforderung: KI-Agenten wirken besonders leistungsfähig, weil sie mehrere Aufgaben miteinander verknüpfen. Gleichzeitig steigt mit dieser Autonomie die Verantwortung. Je mehr Handlungsspielraum ein KI-System hat, desto wichtiger wird die klare Festlegung von Regeln, Zuständigkeiten und Kontrollmechanismen.

Für **HR** sind KI-Agenten in mehrfacher Hinsicht relevant. Zum einen verändern sie Arbeitsprozesse. Aufgaben, die bislang manuell oder verteilt erledigt wurden, können künftig durch koordinierte Systeme übernommen werden. Zum anderen verändern sie Kompetenzanforderungen. Mitarbeitende müssen nicht mehr jeden Schritt selbst ausführen, aber verstehen, wie Prozesse gesteuert werden, wo Eingriffe möglich sind und wann menschliche Entscheidungen erforderlich bleiben.

KI-Agenten machen zudem deutlich, warum KI nicht mit klassischer Automatisierung gleichgesetzt werden darf. Während Automatisierung festen Abläufen folgt, reagieren Agenten flexibel auf neue Informationen. Sie passen ihr Vorgehen an, ohne eigenständig Ziele zu verändern. Diese Eigenschaft macht sie zugleich leistungsfähig und erklärungsbedürftig.

Halluzinationen

Ein Phänomen, das im Zusammenhang mit KI immer wieder auftritt und häufig unterschätzt wird, ist das sogenannte Halluzinieren. Gemeint ist damit, dass KI-Systeme Inhalte erzeugen, die sprachlich schlüssig und überzeugend wirken, inhaltlich jedoch falsch, unvollständig oder sogar frei erfunden sind.

Halluzinieren entsteht nicht durch einen technischen Fehler im klassischen Sinne. Es ist eine direkte Folge der Funktionsweise generativer KI. Diese Systeme sind darauf trainiert, wahrscheinliche Antworten zu erzeugen. Sie berechnen, welches Wort oder welcher Satz statistisch am besten auf den vorherigen folgt. Ob diese Aussage tatsächlich korrekt ist, wird dabei nicht überprüft.

Besonders problematisch ist, dass halluzinierte Inhalte oft sehr plausibel wirken. Daten, Quellen, Zahlen oder Zusammenhänge werden mit großer Sicherheit formuliert, obwohl sie nicht existieren oder falsch wiedergegeben sind. Für Nutzerinnen und Nutzer ist das auf den ersten Blick kaum zu erkennen, vor allem dann nicht, wenn sie sich im Thema selbst nicht sicher fühlen.

Im Unternehmenskontext kann das erhebliche Folgen haben. Halluzinierte Inhalte können in Präsentationen, Berichten oder Entscheidungsvorlagen landen, ohne dass sie hinterfragt werden. Je überzeugender das Ergebnis wirkt, desto größer ist die Gefahr, es ungeprüft zu übernehmen. Genau hier zeigt sich, warum KI-Kompetenz so entscheidend ist.

Halluzinieren tritt besonders häufig dann auf, wenn

- KI zu Themen befragt wird, für die keine eindeutigen Daten vorliegen,
- Informationen aktuell oder sehr spezifisch sind oder
- das System zu detaillierten Aussagen gedrängt wird.

Auch unklare oder sehr offene Prompts erhöhen die Wahrscheinlichkeit falscher Ergebnisse.

Wichtig ist: Halluzinieren lässt sich nicht vollständig vermeiden. Es gehört zur Natur generativer KI. Der Umgang damit entscheidet über Nutzen oder Risiko. Wer KI als Unterstützung versteht und Ergebnisse prüft, kann sehr effektiv arbeiten. Wer KI als verlässliche Wissensquelle betrachtet, setzt sich Risiken aus. Um dem Risiko des Halluzinierens entgegenzuwirken, bedarf es Schulungen und Tools, die eine verlässliche Datenquelle bieten (z. B. Perplexity, da hier Quellen inklusive Link angegeben werden).

Für HR ist das Phänomen des Halluzinierens besonders relevant. KI wird genutzt, um Texte zu formulieren, Zusammenfassungen zu erstellen oder Konzepte vorzubereiten. Wenn dabei falsche Annahmen oder erfundene Fakten übernommen werden, kann das Vertrauen beschädigen – intern wie extern. Gleichzeitig entstehen Haftungsfragen, wenn Entscheidungen auf fehlerhaften Informationen beruhen.

Der verantwortungsvolle Umgang mit halluzinierten Inhalten erfordert klare Prinzipien. Ergebnisse müssen überprüft, Quellen hinterfragt und kritisches Denken gefördert werden. Schulungen sollten genau diesen Punkt adressieren: Es darf nicht nur darum gehen, wie man perfekte Prompts schreibt, sondern es muss auch auch dafür sensibilisiert werden, wie man die Ergebnisse einordnet.

Das Halluzinieren macht deutlich, dass KI keine Wissensinstanz ist. Sie unterstützt Denkprozesse, ersetzt sie aber nicht. Diese Unterscheidung ist wichtig für einen sicheren und souveränen Einsatz im Unternehmen. Das heißt: KI liefert Vorschläge. Die Verantwortung für Einordnung, Bewertung und Weiterverarbeitung liegt weiterhin beim Menschen. Wer das verstanden hat, kann die Stärken der Technologie nutzen, ohne ihre Grenzen auszublenden.

Für HR bedeutet das, den Blick über einzelne Tools hinaus zu richten. Entscheidend ist das Zusammenspiel von Technologie, Organisation und Kompetenz. Begriffe zu kennen, ist ein Anfang. Zu verstehen, was sich dahinter verbirgt, ist der eigentliche Schritt. Dieses Verständnis bildet die Grundlage für alles Weitere, für Schulungen, Richtlinien, Akzeptanz und einen verantwortungsvollen Umgang mit KI im Unternehmen. Gerade für HR ist dieses Verständnis besonders hilfreich. Es erleichtert den Austausch mit der IT-Abteilung, mit Führungskräften und externen Anbietern und bildet die Basis für Schulungskonzepte, die auf Verständnis aufbauen, nicht auf Schlagwörtern.

3 Chancen und Herausforderungen von KI in Unternehmen

Künstliche Intelligenz wird im Unternehmenskontext häufig mit Effizienz, Tempo und Automatisierung gleichgesetzt. Diese Zuschreibung ist nachvollziehbar, greift jedoch zu kurz. KI wirkt nicht nur auf Produktivität, sondern verändert grundlegende Strukturen der Zusammenarbeit. Sie beeinflusst Arbeitsweisen, Entscheidungsprozesse und das Verständnis von Verantwortung.

Gerade deshalb ist eine differenzierte Betrachtung notwendig. Chancen und Herausforderungen lassen sich nicht voneinander trennen. Sie entstehen oft aus denselben Eigenschaften der Technologie. Was Abläufe beschleunigt, kann neue Risiken mit sich bringen. Was entlastet, kann gleichzeitig Unsicherheit erzeugen. In diesem Spannungsfeld bewegt sich der Einsatz von KI im Unternehmen.

3.1 Effizienzsteigerung und Automatisierung

Eine der sichtbarsten Wirkungen von KI liegt in der Effizienzsteigerung. Wiederkehrende Tätigkeiten lassen sich automatisieren, Informationen schneller aufbereiten, Texte strukturieren oder Daten auswerten. Aufgaben, die zuvor viel Zeit in Anspruch genommen haben, können deutlich schneller erledigt werden.

Effizienzsteigerung durch KI wird oft nur als »Zeit sparen« missverstanden. In der Realität geht es aber viel öfter darum, menschliche Konzentrationsfehler dort auszuschließen, wo sie teuer werden. Ein Projekt aus meiner Beratungspraxis macht das sehr deutlich:

Ein Blick in die Praxis: Effektivitätssteigerung bei der Erfassung von Kundenanträgen

In einem Unternehmen gab es massive Probleme bei der manuellen Erfassung von Kundenanträgen. Die Mitarbeitenden mussten Daten wie das Startdatum händisch aus Dokumenten in das CRM-System abtippen. Dabei passierten regelmäßig Flüchtigkeitsfehler: ein falscher Monat oder ein Zahlendreher im Jahr. Die Folge waren falsche Rechnungen und verärgerte Kunden, was wiederum einen riesigen Berg an Korrekturarbeit für das Team bedeutete.

Wir haben diesen Prozess durch eine KI-Lösung ersetzt, die wie ein digitaler Korrekturleser fungiert:

- **automatisches Auslesen:** Die KI erkennt das Startdatum im hochgeladenen Dokument sofort.

- **intelligenter Datenabgleich:** Das System gleicht die Infos direkt mit dem CRM ab, um Rechtschreibfehler oder Logikfehler (z. B. Startdatum in der Vergangenheit) zu verhindern.

Das Ergebnis für die Belegschaft: Die Mitarbeitenden waren erleichtert, diese monotone »Abtipp-Arbeit« los zu sein. Sie müssen jetzt die Daten nur noch final bestätigen, anstatt sie mühsam einzugeben. Das Risiko für Kundenbeschwerden durch Tippfehler ist damit praktisch ausgeschlossen. Hier zeigt sich der wahre Wert von KI im HR- und Business-Kontext: Sie übernimmt nicht die inhaltliche Entscheidung, aber sie räumt die Fehlerquellen aus dem Weg, die uns im Alltag unnötig stressen sowie Ärger und hohe Kosten verursachen können.

3.1.1 Neue Formen der Zusammenarbeit

KI beeinflusst auch die Zusammenarbeit im Unternehmen. Informationen werden schneller geteilt, Ergebnisse leichter zugänglich, Wissen besser strukturiert. Teams können effizienter arbeiten, Protokolle werden durch KI erstellt, sogar Folgeaufgaben aus Meetings werden abgeleitet.

Ein Beispiel, das ich in fast all meinen Vorträgen und Trainings erlebe, ist die Nutzung von Microsoft Copilot in Teams-Sitzungen:

Ein Blick in die Praxis: Das Ende des »Was wurde eigentlich besprochen?«-Effekts

In vielen Unternehmen ist die Taktung von Meetings so hoch, dass man nach dem dritten Termin am Vormittag oft nicht mehr genau weiß, welche Zusage man im ersten Meeting gegeben hat.

Hier zeigt die KI ihre Stärke als persönlicher Assistent:

- **Echtzeit-Protokollierung:** Copilot schreibt nicht nur mit, sondern erstellt sofort nach dem Ende des Meetings eine strukturierte Zusammenfassung.
- **Individuelle Aufbereitung:** Ich kann die KI fragen: »Was waren meine konkreten Aufgaben aus diesem Call?« oder »Wurde mein Projekt erwähnt, während ich kurz raus musste?«.
- **Wissens-Backup:** Auch Wochen später lassen sich die Kernpunkte nachlesen, ohne dass jemand mühsam händisch Protokoll führen musste.

Der **Mehrwert für die Zusammenarbeit:** Die Zusammenarbeit wird durch die KI-Assistenz massiv vereinfacht und »objektiver«, da wichtige Entscheidungen nicht mehr in Vergessenheit geraten oder falsch erinnert werden.

Dennoch bleibt die **menschliche Einordnung** entscheidend: Die KI liefert zwar das Protokoll, aber die Bewertung, ob eine getroffene Entscheidung im Sinne der Unternehmenskultur war oder ob eine Aufgabe realistisch umsetzbar ist, bleibt eine Aufgabe, die nur die Teammitglieder selbst lösen können.

Gleichzeitig entstehen neue Abhängigkeiten. Wer KI nutzt, verlässt sich auf technische Systeme. Fällt ein System aus oder liefert es fehlerhafte Ergebnisse, betrifft das mehrere Prozesse gleichzeitig. Zusammenarbeit wird damit nicht nur effizienter, sondern auch verletzlicher.

3.1.2 Risiken durch Verzerrungen und falsche Annahmen

Eine zentrale Herausforderung beim Einsatz von KI liegt in der Gefahr von Verzerrungen, dem sogenannten **Bias**. Wenn Trainingsdaten unreflektiert genutzt werden, reproduziert und verstärkt die KI vorhandene gesellschaftliche oder unternehmensinterne Muster. Die Ergebnisse wirken dann sachlich und neutral, basieren jedoch auf problematischen **falschen Annahmen**, die tief in den Daten verborgen liegen.

Ein Blick in die Praxis: Der »Muster-Mitarbeiter«-Fehler im Recruiting

Ein Unternehmen nutzt eine KI, um Tausende Bewerbungen vorzufiltern. Da das System mit den Daten der erfolgreichsten Mitarbeitenden der letzten zehn Jahre trainiert wurde, lernt es ein Muster: »Erfolgreiche Personen in dieser Firma sind männlich, zwischen 30 und 40 Jahre alt und haben an bestimmten Elite-Unis studiert.«

Die Folge: Qualifizierte Frauen oder Quereinsteiger werden automatisch aussortiert, weil sie nicht dem historisch gewachsenen Bias entsprechen. Das System trifft hier eine **falsche Annahme**.

Besonders in sensiblen Bereichen wie der Leistungsbewertung oder der Personalentwicklung kann dies zu einer systematischen Benachteiligung führen. Um diese Risiken zu begrenzen, sind Wissen, menschliche Sensibilität und klar definierte Kontrollmechanismen unverzichtbar (eine vertiefte Analyse zu den verschiedenen Arten von Bias finden Sie in Kapitel 3.4.1).

3.1.3 Datenschutz und Umgang mit sensiblen Informationen

KI-Systeme verarbeiten häufig große Datenmengen. Darunter befinden sich nicht selten personenbezogene, interne oder vertrauliche Informationen. Der verantwortungsvolle Umgang mit diesen Daten gehört daher zu den zentralen Herausforderungen beim KI-Einsatz.

Viele Anwendungen sind cloudbasiert. Daten werden außerhalb der eigenen IT-Infrastruktur verarbeitet. Auch wenn Anbieter Sicherheitskonzepte und Schutzmechanismen vorsehen, bleibt die Verantwortung beim Unternehmen selbst. Unklarheiten darüber, welche Daten für KI-Anwendungen genutzt werden dürfen und welche nicht, führen entweder zu übermäßiger Zurückhaltung oder zu einem unreflektierten Einsatz mit erhöhtem Risiko.

Für HR ist dieser Aspekt besonders sensibel: Die Verarbeitung von Personaldaten unterliegt hohen rechtlichen und ethischen Anforderungen. Ohne klare Regeln und Schulungen entsteht Unsicherheit im Alltag. Datenschutz ist kein rein technisches Thema, sondern Teil der täglichen Arbeitspraxis und der Organisationskultur.

3.1.4 Akzeptanz und Vertrauen bei Mitarbeitenden

KI entfaltet nur dann ihren Nutzen, wenn sie akzeptiert wird. Technisch funktionierende Systeme bleiben wirkungslos, wenn Mitarbeitende ihnen mit Skepsis oder Ablehnung begegnen. Häufige Gründe dafür sind Sorgen vor Überwachung, automatisierter Bewertung oder dem Verlust des eigenen Arbeitsplatzes.

Diese Bedenken lassen sich nicht durch technische Argumente ausräumen. Sie erfordern offene Kommunikation, Transparenz und Einbindung. Mitarbeitende müssen verstehen, warum KI eingesetzt wird, wie sie arbeitet und welche Rolle der Mensch weiterhin innehat.

HR übernimmt hier eine zentrale Vermittlungsfunktion. Akzeptanz entsteht nicht durch Vorgaben, sondern durch Einordnung. Wer versteht, was KI leisten kann und wo ihre Grenzen liegen, begegnet ihr sachlicher und souveräner.

3.1.5 Verantwortung und Entscheidungsfindung

Eine der grundlegenden Fragen beim Einsatz von KI betrifft die Verantwortung. Wie bereits mehrfach betont: KI kann Informationen aufbereiten, strukturieren und Vorschläge liefern. Entscheidungen trifft sie nicht. Im Arbeitsalltag verschwimmen diese Grenzen jedoch schnell.

Je überzeugender Ergebnisse formuliert sind, desto größer wird die Versuchung, Verantwortung an KI-Systeme abzugeben. Genau hier liegt ein wesentliches Risiko: Verantwortung lässt sich nicht automatisieren. Sie bleibt eine menschliche Aufgabe, unabhängig von der Leistungsfähigkeit der Technologie.

Unternehmen müssen diese Trennung bewusst gestalten. Klare Rollen, nachvollziehbare Abläufe und transparente Kommunikation sind dafür unerlässlich.

Entscheidungsarchitektur: wie KI Entscheidungen vorbereitet

Mit dem Einsatz von KI verändert sich nicht nur das Treffen von Entscheidungen, sondern vor allem deren Vorbereitung. KI-Systeme ordnen Informationen, setzen Schwerpunkte und reduzieren Komplexität. Dashboards, Rankings, Scores oder Zusammenfassungen bestimmen, welche Aspekte sichtbar werden und welche in den Hintergrund treten.

Dadurch entsteht eine neue Entscheidungsarchitektur. Entscheidungen basieren nicht mehr auf ungefilterten Informationen, sondern auf vorstrukturierten Vorschlägen. Diese Strukturierung ist hilfreich, aber nicht neutral. Sie folgt bestimmten Logiken. Wichtig ist dabei zu fragen:

- Welche Daten wurden einbezogen?
- Welche Kriterien wurden priorisiert?
- Welche Annahmen liegen zugrunde?

Für Führungskräfte und HR verschiebt sich damit der Fokus der Verantwortung. Nicht nur die Entscheidung selbst ist relevant, sondern auch die Auswahl und Bewertung der Entscheidungsgrundlage. Wer KI nutzt, übernimmt zunächst die Logik des Systems, sofern diese nicht bewusst hinterfragt wird.

Gerade in komplexen oder mehrdeutigen Situationen kann diese Vorstrukturierung dazu führen, dass Alternativen ausgeblendet werden. Entscheidungen wirken klarer, als sie tatsächlich sind. Die Aufgabe des Menschen besteht darin, diese vermeintliche Klarheit zu prüfen, nicht, sie unhinterfragt zu übernehmen.

Zusammenarbeit von KI und Mensch: Unterstützung statt Delegation

KI verändert die Zusammenarbeit grundlegend, da sie nicht mehr nur ein Werkzeug ist, sondern Prozesse priorisiert und vorbereitet. Ein unterschätztes Risiko im Arbeitsalltag ist dabei die Erwartungshaltung: Sätze wie »Das macht doch die KI mal eben schnell« führen oft zu einer massiven Unterschätzung der notwendigen menschlichen Kontrollarbeit.

- **die Falle der Schnelligkeit:** Wenn Ergebnisse auf Knopfdruck vorliegen, sinkt die Bereitschaft zur kritischen Prüfung, was zu einer **stillen Delegation** von Verantwortung führt.
- **faktische Verschiebung:** Entscheidungen wirken technisch abgesichert, obwohl sie weiterhin menschliche Konsequenzen haben und Empathie sowie Kontextwissen erfordern.
- **klare Rollentrennung:** Eine funktionierende Zusammenarbeit setzt voraus, dass Mitarbeitende die Zeit erhalten, KI-Vorschläge fundiert zu bewerten – die KI unterstützt, aber der Mensch trägt die finale Verantwortung.

Gerade im HR-Bereich ist diese Verschiebung sensibel. Auswahlverfahren, Bewertungen oder Entwicklungsentscheidungen erfordern Kontextwissen, Abwägung und Empathie. KI kann Hinweise liefern, aber keine Verantwortung tragen. Eine funktionierende Zusammenarbeit setzt daher klare Rollen voraus: KI unterstützt, der Mensch entscheidet.

Diese Klarheit muss im Alltag erlebbar sein. Mitarbeitende sollten wissen, wann KI eingesetzt wird, wofür sie genutzt wird und wo ihre eigene Verantwortung beginnt. Ohne Transparenz entstehen Unsicherheit oder unkritisches Vertrauen.

Verantwortung sichtbar machen und absichern
Verantwortung im Umgang mit KI entsteht nicht von selbst. Sie muss ausdrücklich benannt, zugewiesen und abgesichert werden. Dazu gehört, Entscheidungsprozesse nachvollziehbar zu gestalten und festzulegen, wer Ergebnisse prüft, freigibt oder korrigiert.

Besonders wichtig ist die Unterscheidung zwischen operativer Entlastung und strategischer Verantwortung. Automatisierte Abläufe reduzieren manuelle Arbeit, erhöhen jedoch die Bedeutung von Grundsatzentscheidungen:
- Wer definiert Ziele, Regeln und Grenzen?
- Wer prüft die Plausibilität von Ergebnissen?
- Wer greift ein, wenn Vorschläge fehlerhaft oder unpassend sind?

Organisationen, die diese Fragen offen klären, schaffen Orientierung. Mitarbeitende wissen, dass KI unterstützt, aber nicht entscheidet. Führungskräfte behalten ihre Rolle als Verantwortliche. HR kann diesen Prozess begleiten, indem Rollen geklärt, Schulungen angeboten und Räume zur Reflexion geschaffen werden.

Verantwortung bleibt damit dort, wo sie hingehört: beim Menschen. KI verändert Entscheidungsprozesse, sie ersetzt sie nicht. Unternehmen, die diese Trennung bewusst gestalten, nutzen KI wirkungsvoll, ohne ihre Grundprinzipien aus der Hand zu geben.

3.1.6 Chancen und Herausforderungen zusammendenken

Chancen und Herausforderungen von KI lassen sich nicht sauber voneinander trennen. Sie entstehen aus denselben Eigenschaften der Technologie. Wer den Blick ausschließlich auf Effizienz richtet, übersieht mögliche Risiken. Wer sich nur mit Risiken beschäftigt, verzichtet auf vorhandenes Potenzial.

Ein reflektierter Umgang mit KI bedeutet, beide Seiten gleichzeitig im Blick zu behalten. KI ist weder ein Allheilmittel noch eine Bedrohung. Sie ist ein Werkzeug, dessen Wirkung davon abhängt, wie bewusst und verantwortungsvoll es eingesetzt wird.

Für HR liegt genau hier eine zentrale Aufgabe. KI verändert Arbeit, Rollen und Erwartungen. HR gestaltet diesen Wandel mit. Nicht auf technischer Ebene, sondern kulturell, organisatorisch und menschlich.

Unternehmen, die diesen Weg bewusst gehen, schaffen Orientierung in einer komplexen Entwicklung. Sie nutzen Chancen, ohne Risiken auszublenden. Und sie halten Verantwortung dort, wo sie hingehört, beim Menschen.

Ein Blick in die Praxis: das Risiko der technologischen Abhängigkeit

Wie riskant die blinde Delegation von Kernprozessen an externe KI-Anbieter sein kann, zeigt ein Vorfall, der zahlreiche Unternehmen unvorbereitet traf. Ein Dienstleister bot KI-gestützte Telefonbots an, die auf einem großen Sprachmodell (wie ChatGPT oder Claude) basierten. Viele mittelständische Betriebe führten diese Lösung als kompletten Ersatz für ihre klassische Telefonzentrale ein.

Über Nacht und ohne Vorankündigung änderte der Anbieter (hier: ChatGPT) das zugrunde liegende Sprachmodell und grundlegende Parameter der Sprachausgabe – die bisherige Stimme existierte schlichtweg nicht mehr. Da diese Änderung außerhalb des Einflusses des Bot-Anbieters lag, verstummten die Systeme weltweit: Anrufe wurden zwar noch angenommen, aber die Kunden hörten keine akustische Antwort mehr.

Hunderte Unternehmen waren von einer Sekunde auf die andere telefonisch nicht mehr erreichbar. Das Hauptproblem dabei: Da man sich so sehr auf die KI verlassen hatte, waren die Sekretariate oder Telefonisten, die in der Vergangenheit die Anrufe entgegengenommen hatten, bereits vollständig abgebaut worden. Ein spontanes Umschalten auf Mitarbeitende war somit nicht mehr möglich.

Dieses Beispiel verdeutlicht, dass Unternehmen bei der Nutzung von KI-Systemen nicht nur das Produkt selbst, sondern die gesamte Abhängigkeitskette und Risiken bewerten müssen. Änderungen an externen APIs oder Nutzungsbedingungen können den eigenen Geschäftsbetrieb unmittelbar lahmlegen, ohne dass man selbst einen Fehler gemacht hat.

Für Unternehmen bedeutet das, bei KI-Systemen immer auch den Worst Case mitzudenken. Kritische Funktionen wie Erreichbarkeit oder Kundenkommunikation dürfen nicht an ein einzelnes Sprachmodell gebunden sein. Technische Redundanz ist kein Luxus, sondern eine Voraussetzung für die Betriebssicherheit. In der Praxis heißt das, mehrere Sprachmodelle vorzuhalten, alternative Anbieter integrieren zu können oder klare Fallback-Szenarien zu definieren. Ebenso wichtig ist es, interne Kompetenzen zumindest teilweise zu erhalten, um in Ausnahmesituationen handlungsfähig zu bleiben.

Unternehmen, die Personal ausschließlich durch Automatisierung ersetzen, verlieren oft stillschweigend Wissen. Erfahrungswissen, Kontextverständnis und informelle Problemlösung lassen sich nicht einfach reaktivieren, wenn Systeme versagen. In Krisensituationen zeigt sich, ob Organisationen noch handlungsfähig sind oder nur noch reagieren können.

Aus wirtschaftlicher Sicht macht es daher Sinn, sehr differenziert vorzugehen. Einsparungen sind dort sinnvoll, wo Tätigkeiten klar umrissen, gut automatisierbar und wenig kontextabhängig sind. In Bereichen mit hoher Verantwortung, Entscheidungsrelevanz oder menschlicher Interaktion ist ein vollständiger Ersatz nicht nur riskant, sondern oft kontraproduktiv.

Besonders im HR-Umfeld wird diese Abwägung deutlich. Recruiting, Entwicklung, Führung und Kommunikation lassen sich unterstützen, aber nicht vollständig automatisieren. Wer hier ausschließlich auf Effizienz setzt, riskiert Vertrauensverlust, Fehlentscheidungen und kulturelle Schäden, die langfristig teurer sind als kurzfristige Einsparungen.

Ein weiterer Punkt betrifft die Außenwirkung. Arbeitgeberattraktivität entsteht nicht durch maximale Automatisierung, sondern durch sinnvolle Arbeit, Entwicklungsmöglichkeiten und Verlässlichkeit. Unternehmen, die KI einsetzen, um Mitarbeitende zu entlasten und zu befähigen, werden anders wahrgenommen als solche, die KI primär als Effizienzinstrument nutzen.

Arbeitsplatzverlust durch KI ist daher eine strategische Führungsentscheidung. Es geht um Balance. Zwischen Effizienz und Stabilität. Zwischen Automatisierung und Verantwortung. Zwischen kurzfristiger Kostenoptimierung und langfristiger Wettbewerbsfähigkeit. Organisationen, die diese Balance bewusst gestalten, bleiben handlungsfähig. Sie nutzen KI dort, wo sie sinnvoll entlastet. Und sie investieren weiterhin in Menschen dort, wo Urteilskraft, Erfahrung und Verantwortung gefragt sind. Genau diese Kombination entscheidet darüber, ob KI zu einem Risiko oder zu einem echten Wettbewerbsvorteil wird.

3.2 Wettbewerbsfähigkeit im KI-Zeitalter – warum Nichtstun zum Risiko wird

In Erstgesprächen mit Unternehmen begegnen mir folgenden Aussagen häufig: »Wir warten erst einmal ab«, »Wir müssen nicht jeden Trend sofort mitgehen« oder »Dafür gibt es aktuell kein Budget, bisher läuft es auch ohne KI«. Das klingt zunächst vernünftig und kontrolliert. In vielen Fällen stehen dahinter jedoch weniger strategische Entscheidungen als Unsicherheit und fehlende Orientierung. KI wird als optionales Zukunftsthema betrachtet, nicht als tiefgreifende Veränderung von Arbeitsweisen und Entscheidungslogiken.

Das eigentliche Risiko liegt nicht im Abwarten selbst, sondern in der Geschwindigkeit der Entwicklung. Während einige Unternehmen zögern, bauen andere bereits Erfahrung auf, passen Prozesse an und entwickeln Routinen im Umgang mit KI. Dieser Lernfortschritt lässt sich später nur schwer aufholen. KI-Kompetenz entsteht nicht durch einen schnellen Tool-Einkauf, sondern durch kontinuierliche Anwendung, Reflexion, Datenvorbereitung und Anpassung. Wer zu lange wartet, steht nicht nur am gleichen Punkt wie zuvor, sondern hat einen Abstand aufzuholen, der sich in der Praxis kaum kurzfristig schließen lässt.

Der Einsatz von künstlicher Intelligenz ist längst kein besonderer Wettbewerbsvorteil mehr. Er entwickelt sich zunehmend zu einer Grundvoraussetzung unternehmerischer Handlungsfähigkeit. Unternehmen, die KI gezielt einsetzen, arbeiten effizienter, reagieren schneller auf Veränderungen und treffen Entscheidungen auf einer breiteren Informationsbasis. Organisationen, die diesen Schritt nicht gehen, geraten unabhängig von Größe oder Marktstellung ins Hintertreffen.

Die aktuelle Entwicklung unterscheidet sich deutlich von früheren technologischen Veränderungen. Digitalisierung oder Automatisierung vollzogen sich über Jahre hinweg. Künstliche Intelligenz wirkt deutlich schneller und verstärkt bestehende Effekte. Sie skaliert Wissen, beschleunigt Prozesse und senkt Eintrittsbarrieren. Auch kleinere Unternehmen können heute Leistungen erbringen, die früher großen Organisationen mit erheblichen Ressourcen vorbehalten waren.

Dadurch verschiebt sich die Wettbewerbslandschaft grundlegend. Marktpositionen werden weniger durch Unternehmensgröße oder Kapital abgesichert, sondern durch Anpassungsfähigkeit, Lernfähigkeit und Geschwindigkeit. Unternehmen, die KI sinnvoll integrieren, können schneller neue Angebote entwickeln, Prozesse anpassen und auf Marktveränderungen reagieren.

Gleichzeitig steigt der Druck auf etablierte Organisationen. Größe allein bietet keinen Schutz mehr. Komplexe Strukturen, lange Entscheidungswege oder fehlende KI-Kompetenz können dazu führen, dass selbst große Unternehmen innerhalb kurzer Zeit an Relevanz verlieren. Technologische Stärke entsteht heute nicht durch den bloßen Besitz von Technologie, sondern durch die Fähigkeit, sie wirksam einzusetzen.

Für Unternehmen bedeutet das eine klare Verschiebung in der strategischen Bewertung. KI ist kein optionales Innovationsprojekt und kein reines Effizienzthema. Sie beeinflusst die Zukunftsfähigkeit des gesamten Unternehmens. Besonders problematisch ist dabei nicht das bewusste Abwarten, sondern ein ungeordneter Einsatz ohne Zielbild. Einzelne Tools ohne Einbettung schaffen weder Klarheit noch nachhaltige Wettbewerbsvorteile.

Wettbewerbsfähigkeit entsteht dort, wo KI mit klaren Zielen, darauf abgestimmten Kompetenzen und verantwortungsvollen Rahmenbedingungen genutzt wird. Unternehmen, die frühzeitig in Qualifizierung investieren, Lernräume schaffen und KI als Teil organisationaler Entwicklung verstehen, sichern sich einen strukturellen Vorsprung.

Für HR ergibt sich daraus eine zentrale strategische Rolle. KI-Kompetenz ist nicht nur eine Frage einzelner Schulungen, sondern ein Wettbewerbsfaktor. HR beeinflusst, ob ein Unternehmen lernfähig bleibt, ob Mitarbeitende souverän mit neuen Technologien umgehen und ob Veränderung als Risiko oder als Gestaltungsspielraum wahrgenommen wird.

Im KI-Zeitalter entscheidet nicht allein, ob KI eingesetzt wird. Entscheidend ist, wie bewusst, wie schnell und wie reflektiert dies geschieht. Wettbewerbsfähigkeit wird damit weniger zu einer technischen Frage als zu einer Frage der Haltung und der organisationalen Reife.

3.2.1 Wenn technologische Umbrüche unterschätzt werden

Ein Blick in die deutsche Wirtschaftsgeschichte zeigt, dass Marktführerschaft kein verlässlicher Schutz vor Bedeutungsverlust ist. Viele bekannte Unternehmen sind nicht gescheitert, weil ihre Produkte schlecht waren, sondern weil sie grundlegende technologische Entwicklungen zu spät ernst genommen haben. In den meisten Fällen war es kein einzelner Fehltritt, sondern ein Zusammenspiel aus falscher Einschätzung, organisatorischer Trägheit und dem Festhalten an vertrauten Geschäftsmodellen.

Besonders deutlich wird dieses Muster beim Übergang zu digitalen Plattformen, softwarebasierten Ökosystemen und datengetriebenen Geschäftsmodellen. Unternehmen wie Quelle, Neckermann oder Schlecker verfügten über enorme Reichweite, starke Marken und direkten Kundenzugang. Dennoch wurde die Bedeutung von E-Commerce, moderner Logistiksteuerung und datenbasierter Prozessoptimierung unterschätzt. Neue Wettbewerber nutzten genau diese Faktoren konsequent und konnten innerhalb weniger Jahre ganze Märkte übernehmen.

Auch in technologieintensiven Branchen zeigt sich ein ähnliches Bild. Nokia, Siemens Mobile, BenQ-Siemens oder Grundig verloren ihre Marktposition nicht wegen fehlender technischer Kompetenz, sondern weil Software, Nutzererlebnis und Plattformdenken nicht als strategischer Kern verstanden wurden. Technische Exzellenz allein reicht nicht aus, wenn sie nicht in digitale Gesamtsysteme eingebettet ist.

3.2.2 Größe schützt nicht vor Disruption

Ein besonders verbreiteter Irrtum besteht in der Annahme, große Organisationen hätten mehr Zeit für Anpassung. Die Beispiele von Karstadt, Kaufhof, Weltbild oder Tengelmann zeigen das Gegenteil. Selbst marktprägende Unternehmen können innerhalb weniger Jahre massiv an Relevanz verlieren, wenn digitale Transformation nur zögerlich oder inkonsequent erfolgt. Omnichannel-Ansätze, datenbasierte Kundenbindung und durchgängige digitale Prozesse wurden entweder zu spät umgesetzt oder nicht konsequent zu Ende gedacht.

Auffällig ist dabei, dass der entscheidende Wettbewerb häufig nicht aus der eigenen Branche kam. Plattformunternehmen, Direktanbieter und datengetriebene Geschäftsmodelle konnten schneller skalieren, Kostenstrukturen verändern und Kundenbedürfnisse präziser adressieren. Der Wettbewerb verlagerte sich weg von reiner Produktqualität hin zu System- und Steuerungskompetenz.

Dieses Muster zeigt sich heute erneut: dieses Mal im Zusammenhang mit künstlicher Intelligenz.

3.2.3 KI als neuer Standard, nicht als Zusatz

Der Einsatz von KI unterscheidet sich deutlich von früheren Digitalisierungsphasen. KI wirkt nicht punktuell, sondern gleichzeitig auf Entscheidungsgrundlagen, Geschwindigkeit und Skalierbarkeit. Unternehmen, die KI systematisch einsetzen, verschaffen sich strukturelle Vorteile. Sie reagieren schneller, lernen kontinuierlich und passen Prozesse laufend an.

Organisationen, die KI ignorieren oder auf isolierte Pilotprojekte beschränken, geraten dagegen in eine defensive Position. Genau hier entsteht ein Muster, das viele der genannten Beispiele verbindet. Der Wandel wird wahrgenommen, aber nicht als dringend eingestuft. Investitionen werden verschoben, Verantwortung ausgelagert, Kompetenzaufbau vertagt.

Die Folge ist selten ein abrupter Bruch. Häufig handelt es sich um einen schleichenden Verlust an Wettbewerbsfähigkeit, bis der entstandene Abstand praktisch nicht mehr aufzuholen ist.

3.2.4 Warum KI den Unterschied größer macht

Im Vergleich zu früheren technologischen Umbrüchen senkt KI die Einstiegshürden erheblich. Auch kleinere Unternehmen können heute mit überschaubarem Aufwand leistungsfähige Systeme nutzen. Automatisierung, Personalisierung und datenbasierte Entscheidungsunterstützung sind nicht mehr ausschließlich großen Konzernen vorbehalten.

Dadurch verschiebt sich der Wettbewerb. Er findet weniger zwischen großen und kleinen Unternehmen statt, sondern zwischen lernfähigen und lernunfähigen Organisationen. Geschwindigkeit, Anpassungsfähigkeit und Kompetenz werden wichtiger als Größe, Historie oder Marktanteil.

Gerade für große Unternehmen entsteht daraus ein paradoxes Risiko. Je komplexer Strukturen und Prozesse sind, desto schwieriger wird schnelle Anpassung. Ohne gezielten Kompetenzaufbau, klare Verantwortlichkeiten und kulturelle Offenheit bleibt KI entweder wirkungslos oder reduziert sich auf reine Effizienzsteigerung ohne strategischen Mehrwert.

Die Lehre aus diesen Entwicklungen ist eindeutig. Wettbewerbsfähigkeit entsteht nicht durch den Besitz von Technologie, sondern durch die Fähigkeit, sie sinnvoll einzuordnen und verantwortungsvoll zu nutzen. KI ist kein weiteres IT-Projekt, sondern entwickelt sich zu einem grundlegenden Standard moderner Wertschöpfung.

Für HR bedeutet das, Wettbewerbsfähigkeit neu zu denken. KI-Kompetenz ist kein Zusatzwissen, sondern Teil der langfristigen Überlebensfähigkeit von Organisationen. Wer heute nicht gezielt in Verständnis, Einordnung und verantwortungsvolle Nutzung investiert, riskiert morgen strukturelle Nachteile.

Die Geschichte zeigt deutlich: Verpasste technologische Standards lassen sich selten nachholen. Das gilt auch für KI.

3.3 Einsatz von KI-Agenten und Automatisierung

Der Einsatz von künstlicher Intelligenz in Unternehmen beschränkt sich längst nicht mehr auf Pilotprojekte oder experimentelle Anwendungen. KI wird zunehmend dort eingesetzt, wo sie unmittelbar Wirkung entfaltet, in kundenbezogenen Bereichen, in internen Prozessen und in operativen Abläufen. Besonders stark wächst der Einsatz sogenannter KI-Agenten, die über die klassische Automatisierung hinausgehen.

Diese Systeme führen nicht nur einzelne, klar definierte Schritte aus. Sie koordinieren Aufgaben, erstellen Inhalte und bereiten innerhalb festgelegter Regeln Entscheidungen vor. Dadurch verschiebt sich der Einsatz von KI von einer rein unterstützenden Funktion hin zu einer aktiven Rolle in der Prozessgestaltung.

3.3.1 Einsatzbereiche im Unternehmen

Kunden und Umsatz: Marketing, Vertrieb, Service
Im Marketing wird KI zunehmend zur Personalisierung von Kommunikation genutzt. Kampagnen lassen sich automatisiert aufsetzen, Inhalte wie Social-Media-Beiträge, E-Mails oder Landingpages werden generiert und Zielgruppen in Echtzeit segmentiert. KI unterstützt dabei nicht nur die Erstellung, sondern auch die laufende Optimierung auf Basis von Nutzungsdaten.

Im Vertrieb kommen KI-Agenten vor allem bei der Lead-Qualifizierung und Nachverfolgung zum Einsatz. Kontakte werden priorisiert, Follow-ups automatisch angestoßen und Termine koordiniert. Angebote und Präsentationen lassen sich vorbereiten, während sogenannte Sales-Co-Pilots direkt in CRM-Systeme integriert sind und Vertriebsmitarbeitende situativ unterstützen.

Auch im Kundenservice verändert KI die Arbeitsweise deutlich. Chatbots beantworten Standardanfragen rund um die Uhr, während leistungsfähigere Systeme komplexere Anliegen vorbereiten, Tickets weiterleiten oder Antwortvorschläge generieren. Ziel ist es, Reaktionszeiten zu verkürzen und Mitarbeitende von repetitiven Aufgaben zu entlasten, ohne den persönlichen Kontakt vollständig zu ersetzen.

Interne Prozesse: HR, Finanzen und Recht
In internen Unternehmensbereichen zeigt sich das Potenzial von KI besonders klar. Im HR-Umfeld wird KI bei der Erstellung von Stellenausschreibungen, beim Screening von Bewerbungen und bei der Vorbereitung von Interviews eingesetzt. Automatisierte Onboarding-Prozesse unterstützen neue Mitarbeitende, während personalisierte Lernpfade Weiterentwicklung gezielter ermöglichen.

Im Finanz- und Rechnungswesen automatisiert KI zeitintensive Aufgaben wie Rechnungsverarbeitung, Spesenabrechnungen oder Zahlungsläufe. Ergänzend kommen Systeme zur Prognose von Finanzentwicklungen sowie zur Erkennung von Unregelmäßigkeiten oder Betrugsmustern zum Einsatz.

Auch in rechtlichen und Compliance-nahen Bereichen gewinnt KI an Bedeutung. Verträge werden analysiert und klassifiziert, Dokumente überprüft und Fristen überwacht. In regulierten Umfeldern unterstützen KI-Systeme zudem hochsensible Prüfprozesse:

- **KYC-Prüfungen (Know Your Customer):** automatisierte Identifizierung und Überprüfung von Neukunden
- **AML-Kontrollen (Anti-Money Laundering):** KI-gestützte Analyse von Transaktionen zur Bekämpfung von Geldwäsche

Operations, Logistik und Produktion

In der Produktion ermöglicht KI eine vorausschauende Wartung von Maschinen. Sensor- und Bilddaten werden ausgewertet, um Ausfälle frühzeitig zu erkennen. Qualitätskontrollen lassen sich automatisieren, Maschinenparameter optimieren und der Energieverbrauch gezielt steuern.

Entlang der Lieferkette unterstützt KI bei der Bestandsoptimierung, bei präzisen Bedarfsprognosen und bei der Routenplanung. Die Systeme fungieren dabei als Bindeglied zwischen den verschiedenen Datensilos eines Unternehmens:

- **ERP-Systeme (Enterprise Resource Planning):** zentrale Steuerung der Geschäftsressourcen
- **Lagersysteme:** Überwachung der physischen Bestände
- **CRM-Systeme (Customer-Relationship-Management):** Verwaltung der Kundenbeziehungen und aktuellen Bestellungen

Durch den permanenten Abgleich der Daten in diesen Bereichen ermöglichen KI-Lösungen eine wesentlich flexiblere Steuerung von Logistikprozessen, da sie Engpässe vorhersagen können, bevor sie entstehen.

Im technischen Außendienst kommen KI-Agenten zur Einsatzplanung und Priorisierung von Aufträgen zum Einsatz. Wissensbasierte Systeme schlagen Lösungsschritte vor und unterstützen Technikerinnen und Techniker bei der Fehlerbehebung vor Ort.

Ein Blick in die Praxis: Logistik-Giganten als Taktgeber

- **Amazon:** Das Unternehmen nutzt KI, um vorherzusagen, was Kunden in einer bestimmten Region morgen bestellen werden. Produkte werden so bereits in nahegelegene Versandzentren geliefert, noch bevor die Bestellung überhaupt aufgegeben wurde (»Anticipatory Shipping«). Das minimiert Lagerzeiten und beschleunigt die Zustellung massiv.
- **DHL:** Hier optimiert KI die Routenplanung in Echtzeit. Dabei werden nicht nur Entfernungen berechnet, sondern auch aktuelle Verkehrsdaten, Wetterbedingungen und sogar Sendungsvolumina einbezogen, um die effizienteste Zustellsequenz für die Fahrer zu ermitteln.

Durch diesen permanenten Datenabgleich ermöglichen KI-Lösungen eine wesentlich flexiblere Steuerung. Sie machen Lieferketten »resilienter«, da sie Engpässe vorhersagen können, bevor diese den Geschäftsbetrieb lahmlegen.

Wissensarbeit und Dokumentenverarbeitung
Ein besonders breites Einsatzfeld liegt in der Verarbeitung von Dokumenten und Wissen. KI liest Rechnungen, Verträge, Bestellungen oder Formulare automatisiert aus, klassifiziert Inhalte und gleicht sie mit bestehenden Systemen ab. Manuelle Prüfungen lassen sich dadurch deutlich reduzieren.

Im Wissensmanagement agieren KI-Systeme zunehmend als interne Anlaufstelle. Sie durchsuchen Richtlinien, Handbücher und Wissensdatenbanken, fassen relevante Inhalte zusammen und stellen Informationen kontextbezogen bereit. Wissen wird schneller zugänglich, ohne neu erstellt werden zu müssen.

Auch Reporting und Analyse profitieren davon. Berichte werden automatisiert erstellt, Kennzahlen interpretiert und in verständliche Texte überführt. Ad-hoc-Auswertungen lassen sich in natürlicher Sprache anstoßen, was den Zugang zu Daten erleichtert.

IT und »digitale Kleinarbeit«
In der IT unterstützt KI das Service-Management durch automatische Klassifizierung, Priorisierung und Zuweisung von Tickets. Self-Service-Systeme übernehmen Standardanfragen, während wiederkehrende Vorfälle automatisiert bearbeitet werden.

Darüber hinaus wird KI häufig mit Robotic Process Automation kombiniert. Solche Systeme übernehmen repetitive Klick- und Dateneingaben über mehrere Anwendungen hinweg und steuern Workflows systemübergreifend.

Auch im Bereich Sicherheit und Monitoring spielt KI eine zunehmende Rolle. Log-Daten werden kontinuierlich analysiert, Auffälligkeiten erkannt und definierte Reaktionen ausgelöst. IT-Infrastrukturen lassen sich so rund um die Uhr überwachen.

Diese Beispiele verdeutlichen, wie breit KI-Agenten und Automatisierung heute eingesetzt werden. Entscheidend ist dabei nicht die Technik selbst, sondern die Art der Integration. Prozesse verändern sich, Rollen verschieben sich und Kompetenzanforderungen entwickeln sich weiter.

3.3.2 KI als Spiegel organisationaler Muster

KI-Systeme und insbesondere autonom agierende **KI-Agenten** wirken niemals in einem luftleeren Raum. Sie verstärken bestehende Strukturen, Annahmen und Prioritäten. Wo Prozesse sauber definiert sind, kann ein Agent Aufgaben effizient ausführen. Wo jedoch Unklarheit herrscht, macht die KI diese Defizite radikal sichtbar.

Für HR ergibt sich daraus eine zentrale Erkenntnis: KI erzeugt keinen Wandel aus sich heraus. Sie verstärkt, was bereits vorhanden ist. In Organisationen mit klarer Führung und offener Lernkultur kann KI produktiv wirken. In Umfeldern mit Unsicherheit oder fehlender Kommunikation verstärkt sie Spannungen.

Ein Blick in die Praxis: wenn der Bot die Prozesslücke findet

Ein Unternehmen führt einen KI-Agenten für das Onboarding neuer Mitarbeitender ein. Der Agent soll automatisch Hardware bestellen, Zugänge einrichten und Willkommens-Mails versenden.

Die Offenbarung: Der Agent scheitert sofort, weil im Unternehmen gar nicht schriftlich fixiert ist, wer eigentlich die Freigabe für teure Laptops erteilt. Bisher lief das »auf Zuruf« auf dem Flur. Die KI ist nicht »zu dumm«, sondern sie legt offen, dass Verantwortlichkeiten bisher implizit und unklar waren. Sie zwingt das Management, Prozesse erst einmal intellektuell zu durchdringen, bevor sie automatisiert werden können.

3.3.3 Verschiebung von Rollen und Kompetenzanforderungen

Durch den Einsatz von **KI-Agenten** und Automatisierungstools verschieben sich Rollenbilder weg von der Ausführung hin zur **Steuerung und Bewertung**. Fachwissen allein reicht nicht mehr aus; entscheidend wird die Fähigkeit, die von der KI generierten Ergebnisse (z. B. einen fertigen Vertragsentwurf oder die Kandidatenauswahl) kritisch zu hinterfragen.

Für Mitarbeitende bedeutet das, dass Fachwissen allein nicht mehr ausreicht. Es braucht die Fähigkeit, Ergebnisse zu hinterfragen und mit Unsicherheit umzugehen. KI nimmt uns die Entscheidung nicht ab, sie macht sie durch die enorme Geschwindigkeit und Vorstrukturierung **anspruchsvoller**. Früher hatte eine Führungskraft Tage Zeit, Informationen zu sammeln. Heute liefert die KI in Sekunden ein fertiges Dashboard. Der Druck, dieses Ergebnis sofort zu bewerten und die Verantwortung für die Umsetzung zu übernehmen, steigt massiv. Wer hier unkritisch delegiert, verliert seine Rolle als Gestalter und wird zum reinen »Abnicker« technischer Vorschläge.

Das bedeutet: Führung verändert sich. Der Fokus verschiebt sich weg von Kontrolle hin zu Orientierung und Begründung. Führungskräfte müssen erklären können, warum Empfehlungen aus KI-Systemen übernommen oder verworfen werden.

HR übernimmt hier eine Schlüsselrolle. Es geht darum, neue Anforderungen sichtbar zu machen, Kompetenzen gezielt aufzubauen und Rollen klar zu definieren. Ohne diese Einordnung entsteht entweder Überforderung oder eine unkritische Abgabe von Verantwortung an KI-Systeme.

3.3.4 KI-Kompetenz als Organisationsaufgabe

KI-Kompetenz ist kein rein technisches Wissen. Sie umfasst das Verständnis der Funktionsweise, der Grenzen und typischen Fehlerquellen von KI ebenso wie die Fähigkeit zur kritischen Einordnung von Ergebnissen.

Dabei ist eine Differenzierung nach Rollen notwendig. Führungskräfte, HR, IT und Fachbereiche tragen unterschiedliche Verantwortung. Einheitliche Schulungsformate greifen hier zu kurz.

3.3.5 Governance, Mitbestimmung und Vertrauen

KI berührt Mitbestimmung, Datenschutz und Arbeitsrecht. Die frühzeitige Einbindung von Betriebsräten und Interessenvertretungen ist daher ein zentraler Erfolgsfaktor. Wo Beteiligung ernst gemeint ist, entstehen weniger Widerstände und mehr Vertrauen.

HR übernimmt hier eine vermittelnde Rolle zwischen Technik, Management, Recht und Mitarbeitenden. Diese Übersetzungsarbeit ist entscheidend, damit KI nicht als Kontrollinstrument wahrgenommen wird, sondern als Unterstützung.

Vertrauen entsteht durch Transparenz. Mitarbeitende müssen wissen, wann KI eingesetzt wird, wofür sie genutzt wird und wo ihre eigenen Entscheidungsspielräume liegen. Unklarheit führt zu Ablehnung oder informeller Nutzung.

HR kann aktiv gestalten, indem klare Leitlinien, Kommunikationsformate und Reflexionsräume geschaffen werden. KI braucht Regeln, vor allem aber verständliche Regeln.

3.3.6 HR als Gestalter von Orientierung

Der Einsatz von KI erhöht die Komplexität im Unternehmen. Prozesse werden schneller, Informationen verdichten sich und Entscheidungsgrundlagen verändern sich. In dieser Dynamik wächst der Bedarf an Orientierung. Genau an dieser Stelle übernimmt HR eine strategische Rolle.

HR gestaltet den Rahmen, in dem KI eingesetzt wird. Nicht auf technischer Ebene, sondern auf kultureller, organisatorischer und menschlicher Ebene. HR sorgt dafür, dass Verantwortung klar zugeordnet bleibt, Lernen möglich ist und Unsicherheit offen angesprochen werden darf.

Unternehmen, die HR in diesem Kontext auf eine rein begleitende Rolle reduzieren, verschenken Potenzial. KI ist kein reines IT-Thema. Sie wirkt auf Strukturen, Rollen und Zusammenarbeit. Damit ist sie ein Organisationsthema. HR ist dabei kein Akteur am Rand, sondern zentraler Gestalter.

KI verändert Arbeit. HR beeinflusst, wie dieser Wandel erlebt wird. Unternehmen, die HR frühzeitig einbinden und stärken, schaffen die Grundlage für einen verantwortungsvollen, wirksamen und akzeptierten Einsatz von KI.

Dieses Kapitel bildet damit die Brücke zu den folgenden Abschnitten, in denen Wachstumspotenziale, Personalisierung und Risiken weiter vertieft werden, stets mit dem Menschen im Zentrum der Betrachtung.

3.3.7 Automatisierung in Unternehmen: Anwendungsbereiche und Wachstumspotenzial

3.3.7.1 Personalisierung und datengetriebene Entscheidungen

Mit dem Einsatz von künstlicher Intelligenz verändert sich die Art, wie Entscheidungen in Unternehmen vorbereitet werden. Statt sich auf einzelne Kennzahlen oder Erfahrungswerte zu stützen, können heute große Datenmengen ausgewertet und miteinander verknüpft werden. Daraus entstehen Muster, Prognosen und Empfehlungen, die eine neue Form der Personalisierung ermöglichen.

Einsatzbereiche von KI-Agenten und Automation in Unternehmen (erstellt mit Napkin AI)

Personalisierung bedeutet dabei nicht Individualisierung um jeden Preis. Gemeint ist die Fähigkeit, Angebote, Kommunikation oder Maßnahmen stärker am tatsächlichen Bedarf auszurichten. KI kann erkennen, welche Inhalte relevant sind, welche Lernformate wirksam erscheinen oder welche Maßnahmen zu einem bestimmten Zeitpunkt sinnvoll sind. Entscheidungen werden dadurch differenzierter vorbereitet.

Im HR-Umfeld zeigt sich dieses Potenzial besonders deutlich: Lernangebote lassen sich auf unterschiedliche Kompetenzstände zuschneiden, Entwicklungsmaßnahmen gezielter planen und Kommunikation bedarfsgerechter gestalten. Mitarbeitende erleben Angebote weniger pauschal und stärker an ihrer Situation orientiert.

Auch im Recruiting gewinnt die datenbasierte Vorbereitung an Bedeutung. KI kann Bewerbungsunterlagen strukturieren, Muster sichtbar machen und Prozesse beschleunigen. Die Entscheidung selbst bleibt jedoch eine menschliche Aufgabe. Daten liefern Hinweise, keine Urteile.

Ein zentraler Vorteil datengetriebener Entscheidungen liegt in ihrer Nachvollziehbarkeit. Annahmen werden transparenter, Zusammenhänge besser sichtbar. Führungskräfte erhalten eine fundierte Grundlage, auf der sie entscheiden können. Gerade in komplexen Organisationen erleichtert das die Begründung und die anschließende Kommunikation von Entscheidungen.

Gleichzeitig entsteht eine neue Herausforderung. Daten wirken objektiv, sind es aber nicht. Was gemessen wird, hängt davon ab, was zuvor als relevant definiert wurde. KI verstärkt diese Effekte, indem sie vorhandene Muster sichtbar macht und reproduziert.

Für HR ist es daher entscheidend, datenbasierte Ergebnisse nicht als endgültige Wahrheit zu behandeln. Sie sind ein Hilfsmittel zur Entscheidungsunterstützung, kein Ersatz für Einordnung, Erfahrung und Verantwortung. Personalisierung darf nicht in automatisierte Kategorisierung übergehen.

Ein weiterer Aspekt betrifft die Wahrnehmung durch Mitarbeitende. Personalisierte Angebote können als Wertschätzung empfunden werden, wenn sie transparent und nachvollziehbar sind. Fehlt diese Transparenz, entsteht schnell das Gefühl, beobachtet oder bewertet zu werden. Vertrauen entsteht nicht durch Technik, sondern durch klare Kommunikation.

Auch ethische Fragen spielen eine Rolle. Welche Daten dürfen genutzt werden? Welche nicht? Wo verläuft die Grenze zwischen hilfreicher Unterstützung und unzulässiger Einflussnahme? Diese Fragen lassen sich nicht technisch beantworten. Sie erfordern klare Leitlinien und eine bewusste Haltung des Unternehmens.

Für HR ergibt sich daraus eine doppelte Aufgabe. Zum einen geht es um den Aufbau von Kompetenzen im Umgang mit Daten und KI. Zum anderen um die Gestaltung von Strukturen, die einen verantwortungsvollen Einsatz ermöglichen. Personalisierung braucht Grenzen. Datenbasierte Entscheidungen brauchen Einordnung.

Richtig eingesetzt eröffnet KI die Chance, Entscheidungen fairer, transparenter und nachvollziehbarer zu gestalten. Voraussetzung ist ein realistisches Verständnis dessen, was Daten leisten können und was nicht. Genau hier entscheidet sich, ob Personalisierung als Fortschritt oder als Risiko wahrgenommen wird.

Personalisierung und datengetriebene Entscheidungen sind kein Selbstzweck. Sie entfalten ihren Wert nur dann, wenn sie in eine klare Haltung eingebettet sind. Technik kann unterstützen. Die Verantwortung bleibt in menschlicher Hand.

Daten und KI können Entscheidungen unterstützen. Sie können Orientierung geben, Muster sichtbar machen und Komplexität reduzieren. Gleichzeitig entfalten sie nur dann einen Mehrwert, wenn sie bewusst eingesetzt und richtig eingeordnet werden. Für HR lohnt sich daher eine klare Reflexion:

Reflexionsbox: Wann helfen Daten – und wann schaden sie?

Daten helfen, wenn

- sie als **Entscheidungsgrundlage** verstanden werden, nicht als Entscheidung selbst.
- transparent ist, **woher die Daten stammen** und was sie abbilden.
- Ergebnisse **kritisch hinterfragt** und mit Erfahrung, Kontext und Menschenkenntnis ergänzt werden.
- Mitarbeitende wissen, **welche Daten genutzt werden** und zu welchem Zweck.
- KI eingesetzt wird, um **Chancen sichtbar zu machen**, nicht um Menschen zu bewerten und in Schubladen einzusortieren.

Daten schaden, wenn

- sie als objektive Wahrheit betrachtet werden, ohne dass ihre Entstehung reflektiert wird.
- historische Verzerrungen unbemerkt fortgeschrieben werden.
- Entscheidungen automatisiert wirken und zugleich Folgen für Menschen haben.
- Transparenz fehlt und Unsicherheit oder Misstrauen entsteht.
- Verantwortung stillschweigend an Systeme delegiert wird.

Leitfragen für HR

- Welche Entscheidung soll durch Daten unterstützt werden und welche nicht?
- Wo braucht es bewusst menschliche Abwägung?
- Welche Auswirkungen haben datenbasierte Entscheidungen auf Vertrauen und Kultur?
- Wie stellen wir sicher, dass Personalisierung nicht zur Kategorisierung wird?

3.4 Risiken: Bias, Datenschutz und ethische Fragestellungen

Mit den Chancen von künstlicher Intelligenz wachsen auch die Risiken. Diese liegen jedoch weniger in der Technologie selbst als in der Art, wie KI eingesetzt, interpretiert und in Entscheidungen eingebunden wird. Besonders relevant sind drei Themenfelder: Verzerrungen in Ergebnissen, der verantwortungsvolle Umgang mit Daten sowie ethische Fragen rund um Verantwortung und Fairness.

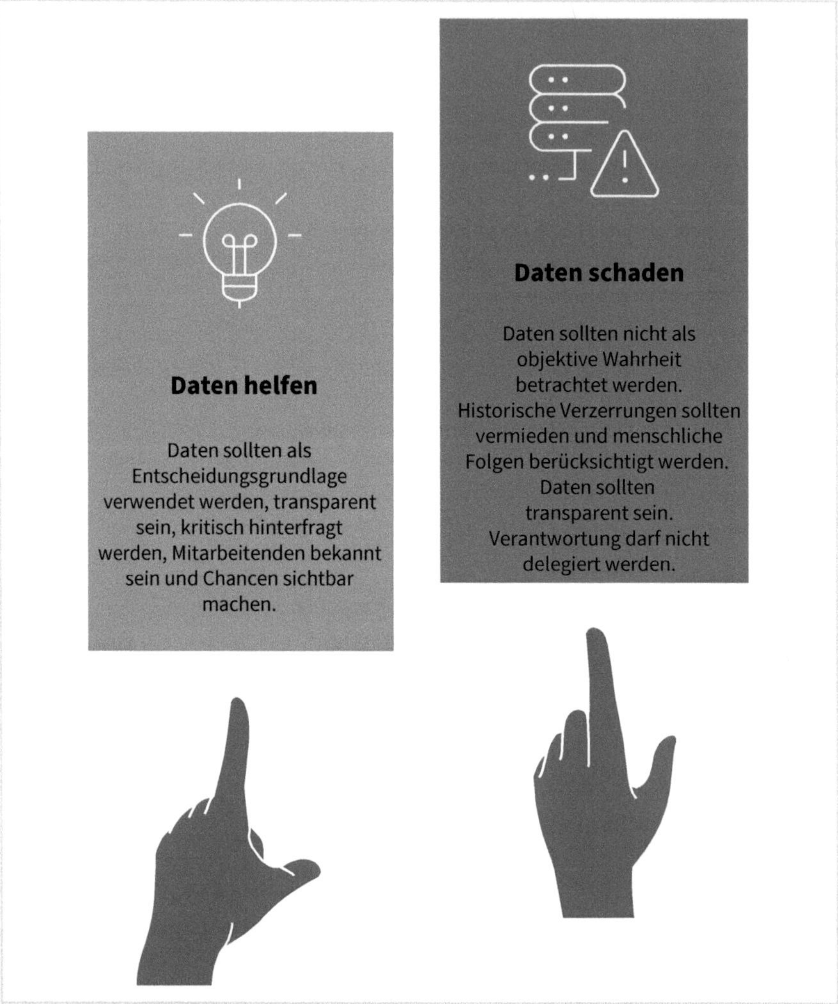

Verwendung von Daten (erstellt mit Napkin AI)

3.4.1 Bias: wenn Daten bestehende Muster verstärken

Ein zentrales Risiko beim Einsatz von KI ist der sogenannte Bias, also die systematische Verzerrung. KI-Systeme lernen aus vorhandenen Daten. Diese Daten stammen aus der Vergangenheit und enthalten bestehende Ungleichgewichte, organisationale Routinen und frühere Entscheidungslogiken. KI übernimmt diese Muster konsequent.

Im HR-Kontext ist dies besonders sensibel. Wird KI im Recruiting, bei Leistungsbewertungen oder in Entwicklungsprozessen eingesetzt, besteht die Gefahr, bestehende Ungleichbehandlungen fortzuschreiben. Bewerberprofile, Karriereverläufe oder Bewertungen werden anhand von Daten verglichen, die selbst nicht neutral sind.

Das Risiko liegt dabei weniger in der Technik als in der Annahme, datenbasierte Ergebnisse seien automatisch objektiv. KI kann Muster sichtbar machen, sie kann jedoch nicht bewerten, ob diese Muster fair, angemessen oder zeitgemäß sind. Ohne bewusste Einordnung entsteht ein Eindruck von Neutralität, obwohl statistische Wahrscheinlichkeiten wirken.

Für HR bedeutet das, genau hinzusehen:

- Welche Daten werden genutzt?
- Welche Kriterien fließen ein?
- Und welche Gruppen werden dadurch möglicherweise systematisch benachteiligt oder bevorzugt?

Bias lässt sich nicht vollständig vermeiden, aber erkennen und begrenzen, wenn er ernst genommen wird.

Ein Blick in die Praxis: wenn Erfahrung zum Ausschlusskriterium wird (Age-Bias)

Ein besonders kritischer Bias zeigt sich oft in der automatisierten Vorauswahl auf Job-Plattformen oder durch interne Recruiting-Software. Ich habe dies bereits selbst in meiner beruflichen Laufbahn als schmerzhaftes Beispiel für »falsche Annahmen« der KI erlebt.

Obwohl mein Profil exakt auf die Anforderungen anspruchsvoller Führungspositionen passte, wurde ich durch Algorithmen häufig sofort als »überqualifiziert« eingestuft. Ohne dass jemals ein persönliches Gespräch stattfand, zog die KI im Hintergrund Schlüsse, die auf rein statistischen Verknüpfungen basierten:

- **die Fehlannahme der KI:** Viele Referenzen gepaart mit langjähriger Berufserfahrung und einem bestimmten Alter wird als »zu teuer« oder »Wird sich schnell unterfordert fühlen« interpretiert.
- **die Folge:** Das System sortiert diese Profile konsequent aus, um dem Recruiter vermeintlich nur die »passgenauen« (oft jüngeren und günstigeren) Kandidatinnen und Kandidaten zu zeigen.
- **der Verlust für das Unternehmen:** Wertvolle Expertise, strategische Weitsicht und Führungserfahrung gehen verloren, weil die KI keine Nuancen versteht. Sie sieht nicht den Wunsch nach einer neuen Herausforderung, sondern nur eine Kosten-Nutzen-Rechnung aus der Vergangenheit.

Dieses Beispiel verdeutlicht: Wenn wir die Kriterien, nach denen eine KI filtert, nicht ständig hinterfragen, zementieren wir z. B. einen **Age-Bias**. Wir schließen genau die Talente aus, die Unternehmen in komplexen Transformationsphasen am dringendsten bräuchten, nur weil sie nicht in das mathematische Raster des »Standard-Bewerbers« passen.

3.4.2 Datenschutz: Verantwortung im Umgang mit sensiblen Informationen

Datenschutz bei KI ist kein »IT-Problem«, sondern eine Kernaufgabe von HR. Sobald KI-Systeme personenbezogene Daten wie Bewerbungsunterlagen, Gehaltsinformationen oder Leistungsbewertungen verarbeiten, greifen strenge rechtliche Leitplanken.

Rechtliche Grundlagen: die Doppel-Leitplanke

Unternehmen müssen sich heute in einem zweistufigen Rechtsrahmen bewegen:

1. **DSGVO (Datenschutz-Grundverordnung):** Sie regelt das Ob und Wie der Datenverarbeitung. Besonders Artikel 22 (Verbot automatisierter Einzelfallentscheidungen ohne menschliches Eingreifen) ist für HR-Prozesse wie Recruiting oder Kündigungen zentral.
2. **EU AI Act (KI-Verordnung):** Unternehmen müssen hier besonders hohe Anforderungen an Transparenz, Datenqualität und menschliche Aufsicht erfüllen.

Die »Gratis-Falle«: Cloud vs. Enterprise-Lösungen

Ein häufig unterschätztes Risiko ist die informelle Nutzung (»Schatten-IT«). Wenn Mitarbeitende ihre Arbeit »mal eben schnell« mit kostenlosen KI-Tools erledigen, landen sensible Firmendaten oft im öffentlichen Trainingspool der Anbieter:

- **offene Consumer-Tools** (z. B. Gratis-Version von ChatGPT, DeepL Free): Hier werden eingegebene Texte oft standardmäßig dazu genutzt, um das Sprachmodell weiter zu trainieren. Einmal eingegeben, ist das Geschäftsgeheimnis oder der Name des Bewerbers Teil des kollektiven KI-Wissens.
- **Enterprise-Lösungen** (z. B. Copilot für M365, ChatGPT Enterprise): Hier garantieren die Anbieter vertraglich, dass die Daten den geschützten Unternehmensraum nicht verlassen und nicht zum Training der KI genutzt werden.

Folgen von mangelndem Datenschutz

Verstöße sind kein Kavaliersdelikt. Neben den bekannten Bußgeldern der DSGVO (bis zu 20 Mio. Euro oder 4 Prozent des Jahresumsatzes eines Unternehmens) drohen bei KI-Missbrauch massive Reputationsverluste. Wenn bekannt wird, dass Bewerberdaten ungeschützt in US-Clouds gelandet sind, schadet das dem Arbeitgeberimage (Employer Branding) nachhaltig.

Fazit für die Praxis: Reine Verbote führen nur dazu, dass Mitarbeitende die Tools heimlich nutzen. Sicherheit entsteht durch **Managed Access**: HR muss in Zusammenarbeit mit der IT klar definieren, welche Tools freigegeben sind, und die Belegschaft darin schulen, welche Daten (z. B. anonymisierte Entwürfe) unbedenklich sind und welche Daten (z. B. Klarnamen, Gehälter) niemals in eine KI eingegeben werden dürfen.

3.4.3 Ethik: Verantwortung lässt sich nicht automatisieren

Neben Bias und Datenschutz stellen sich grundlegende ethische Fragen. KI beeinflusst Entscheidungen, auch wenn sie diese nicht selbst trifft. Empfehlungen, Priorisierungen oder Bewertungen prägen den Rahmen, in dem Menschen handeln.

Eine zentrale Frage lautet, wo Unterstützung endet und Einflussnahme beginnt. Wenn KI-Ergebnisse als besonders fundiert wahrgenommen werden, steigt die Wahrscheinlichkeit, ihnen zu folgen. Verantwortung wird nicht ausdrücklich abgegeben, aber faktisch verschoben.

Gerade bei Entscheidungen mit Auswirkungen auf Menschen ist diese Verschiebung kritisch. Personalentscheidungen, Bewertungen oder Entwicklungsmaßnahmen haben langfristige Folgen. Sie erfordern Kontextwissen, Abwägung und Verantwortung. Diese Elemente lassen sich nicht automatisieren.

Ethische Verantwortung bedeutet daher, KI bewusst begrenzt einzusetzen. Nicht alles, was technisch möglich ist, sollte genutzt werden. Es braucht klare Leitlinien dafür, wo KI unterstützen darf und wo menschliche Entscheidung unverzichtbar bleibt.

Transparenz und Nachvollziehbarkeit
Ein weiteres ethisches Risiko liegt in der mangelnden Nachvollziehbarkeit von KI-Ergebnissen. Viele Systeme liefern Resultate, ohne ihre Entscheidungslogik offenlegen zu können. Für HR stellt sich damit die Frage, wie Entscheidungen erklärt und begründet werden können.

Transparenz ist eine zentrale Voraussetzung für Vertrauen. Mitarbeitende müssen nachvollziehen können, wie Entscheidungen zustande kommen, insbesondere dann, wenn KI beteiligt ist. Technik allein schafft kein Vertrauen. Erklärbarkeit entsteht durch bewusst gestaltete Prozesse und klare Kommunikation.

3.4.4 Die Rolle von HR im Umgang mit Risiken

HR übernimmt im Umgang mit diesen Risiken eine Schlüsselrolle. Nicht als Kontrollinstanz, sondern als Gestalter von Rahmenbedingungen. HR sorgt dafür, dass KI nicht isoliert eingesetzt wird, sondern eingebettet ist in klare Regeln, Schulungen und Werte.

Dazu gehört, Risiken offen anzusprechen, statt sie zu relativieren. Ebenso gehört dazu, KI nicht zu dramatisieren. Ein sachlicher, reflektierter Umgang schafft mehr Sicherheit als technische Detaildiskussionen.

Bias, Datenschutz und ethische Fragestellungen sind keine Argumente gegen KI. Sie sind Argumente für Kompetenz. Unternehmen, die diese Themen ernst nehmen, nutzen KI bewusster und nachhaltiger.

KI ist leistungsfähig, aber nicht neutral. Sie verstärkt, was vorhanden ist. Verantwortung entsteht dort, wo Menschen entscheiden, wie sie eingesetzt wird. Genau deshalb braucht es Orientierung, Haltung und Kompetenz.

Für HR bedeutet das, nicht nur Prozesse zu begleiten, sondern Werte zu schützen. KI verändert Arbeit. HR gestaltet, wie verantwortungsvoll dieser Wandel erfolgt.

Nutzung von KI-Tools am Arbeitsplatz

Eine Umfrage der professionellen Networking-Plattform Fishbowl zeigt, wie relevant dieses Thema bereits ist. Demnach nutzen 43 Prozent der Berufstätigen KI-Tools wie ChatGPT für ihre Arbeit. Von diesen Personen gaben 68 Prozent an, ihre Vorgesetzten nicht darüber informiert zu haben.[45]

Diese Zahlen verdeutlichen, dass KI längst im Arbeitsalltag angekommen ist, oft informell und ohne klare Regeln. Für Unternehmen und HR entsteht daraus ein dringender Handlungsbedarf. Nicht Kontrolle ist gefragt, sondern klare Orientierung, transparente Leitlinien und ein offener Umgang mit der tatsächlichen Nutzung von KI.

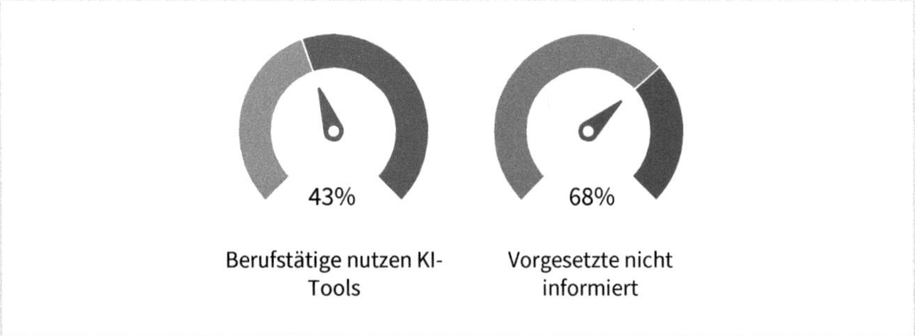

Unregulierte KI-Nutzung in Unternehmen (erstellt mit Napkin AI)

45 https://www.businessinsider.com/70-of-people-using-chatgpt-at-work-havent-told-bosses-2023-3

4 Kompetenz im Umgang mit KI

Kompetenz im Umgang mit künstlicher Intelligenz entsteht nicht durch reines Tool-Wissen. Sie entwickelt sich aus Verständnis, Einordnung und der bewussten Übernahme von Verantwortung. Wer KI kompetent nutzt, weiß nicht nur, wie ein System bedient wird, sondern erkennt auch, wann ihr Einsatz sinnvoll ist und wann Zurückhaltung angebracht ist.

In vielen Unternehmen wird KI bereits genutzt, ohne dass diese Nutzung wirklich reflektiert wird. Mitarbeitende greifen im Alltag auf Tools zurück, Führungskräfte erwarten schnellere Ergebnisse, HR bewegt sich zwischen Ermöglichung und Absicherung. Genau hier zeigt sich, dass KI-Kompetenz mehr ist als eine technische Fähigkeit. Sie ist eine Frage von Haltung, Kultur und Organisation.

KI-Kompetenz zeigt sich vor allem im Umgang mit Unsicherheit. KI liefert Einschätzungen, keine Gewissheiten. Ergebnisse können plausibel wirken, müssen aber geprüft und eingeordnet werden. Diese Fähigkeit zur kritischen Einordnung bildet den Kern eines verantwortungsvollen Umgangs mit KI.

4.1 Vom Tool-Verständnis zur Handlungskompetenz

Viele Schulungsansätze konzentrieren sich auf Funktionen: Was kann ein Tool? Welche Eingaben sind sinnvoll? Wie erhalte ich ein gutes Ergebnis? Diese Aspekte sind nicht unwichtig, greifen aber zu kurz. Tool-Wissen veraltet schnell. Handlungskompetenz bleibt.

Ein kompetenter Umgang mit KI zeigt sich darin, dass Mitarbeitende verstehen,

- wie Ergebnisse entstehen,
- welche Annahmen dahinterliegen,
- wo Risiken auftauchen können und
- welche Verantwortung sie selbst tragen.

Diese Kompetenz ist unabhängig vom konkreten Tool. Wer sie besitzt, kann auch mit neuen Anwendungen souverän umgehen.

4.1.1 Warum Tool-Schulungen nicht reichen

Tool-Schulungen vermitteln Sicherheit im Umgang mit einer konkreten Anwendung. Sie zeigen, wie Funktionen genutzt werden können und welche Ergebnisse möglich sind. Was sie jedoch nicht leisten, ist Orientierung. Mitarbeitende lernen, was sie tun können, aber nicht, warum oder wann es sinnvoll ist, KI einzusetzen.

Ein zentrales Problem ist die hohe Veränderungsgeschwindigkeit. KI-Tools entwickeln sich rasant weiter. Funktionen ändern sich, neue Systeme kommen hinzu. Wer ausschließlich auf Tool-Wissen setzt, muss ständig nachschulen, ohne dass die tatsächliche Handlungssicherheit steigt. Das führt eher zu Frustration als zu Kompetenz.

Hinzu kommt ein weiteres Risiko. Wenn der Fokus auf Bedienung liegt, entsteht leicht der Eindruck, KI liefere verlässliche Antworten, solange man sie richtig nutzt. Die eigentlichen Unsicherheiten bleiben unsichtbar. Fehlannahmen, Verzerrungen oder nicht passende Kontexte werden nicht erkannt. Es entsteht eine trügerische Sicherheit.

Im Arbeitsalltag zeigt sich das deutlich: Mitarbeitende können ein Tool technisch korrekt nutzen und dennoch falsche Schlüsse ziehen. Ergebnisse werden dann übernommen, ohne sie zu hinterfragen. Oder KI wird pauschal abgelehnt, weil sie Unsicherheit erzeugt. Beides ist Ausdruck fehlender Handlungskompetenz.

Handlungskompetenz geht über Bedienung hinaus. Sie umfasst die Fähigkeit, Ergebnisse einzuordnen, Grenzen zu erkennen und Verantwortung zu übernehmen. Mitarbeitende müssen verstehen, dass KI keine Wahrheit liefert, sondern Vorschläge auf der Basis von Wahrscheinlichkeiten. Dieses Verständnis lässt sich nicht über Klickanleitungen vermitteln.

Für HR bedeutet das, Schulungskonzepte grundlegend anders zu denken. Es geht nicht darum, möglichst viele Tools vorzustellen, sondern Denkmodelle zu vermitteln. Mitarbeitende sollten lernen, typische Fehlerquellen zu erkennen, Ergebnisse zu prüfen und bewusst zu entscheiden, wann KI hilfreich ist und wann nicht.

Tool-Schulungen können ein Einstieg sein. Sie dürfen jedoch nicht das Ziel darstellen. Ohne ein übergeordnetes Kompetenzverständnis bleibt der Einsatz von KI fragmentiert, abhängig von Einzelpersonen und anfällig für Fehlanwendungen.

4.1.2 Kritischer Umgang mit KI-generierten Inhalten

Ein zentrales Element von KI-Kompetenz ist die Fähigkeit, Ergebnisse kritisch zu prüfen. KI-generierte Inhalte wirken oft vollständig, logisch und professionell formuliert. Genau diese Qualität macht sie riskant, wenn sie ungeprüft übernommen werden.

Kritisches Prüfen: warum Vertrauen gut, Kontrolle aber besser ist

Ein zentrales Element von KI-Kompetenz ist die Fähigkeit, Ergebnisse kritisch zu prüfen. KI-generierte Inhalte wirken oft vollständig, logisch und professionell formuliert. Genau diese Qualität macht sie riskant, wenn sie ungeprüft übernommen werden.

Die Evolution der Fehler: vom sechsfingrigen Menschen zum unstimmigen Video

Zu Beginn der Bildgenerierung waren die Fehler oft offensichtlich: Menschen hatten sechs Finger, drei Arme oder Beine. Mittlerweile hat sich die Bildqualität massiv verbessert, doch die Herausforderungen verlagern sich. Nutzt man heute KI zur Videoerstellung, bemerkt man oft, dass die Stimme nicht zur Person passt oder die Lippenbewegungen asynchron sind. Das zeigt: Wir müssen Inhalte prüfen, auch wenn sie auf den ersten Blick gut aussehen.

Ein Blick in die Praxis: Der Maler ohne Malerrolle

Ich habe dies in meiner eigenen Community erlebt. Ich bat die User, mir ihre Berufe zu schicken, um passende Bilder generieren zu lassen. Ein User war Maler. Das generierte Bild sah fantastisch aus, professionell und stimmungsvoll. Erst auf den zweiten Blick fiel der Fehler auf: Der Mann hielt einen feinen Künstlerpinsel in der Hand statt einer Malerrolle. Im ersten Moment ging das Bild als »Maler« durch, aber für den konkreten Kontext war es sachlich falsch.

Maler mit zu kleinem Pinsel (erstellt mit Gemini)

Vorschläge statt Wahrheiten

KI produziert Inhalte nicht auf der Basis von Verständnis oder Erfahrung, sondern auf der Grundlage statistischer Wahrscheinlichkeiten. Wer KI-Texte liest oder Bilder nutzt, findet dort nicht geprüfte Aussagen, sondern Vorschläge. Diese können hilfreich, inspirierend und effizient sein – sie können aber ebenso unvollständig, verzerrt oder schlicht falsch sein, ohne dass dies sofort erkennbar ist. Die Aufgabe des Menschen ist es, diese vermeintliche Klarheit zu prüfen, nicht, sie unhinterfragt zu übernehmen.

Kritisches Prüfen bedeutet nicht Misstrauen gegenüber der Technologie, sondern Verständnis für ihre Funktionsweise. Inhalte müssen eingeordnet, Aussagen hinterfragt und Plausibilität geprüft werden. Besonders dort, wo Entscheidungen vorbereitet oder Kommunikation gestaltet wird, ist diese Prüfung unverzichtbar.

KI produziert Inhalte nicht auf der Basis von Verständnis oder Erfahrung, sondern auf der Grundlage statistischer Wahrscheinlichkeiten. Sie formuliert das, was sprachlich gut passt, nicht zwingend das, was sachlich korrekt oder im konkreten Kontext angemessen ist. Diese Unterscheidung ist zentral.

Im Unternehmenskontext entsteht daraus eine besondere Verantwortung. KI-Inhalte fließen in Entscheidungen ein, prägen Kommunikation und beeinflussen Menschen. Ein unkritischer Umgang damit kann Vertrauen beschädigen, Fehlentscheidungen begünstigen oder rechtliche Risiken erzeugen.

Kritisches Lesen beginnt mit der Frage nach dem Zweck:
- Wofür wurde der Inhalt erstellt?
- Dient der Inhalt der internen Orientierung, der externen Kommunikation oder der Entscheidungsfindung?

Je größer die Wirkung, desto höher die Anforderungen an die Prüfung. Nicht jeder Entwurf braucht dieselbe Tiefe an Kontrolle, aber jeder braucht Einordnung.

Ein weiteres Risiko liegt in der Sprache selbst. KI formuliert souverän. Aussagen wirken klar und überzeugend. Diese sprachliche Sicherheit kann darüber hinwegtäuschen, dass Inhalte inhaltlich schwach abgesichert sind. Kritischer Umgang bedeutet daher, nicht nur auf den Ton zu achten, sondern auf den Kern der Aussage.

Besonders relevant ist dies bei Zusammenfassungen, Bewertungen oder Empfehlungen. KI verdichtet Informationen, lässt dabei aber oft Nuancen weg. Sie entscheidet nicht, was wesentlich ist, sondern was wahrscheinlich relevant erscheint. In sensiblen Kontexten kann diese Verdichtung problematisch sein.

Ein Blick in die Praxis: das »glattgebügelte« 360-Grad-Feedback

Eine Führungskraft nutzt eine KI, um die Freitext-Antworten aus einem anonymen 360-Grad-Feedback von zehn Teammitgliedern zusammenzufassen.

- **das KI-Ergebnis:** »Das Team ist insgesamt sehr zufrieden mit der strategischen Ausrichtung, wünscht sich aber eine klarere Kommunikation bei den wöchentlichen Meetings.«
- **die verlorene Nuance:** In den Rohdaten gab es zwei sehr spezifische, kritische Hinweise auf einen beginnenden Konflikt zwischen zwei Schlüsselpersonen. Da diese Kritik nur von zwei von zehn Personen kam, wertete die KI sie als »statistisch weniger relevant« und ließ sie in der Zusammenfassung weg.
- **die Folge:** Die Führungskraft glaubt, alles sei in bester Ordnung, während unter der Oberfläche ein handfester Teamkonflikt schwelt, den ein Mensch beim Lesen der Originaltexte sofort erkannt hätte.

Im HR-Umfeld ist dieser Punkt besonders wichtig. Texte zu Leistung, Entwicklung, Auswahl oder Kommunikation haben direkte Auswirkungen auf Menschen. Verantwortung lässt sich hier nicht delegieren.

Ein kritischer Umgang mit KI-erzeugten Ergebnissen ist auch im Umgang mit Quellen angezeigt. KI nennt häufig Zahlen, Studien oder Belege, die plausibel klingen. Diese Angaben sind nicht automatisch korrekt. Quellen müssen geprüft werden. KI kann bei der Recherche unterstützen, ersetzt aber keine Verifikation.

Ein weiteres Risiko ist die schleichende Gewöhnung. Wenn KI-Inhalte regelmäßig genutzt werden, entsteht Routine. Texte werden übernommen, leicht angepasst und weiterverwendet. Genau hier sinkt die Aufmerksamkeit. KI-Kompetenz bedeutet, dieser Routine bewusst entgegenzuwirken.

Dabei geht es nicht um Perfektion. Niemand kann jeden Inhalt vollständig prüfen. Entscheidend ist die Haltung. Wer KI als Denkunterstützung versteht, bleibt aufmerksam. Wer KI als Autorität betrachtet, verliert Kontrolle.

Für HR bedeutet das, den kritischen Umgang mit KI-generierten Ergebnissen nicht nur individuell einzufordern, sondern strukturell zu verankern. Schulungen sollten weniger zeigen, wie man perfekte KI-Texte erzeugt, sondern wie man Ergebnisse bewertet. Fragen wie »Was fehlt?«, »Was ist unklar?« oder »Welche Annahmen stecken dahinter?« gehören zur täglichen Praxis (vgl. auch Praxisbox am Ende des Kapitels 4.2.4).

Der kritische Umgang mit KI-Inhalten ist keine zusätzliche Belastung. Er ist ein Schutzmechanismus. Er sichert Qualität, Vertrauen und Verantwortung. Unternehmen, die diese Kompetenz fördern, nutzen KI nicht weniger, sondern besser. KI kann Arbeit erleichtern. Kritisches Denken sorgt dafür, dass Verantwortung wahrgenommen wird.

4.2 Verifikation statt Vertrauen

KI kann keine Quellen bewerten. Sie kann Inhalte formulieren, kombinieren und plausibel darstellen, ohne deren Gültigkeit zu prüfen. Genau deshalb gehört Verifikation untrennbar zur KI-Kompetenz.

Verifikation bedeutet,
- Aussagen gegen bekannte Fakten zu prüfen,
- relevante Informationen gegenzuchecken und
- Unsicherheiten sichtbar zu machen.

Diese Arbeit kostet Zeit. Gleichzeitig spart sie langfristig Aufwand, weil Fehlannahmen, Korrekturschleifen und Fehlentscheidungen vermieden werden. KI beschleunigt Prozesse. Verifikation sichert Qualität.

Mit der Nutzung von KI verändert sich nicht nur, wie Informationen entstehen, sondern auch, wie mit ihnen umgegangen werden muss. Inhalte sind schneller verfügbar, sprachlich sauber formuliert und wirken oft überzeugend. Genau dadurch steigt die Bedeutung der Prüfung.

Verifikation heißt, Informationen bewusst einzuordnen und abzusichern. Diese Aufgabe ist nicht neu, bekommt im Kontext von KI aber ein anderes Gewicht. Während klassische Informationen meist aus klar benennbaren Quellen stammen, entstehen KI-generierte Inhalte aus statistischen Zusammenhängen. Die Herkunft einzelner Aussagen ist oft nicht direkt erkennbar.

KI liefert Antworten, aber sie garantiert keine Richtigkeit. Wer KI nutzt, übernimmt Verantwortung für das, was weiterverwendet, kommuniziert oder entschieden wird.

4.2.1 Warum Verifikation heute wichtiger ist als früher

In klassischen Arbeitsprozessen war der Weg von der Quelle zur Aussage meist nachvollziehbar. Studien, Fachartikel oder interne Dokumente konnten geprüft und eingeordnet werden. KI verändert diesen Ablauf. Informationen werden zusammengeführt, verdichtet und neu formuliert. Der Ursprung einzelner Aussagen tritt dabei in den Hintergrund.

Das Risiko liegt selten in offensichtlichen Fehlern, sondern in plausiblen Ungenauigkeiten. KI kann korrekte Inhalte kombinieren und dennoch falsche Schlussfolgerungen nahelegen. Sie kann veraltete Informationen nutzen oder Annahmen treffen, die im konkreten Kontext nicht passen. Verifikation wird dadurch zu einer aktiven Kompetenz. Sie erfordert Aufmerksamkeit, Zeit und die Bereitschaft, Ergebnisse nicht automatisch zu übernehmen.

Verifikation ist kein Misstrauen gegenüber KI
Ein häufiger Irrtum besteht darin, Verifikation als Zeichen von Skepsis oder Ablehnung zu verstehen. Wer verifiziert, nutzt KI bewusst und professionell. Gesundes Misstrauen ist allerdings durchaus angebracht. Nach einer aktuellen Studie sind die Auskünfte bei keiner KI zu mehr als 70 Prozent richtig.[46] Es geht darum, die Stärken der Technologie zu nutzen und ihre Grenzen ernst zu nehmen.

KI kann Recherche beschleunigen, Zusammenhänge sichtbar machen und erste Orientierung liefern. Die Bewertung dieser Ergebnisse bleibt eine menschliche Aufgabe. Sie lässt sich nicht automatisieren, weil sie Kontext, Erfahrung und Verantwortung erfordert.

Gerade im HR-Umfeld ist diese Trennung entscheidend. Inhalte wirken hier nicht abstrakt, sondern konkret auf Menschen. Fehler bleiben nicht folgenlos.

4.2.2 Neue Formen der Recherche und ihre Bedeutung

Mit KI-gestützten Suchsystemen verändert sich auch die Recherche. Klassische Suchmaschinen lieferten lange Trefferlisten. Nutzerinnen und Nutzer mussten selbst auswählen, vergleichen und bewerten. Neue KI-basierte Systeme liefern direkt formulierte Antworten.

Ein Beispiel sind Recherchetools wie Perplexity. Sie kombinieren Suchergebnisse, formulieren Antworten und verknüpfen diese mit Quellen. Der Vorteil liegt in der Transparenz. Aussagen lassen sich schneller auf ihre Herkunft zurückführen. Verifikation wird erleichtert, aber nicht ersetzt.

Auch die KI-gestützte Suche von Google folgt diesem Prinzip. Informationen werden zusammengefasst und hervorgehoben dargestellt. Die Verantwortung für Prüfung und Einordnung liegt jedoch bei den Nutzerinnen und Nutzern. Die Antwort wirkt kompakt, die Prüfung bleibt notwendig.

Diese Entwicklung zeigt, dass Verifikation nicht weniger wichtig wird, sondern sich verschiebt. Sie beginnt nicht mehr bei der Suche, sondern bei der Bewertung der präsentierten Ergebnisse.

46 https://www.test.de/KI-Chatbots-im-Test-Perplexity-schlaegt-ChatGPT-und-Meta-AI-6275046-0/

Der bewusste Umgang mit Quellen
Eine zentrale Frage lautet immer: Woher stammt diese Information? KI-Systeme können Quellen nennen, müssen es aber nicht. Und selbst wenn Quellen angegeben werden, ist ihre Qualität nicht automatisch gesichert.

Verifikation bedeutet daher,

- Quellen aufzurufen und zu prüfen,
- die Aktualität der Ergebnisse zu bewerten,
- die Relevanz für den eigenen Kontext einzuschätzen und
- Widersprüche wahrzunehmen.

Gerade bei strategischen, rechtlichen oder personalrelevanten Themen reicht eine einzelne Quelle nicht aus. KI kann Hinweise geben, ersetzt aber keine fundierte Recherche.

Exakt formulierte Prompts als Unterstützung, nicht als Garantie
Ein hilfreiches Mittel zur Verifikation ist der bewusste Einsatz von Prompts. Nutzende können darauf hingewiesen werden, die KI explizit aufzufordern, Quellen anzugeben, Unsicherheiten zu markieren oder alternative Perspektiven darzustellen. Wenn solche Hinweise beherzigt werden, verbessert das die Qualität der Ergebnisse, ersetzt jedoch keine Prüfung.

Ein Prompt kann etwa beinhalten, dass die KI Aussagen mit Studien belegen oder unterschiedliche Sichtweisen aufzeigen soll. Das erhöht die Transparenz und erleichtert die Einordnung. Gleichzeitig bleibt klar: Auch diese Quellenangaben sind Vorschläge, keine geprüften Belege.

4.2.3 Was einen guten Prompt ausmacht

Ein guter Prompt ist wie eine präzise Arbeitsanweisung an einen sehr fähigen Assistenten, der allerdings alles extrem wörtlich nimmt. Da die KI nicht »zwischen den Zeilen« liest, sondern statistische Wahrscheinlichkeiten berechnet, bestimmt die Qualität des Inputs direkt die Qualität des Outputs.

Hier sind die fünf Säulen, die einen exzellenten Prompt ausmachen:

1. Die Persona (Wer soll die KI sein?)
Geben Sie der KI eine Rolle. Das schränkt den riesigen Wissensraum ein und fokussiert den Sprachstil.

Schlecht: »Schreib einen Text über Führung.«

Gut: »Handle als erfahrener HR-Coach mit Schwerpunkt auf empathischer Kommunikation. Schreib einen Text über Führung ...«

2. Der Kontext (Was ist die Hintergrundgeschichte?)
Die KI braucht Kontext. Zum Beispiel: Wer ist die Zielgruppe? Was ist das Ziel? Welches Vorwissen ist vorhanden?

Beispiel: »Ich bereite einen Workshop für 15 junge Führungskräfte vor, die zum ersten Mal disziplinarische Verantwortung tragen. Sie sind eher skeptisch gegenüber Theorie.«

3. Die Aufgabe (Was genau soll getan werden?)
Empfehlenswert ist, starke Verben zu nutzen und die Handlung detailliert zu beschreiben.

Beispiele: »Erstelle eine Liste mit fünf praxisnahen Rollenspielen«, »Analysiere diesen Text auf logische Brüche« oder »Fasse die Kernpunkte in drei Sätzen zusammen«.

4. Das Format (Wie soll das Ergebnis aussehen?)
Die Struktur zu definieren, spart mühsame Nachbearbeitung.

Beispiele: Tabelle mit drei Spalten, Bulletpoints, ein LinkedIn-Post mit maximal 500 Zeichen, eine E-Mail im förmlichen »Sie«-Stil, oder ein Skript für ein Zwei-Minuten-Video.

5. Leitplanken und Einschränkungen (Was soll nicht passieren?)
Gute Prompts sagen der KI auch, was sie lassen soll.

Beispiel: »Verwende keine Fachbegriffe aus der IT«, »Nenne keine Namen von Konkurrenten« oder »Schreibe ohne Floskeln wie ›In der heutigen Zeit‹«.

4.2.4 Verifikation im Arbeitsalltag: zwischen Effizienz und Verantwortung

Ein häufiger Einwand gegen Verifikation lautet Zeitmangel. Prozesse sollen schneller werden, nicht langsamer. Hier entsteht ein Spannungsfeld: KI beschleunigt Arbeit, Verifikation kostet Zeit.

Langfristig zeigt sich jedoch: Fehlende Verifikation ist teurer. Falsche Annahmen, fehlerhafte Entscheidungen oder unklare Kommunikation verursachen Mehraufwand, Vertrauensverlust und rechtliche Risiken. Verifikation ist kein Zusatzschritt, sondern Qualitätssicherung.

Für HR bedeutet das, Verifikation als Teil professionellen Handelns zu etablieren. Nicht jede Information muss gleich tief geprüft werden, aber jede relevante Aussage braucht Einordnung.

Ein zentraler Punkt bleibt die Verantwortung. Wer Informationen weitergibt oder auf ihrer Basis entscheidet, übernimmt Verantwortung – unabhängig davon, ob eine KI beteiligt war. Diese Verantwortung lässt sich nicht delegieren. KI kann Denkprozesse unterstützen, aber keine Haftung übernehmen. Diese Klarheit ist entscheidend für einen souveränen Umgang mit Technologie. Verifikation ist Ausdruck dieser Verantwortung. Sie zeigt, dass Ergebnisse ernst genommen werden, ohne sie unkritisch zu übernehmen.

Die Rolle von HR bei der Etablierung von Verifikation

HR spielt eine Schlüsselrolle bei der Etablierung von Verifikationskompetenz. Nicht durch Kontrolle, sondern durch Befähigung. Mitarbeitende müssen wissen, wann eine Prüfung erforderlich ist und wie sie erfolgen kann.

Dazu gehören

- klare Leitlinien für den Umgang mit KI-Inhalten,
- Schulungen zur Bewertung von Informationen,
- transparente Kommunikation über Erwartungen und
- eine Kultur, in der Nachfragen erlaubt sind.

Verifikation darf nicht als Misstrauen gegenüber Mitarbeitenden verstanden werden, sondern muss als Teil professioneller Arbeitsweise gesehen werden.

Praxisbox: Wie verifiziere ich KI-Inhalte im HR-Alltag?

KI kann Texte, Analysen und Zusammenfassungen liefern. Die Verantwortung für deren Nutzung bleibt jedoch beim Menschen. Verifikation ist deshalb kein zusätzlicher Arbeitsschritt, sondern Teil professioneller HR-Arbeit. Die folgenden Leitfragen helfen dabei, KI-Inhalte sicher einzuordnen.

1. Zweck klären

Bevor ein KI-Ergebnis genutzt wird, sollte klar sein, wofür es gedacht ist:

- Dient der Inhalt nur der **internen Orientierung**?
- Wird er **weitergegeben**, z. B. an Führungskräfte oder Mitarbeitende?
- Fließt er in eine **Entscheidung** ein?

Je größer die Wirkung des Inhalts, desto höher der Prüfbedarf.

2. Inhalt von Form trennen

KI formuliert oft sehr überzeugend. Eine klare Sprache ersetzt jedoch keine inhaltliche Richtigkeit.

- Wirkt der Text logisch, aber bleibt vage?
- Werden Aussagen gemacht, ohne sie zu begründen?
- Fehlen Einschränkungen oder Hinweise auf Unsicherheiten?

Gute Formulierungen sind kein Qualitätsnachweis.

3. Annahmen erkennen
KI arbeitet mit impliziten Annahmen.
- Welche Perspektive dominiert den Text?
- Welche Aspekte fehlen möglicherweise?
- Wird ein bestimmtes Vorgehen als selbstverständlich dargestellt?

Verifikation bedeutet auch, blinde Flecke sichtbar zu machen.

4. Quellen prüfen – oder einfordern
Wenn Quellen genannt werden, sollten sie geprüft werden. Wenn keine Quellen genannt werden, ist Vorsicht geboten. Es gilt sicherzustellen:
- Sind die Quellen aktuell?
- Handelt es sich um verlässliche Quelle?
- Passen die Aussagen zum eigenen Kontext?

Hilfreich ist es, KI bereits innerhalb des Prompts zur **Quellenangabe oder Unsicherheitskennzeichnung** aufzufordern. Das erleichtert die Einordnung, ersetzt aber keine Prüfung.

5. Plausibilität im eigenen Kontext prüfen
Ein KI-Ergebnis kann grundsätzlich korrekt sein und sich dennoch nicht für den Unternehmenskontext eignen. Deshalb sind folgende Fragen sinnvoll:
- Entspricht die Aussage der Realität im eigenen Unternehmen?
- Sind rechtliche, kulturelle oder organisationale Besonderheiten berücksichtigt?
- Würde diese Information auch ohne KI Bestand haben?

HR-Arbeit ist kontextabhängig. KI kennt den Kontext nur, wenn er Teil des Prompts ist

6. Kritische Inhalte niemals ungeprüft übernehmen
Besondere Sorgfalt ist geboten bei
- personalbezogenen Bewertungen,
- rechtlichen Einschätzungen,
- strategischen Empfehlungen sowie
- sensibler interner oder externer Kommunikation.

7. Verantwortung sichtbar übernehmen
Verifikation endet nicht bei der Prüfung, sondern bei der Entscheidung.
- Wer nutzt den Inhalt weiter?
- Wer steht für die Aussage ein?
- Wer trägt die Verantwortung?

KI ist beteiligt, aber nicht verantwortlich.

Merksätze für den HR-Alltag
KI kann Informationen liefern.

Verifikation schafft Sicherheit.

Verantwortung bleibt menschlich.

4.3 Manipulation und Deepfakes

Mit der zunehmenden Verbreitung von künstlicher Intelligenz verändert sich nicht nur, wie Inhalte entstehen, sondern auch, wie Meinung beeinflusst und Vertrauen aufgebaut oder gezielt untergraben werden kann. Manipulation durch KI ist kein Zukunftsszenario, sondern bereits Teil der Realität. Besonders sichtbar wird das im Zusammenhang mit sogenannten Deepfakes.

Die **Manipulation** geschieht durch den Menschen, der die Technologie nutzt, um Inhalte entweder bewusst zu fälschen, oder unreflektiert (und damit unbewusst) verzerrte Ergebnisse verbreitet.

Für Unternehmen und insbesondere für HR entsteht daraus eine neue Verantwortung. Kommunikation, Vertrauen und Sicherheit sind zentrale Grundlagen der Zusammenarbeit. KI-basierte Manipulation setzt genau an diesen Punkten an.

Was Deepfakes sind – und warum sie relevant sind
Deepfakes sind mit KI erzeugte oder veränderte Medieninhalte, die reale Personen täuschend echt darstellen. Stimmen, Gesichter oder ganze Videos werden so manipuliert, dass Aussagen oder Handlungen entstehen, die nie stattgefunden haben. Dabei unterscheiden wir zwei Formen:

1. **Manipulation bestehender Medien:** Ein echtes Video wird verändert, um einer Person andere Worte in den Mund zu legen.
2. **Synthetische Erstellung:** Ein komplett neues Video oder Audio-File wird generiert, ohne dass eine reale Aufnahme als Basis dient.

Ein Blick in die Praxis: von TikTok-Trends zur Desinformation

Auf Plattformen wie TikTok sind Deepfakes längst Alltag. Während »de-aging« (Prominente jünger machen) oft als Spielerei beginnt, zeigt die aktuelle Berichterstattung (z. B. im ZDF)[47], wie gefährlich die Technik für die Pressefreiheit wird. Täuschend echte Videos von Politikern oder Nachrichtensprechern verbreiten Falschinformationen, die selbst für Experten kaum noch als Fake erkennbar sind. Wenn die Stimme, die Mimik und der Hintergrund perfekt stimmen, bricht unsere wichtigste Instanz weg: der Glaube an das, was wir mit eigenen Augen sehen.

Was lange als technische Spielerei galt, ist heute leicht zugänglich. Die Qualität solcher Inhalte ist inzwischen so hoch, dass sie für viele Menschen kaum noch erkennbar sind. Besonders kritisch ist, dass Deepfakes nicht nur öffentlich verbreitet werden,

47 https://www.handelsblatt.com/unternehmen/it-medien/heute-journal-zdf-verwendet-ki-bilder-in-heute-journal-sendung/100201163.html

sondern gezielt in geschlossenen Kontexten eingesetzt werden können, etwa in E-Mails, Videobotschaften oder internen Kommunikationskanälen.

Gerade im Unternehmensumfeld kann Vertrauen ausgenutzt werden. Eine vermeintliche Anweisung der Geschäftsleitung, eine täuschend echte Videonachricht oder eine realistisch klingende Sprachnachricht kann erhebliche Folgen haben. Entscheidungen werden getroffen, weil der Absender glaubwürdig wirkt, nicht weil der Inhalt geprüft wurde.

Selbstversuch: die Grenze zwischen Original und Kopie erleben

Um ein echtes Gefühl für die Qualität und die Geschwindigkeit der aktuellen Technologie zu bekommen, hilft oft nur das eigene Ausprobieren. Es ist eine faszinierende, aber auch leicht beängstigende Erfahrung, den eigenen »digitalen Zwilling« zu sehen.

Erstellen Sie Ihren eigenen Avatar

Nutzen Sie Tools wie HeyGen oder Synthesia (bitte nur im privaten Rahmen und unter Beachtung der Nutzungsbedingungen, nicht im geschäftlichen Kontext mit sensiblen Daten!), um einen persönlichen Avatar zu erstellen.

- **der Effekt:** Sie laden ein kurzes Video von sich hoch und tippen einen beliebigen Text ein. Wenige Minuten später spricht Ihr digitales Ebenbild diesen Text in Ihrer Stimme, mit Ihrer Mimik und absolut lippensynchron aus.
- **die Erkenntnis:** Sobald Sie sehen, wie täuschend echt Ihr Avatar wirkt, wird klar, warum wir uns im Berufsalltag nicht mehr blind auf Videobotschaften oder Sprachnachrichten verlassen dürfen.

Diese Tools zeigen eindrucksvoll, wie schnell und einfach High-End-Inhalte erstellt werden können. Was früher ein Hollywood-Studio brauchte, schafft heute eine App in Minuten.

Für HR und Führungskräfte bedeutet das: Die Urteilsfähigkeit wird zur wichtigsten Kompetenz der Zukunft. Man muss lernen, zwischen der technischen Perfektion eines Inhalts und seiner tatsächlichen Authentizität zu unterscheiden, was in Zukunft immer schwieriger wird.

Manipulation jenseits von Deepfakes

Manipulation durch KI beschränkt sich nicht auf gefälschte Bilder oder Videos. Auch Texte lassen sich gezielt beeinflussen. Die Tonalität kann emotional zugespitzt, Argumente können verstärkt oder bestimmte Sichtweisen in den Vordergrund gerückt werden. KI ist in der Lage, Inhalte sprachlich so zu gestalten, dass sie besonders überzeugend wirken.

Im Arbeitskontext kann das die Wahrnehmung verzerren. Informationen erscheinen dringlicher, eindeutiger oder alternativloser, als sie tatsächlich sind. Gerade unter Zeitdruck entfalten solche Inhalte eine starke Wirkung. Entscheidungen werden auf einer solchen Grundlage möglicherweise schneller getroffen, ohne dass die dahinterliegenden Inhalte ausreichend reflektiert werden.

Manipulation entsteht dabei selten durch falsche Informationen. Häufig wirkt sie über Auswahl, Gewichtung und Darstellung. KI verstärkt diese Effekte, weil sie Inhalte sehr präzise auf Zielgruppen zuschneiden kann. Was betont wird und was weggelassen bleibt, beeinflusst die Wirkung oft stärker als der eigentliche Inhalt.

Das Risiko im Unternehmen: Der Angriff auf das »interne Vertrauen«

In Organisationen basiert die Zusammenarbeit auf dem Vertrauen in die Identität des Gegenübers. Genau dieses **zwischenmenschliche Vertrauen** wird bei modernen Betrugsmaschen wie dem »CEO-Fraud« ausgenutzt:

- **Audio-Fakes:** Ein Mitarbeiter erhält einen Anruf, die Stimme klingt exakt wie die seines Chefs. Eine dringende Überweisung wird angefordert.
- **Video-Botschaften:** In einer täuschend echten Videonachricht verkündet die Geschäftsleitung vermeintlich drastische Maßnahmen, was zu Unruhe und Fehlentscheidungen führt.

Wie wir uns schützen können

Gegen diese Form der Manipulation hilft kein technischer Filter, sondern nur eine neue Form der **Vorsicht**:

- **Verifizierung:** Bei ungewöhnlichen Aufforderungen (Geldtransfers, Passwortgabe) muss immer ein zweiter, unabhängiger Kanal zur Bestätigung genutzt werden (z. B. Rückruf auf der bekannten Festnetznummer).
- **Codewort:** Manche Teams vereinbaren interne Codewörter für kritische Anweisungen.
- **Schulung:** Mitarbeitende müssen wissen, dass Bilder und Stimmen heute kein Beweis mehr für Identität sind.

Warum HR besonders betroffen ist

HR arbeitet im Kern mit Vertrauen. Entscheidungen betreffen Menschen, Beziehungen und persönliche Entwicklung. Manipulativ wirkende Inhalte können dieses Vertrauen untergraben, oft ohne dass dies sofort erkannt wird.

Ein Dokument mit falschen Angaben – etwa ein Zeugnis mit erfundenen Inhalten oder ein manipulierter Chat-Verlauf – kann Karrieren beeinflussen oder Konflikte auslösen. HR muss hier die Urteilsfähigkeit der Führungskräfte stärken: KI liefert Vorlagen, aber die Prüfung auf Echtheit und Plausibilität bleibt eine menschliche Kernkompetenz.

HR ist deshalb nicht nur betroffen, sondern zentraler Akteur bei der Prävention. Es geht nicht darum, Misstrauen zu fördern, sondern die Aufmerksamkeit und Urteilsfähigkeit zu stärken.

Erkennen statt Verhindern um jeden Preis

Nicht jede Manipulation lässt sich technisch verhindern. Deepfakes und Texte, die durch KI gezielt emotional aufgeladen, rhetorisch manipuliert oder in ihrer Tonalität künstlich zugespitzt wurden, um eine bestimmte Reaktion zu provozieren, werden zunehmend schwerer erkennbar. Der wichtigste Schutz liegt daher nicht allein in technischen Lösungen, sondern in der Sensibilisierung.

Mitarbeitende müssen wissen, dass Inhalte manipulierbar sind. Sie sollten lernen, ungewöhnliche Anweisungen, stark emotionalisierte Formulierungen oder untypische Kommunikationsformen zu hinterfragen. Oft reicht ein kurzer Moment der Irritation, der bewusst wahrgenommen wird, um Schaden zu vermeiden.

Hilfreiche Fragen sind zum Beispiel:

- Passt der Tonfall zur Person?
- Ist der Kommunikationsweg plausibel?
- Gibt es eine Möglichkeit zur Rückversicherung?

Diese Fragen brauchen Raum. Sie entstehen nur in einer Kultur, in der Nachfragen erlaubt sind und nicht als Misstrauen ausgelegt werden.

Deepfakes und Führungskommunikation

Besonders kritisch ist Manipulation im Kontext von Führung. Führungskräfte gelten als vertrauenswürdige Absender. Genau dieses Vertrauen kann ausgenutzt werden.

Unternehmen sollten deshalb klare Regeln für Kommunikation festlegen:

- Welche Kanäle werden für welche Art von Anweisungen genutzt?
- Wie werden Entscheidungen kommuniziert?
- Wo gibt es verbindliche Möglichkeiten zur Rückversicherung?

HR kann hier strukturierend wirken. Klare Prozesse und transparente Kommunikationswege reduzieren die Wirkung manipulativer Inhalte erheblich.

Die Rolle von HR bei Prävention und Aufklärung

HR kann Manipulation nicht vollständig verhindern. Aber HR kann Rahmenbedingungen schaffen, die ihre Wirkung begrenzen. Dazu gehören Schulungen, klare Kommunikationsleitlinien und ein offener Umgang mit Risiken.

Aufklärung bedeutet nicht, Angst zu erzeugen. Sie bedeutet, realistisch zu informieren. Manipulation durch KI ist kein allgegenwärtiges Risiko, aber sie ist real. Wer es kennt, reagiert souveräner.

5 Ethische und rechtliche Aspekte

Der Einsatz von künstlicher Intelligenz berührt weit mehr als technische oder organisatorische Fragen. Spätestens dort, wo KI-Entscheidungen vorbereitet, Prozesse beeinflusst oder Informationen verarbeitet, stehen grundlegende ethische und rechtliche Fragen im Raum. Es geht um Verantwortung, Transparenz und den Schutz von Menschen.

KI ist in Unternehmen also kein rein operatives Thema. Sie wirkt auf Werte, Vertrauen und Unternehmenskultur. Genau deshalb kommt HR in diesem Zusammenhang eine besondere Rolle zu. HR bewegt sich an der Schnittstelle zwischen Mensch, Organisation und Technologie.

Ethische und rechtliche Aspekte lassen sich dabei nicht voneinander trennen. Rechtliche Vorgaben definieren Mindeststandards. Ethische Orientierung geht darüber hinaus. Sie beantwortet die Frage, wie KI verantwortungsvoll eingesetzt werden soll, nicht nur, was formal erlaubt ist.

Ein Blick in die Praxis

1. Die »gläserne Belegschaft« (Sentiment-Analyse)

- **das Szenario:** Ein Tool analysiert anonymisiert die Stimmung in E-Mails oder Slack-Channels, um Burnout-Risiken oder Kündigungswellen vorherzusagen.
- **das rechtliche Limit:** Mit Anonymisierung und Betriebsratzustimmung oft gerade noch erlaubt.
- **die ethische Frage:** Wollen wir in einer Kultur arbeiten, in der die KI mitliest, wie wir uns fühlen? Zerstört das Überwachungsgefühl nicht genau das Vertrauen, das wir schützen wollen?

2. Der »Algorithmus-König« bei Kündigungen

- **das Szenario:** Bei einer Umstrukturierung schlägt eine KI basierend auf Leistungsdaten, Alter und Sozialfaktoren vor, welche 50 Personen gehen sollten.
- **das rechtliche Limit:** Laut DSGVO (Art. 22) darf keine rein automatisierte Entscheidung über einen Menschen getroffen werden. Ein Mensch muss also über die Vorschläge der KI »drüberschauen«.
- **die ethische Frage:** Reicht ein flüchtiges »Drüberschauen« aus, wenn die KI so überzeugend rechnet? Ist es ethisch vertretbar, ein so sensibles Thema wie den Jobverlust mathematisch zu »optimieren«, ohne die individuelle Härtefall-Story zu kennen?

3. Ghosting durch KI im Recruiting

- **das Szenario:** Ein KI-Agent übernimmt die Absagen im Recruitingprozess. Er schreibt so täuschend echte, empathische E-Mails, dass Bewerber glauben, ein Mensch hätte sich Zeit für sie genommen.

- **das rechtliche Limit:** Das Vorgehen ist meist unproblematisch, solange keine Diskriminierung vorliegt.
- **die ethische Frage:** Ist es fair, Empathie vorzugaukeln? Fühlt sich der Bewerber betrogen, wenn er erfährt, dass sein »persönliches« Feedback aus dem Generator kam? Hier geht es um die Authentizität der Arbeitgebermarke.

4. Die »Bestenliste« im Vertrieb

- **das Szenario:** Ein Unternehmen nutzt eine KI, um eine Bestenliste für die jährliche Bonusverteilung und Beförderungsentscheidungen zu erstellen. Eine langjährige Top-Performerin landet plötzlich nur noch auf Platz 12, während ein Kollege mit deutlich kürzerer Betriebszugehörigkeit Platz 1 anführt.
- **die Daten-Logik:** Die KI sieht nur die nackten Zahlen des letzten Geschäftsjahres. Dass die Kollegin z. B. aufgrund einer längeren Krankheit oder einer Elternzeitphase mehrere Monate gefehlt hatte und in der verbleibenden Zeit eine prozentual viel höhere Effizienz zeigte als der Erstplatzierte, wird vom Algorithmus ignoriert. Er bewertet die »Summe des Outputs«, nicht die »Leistung im Kontext«.
- **das rechtliche Limit:** Solange das System formal keine geschützten Merkmale (wie Geschlecht oder Alter) explizit als Negativkriterium verwendet, ist eine Diskriminierung schwer nachzuweisen. Die KI nutzt ja »nur Daten«.
- **die ethische Frage:** Hier beginnt die Verantwortung von HR. Nutzen wir die KI, um den Status quo der nackten Zahlen starr zu verwalten? Oder nutzen wir unsere menschliche Ethik, um diese »Daten-Ungerechtigkeiten« aktiv zu korrigieren?

Zwischen Machbarkeit und Verantwortung

Technisch ist heute vieles möglich. Prozesse lassen sich automatisieren, Entscheidungen vorbereiten und Kommunikation skalieren. Die entscheidende Frage ist jedoch nicht, was machbar ist, sondern was verantwortbar ist.

KI kann bewerten, priorisieren und Empfehlungen aussprechen. Sie kann jedoch nicht abwägen, was angemessen, fair oder menschlich sinnvoll ist. Diese Verantwortung bleibt bei den Menschen im Unternehmen. Gerade im HR-Kontext ist diese Unterscheidung zentral, da Entscheidungen direkte Auswirkungen auf individuelle Lebenswege haben.

Ethische Verantwortung beginnt dort, wo Technik auf Menschen trifft. Sie zeigt sich nicht in maximaler Nutzung, sondern in bewusster Begrenzung.

Rechtlicher Rahmen als Orientierung, nicht als Ersatz für Haltung

Mit zunehmender Regulierung, insbesondere auf europäischer Ebene, wird der rechtliche Rahmen für KI klarer. Unternehmen sind verpflichtet, Standards einzuhalten, Risiken zu minimieren und Transparenz zu schaffen. Diese Vorgaben sind notwendig und sinnvoll.

Gleichzeitig ersetzen sie keine innere Haltung. Rechtliche Konformität allein garantiert noch keinen verantwortungsvollen Umgang mit KI-Systemen. Viele Situationen lassen sich rechtlich nicht eindeutig regeln, erfordern aber dennoch eine klare Entscheidung.

Für HR bedeutet das, nicht nur auf Gesetze zu reagieren, sondern aktiv Orientierung zu geben. Mitarbeitende brauchen Klarheit darüber, was erwartet wird, was erlaubt ist und wo Grenzen liegen, auch dort, wo rechtliche Vorgaben noch Spielraum lassen.

Verantwortung im Umgang mit personenbezogenen Daten

Ein zentrales ethisches und rechtliches Thema ist der Umgang mit personenbezogenen Daten. KI-Systeme verarbeiten Informationen in einem Umfang und in einer Geschwindigkeit, die klassische Prozesse weit übertreffen. Gerade im HR-Bereich handelt es sich dabei um besonders sensible Daten. Rechtlich sind diese Daten geschützt. Ethisch geht es zusätzlich um Vertrauen. Mitarbeitende müssen darauf vertrauen können, dass ihre Daten nicht zweckentfremdet, unkontrolliert genutzt oder zur verdeckten Bewertung eingesetzt werden.

Transparenz ist dabei entscheidend. Nicht nur darüber, welche Daten verarbeitet werden, sondern auch zu welchem Zweck und mit welchen Folgen. KI darf nicht zur Blackbox werden, vor allem nicht in personalrelevanten Prozessen.

Fairness und Gleichbehandlung

Ein weiterer zentraler Aspekt ist Fairness. KI-Systeme können bestehende Ungleichheiten verstärken, wenn sie unreflektiert eingesetzt werden. KI-generierte Ergebnisse wirken oft objektiv, obwohl sie auf historischen Daten beruhen, die selbst Verzerrungen enthalten.

Ethische Verantwortung bedeutet, diese Risiken zu erkennen und aktiv gegenzusteuern. Fairness entsteht nicht automatisch durch Technik. Sie muss bewusst gestaltet werden. HR übernimmt hier eine vermittelnde Rolle zwischen Daten, Prozessen und Menschen.

Ein Blick in die Praxis: die »optimierte« Schichtplanung im Mittelstand

Ein Produktionsbetrieb führt ein KI-Tool ein, um die Schichtpläne automatisch so zu optimieren, dass Leerlaufzeiten minimiert und die Maschinenkapazitäten maximal ausgenutzt werden. Die KI behandelt alle Mitarbeitenden »gleich«: Jeder muss statistisch gesehen gleich oft die unbeliebte Spät- oder Nachtschicht übernehmen.

- **das Problem:** Die KI »weiß« nichts über den Kontext. Ein alleinerziehender Vater, der auf die Frühschicht angewiesen ist, oder eine Kollegin, die nachmittags ihre Eltern pflegt, werden durch die »faire« Gleichbehandlung der KI existenziell unter Druck gesetzt.

- **die Folge:** Während das System die Maschinenlaufzeiten perfekt optimiert, sinkt die Mitarbeiterzufriedenheit drastisch. Die vermeintlich objektive Gleichbehandlung zerstört das soziale Gefüge, weil sie individuelle Belastungen und Lebensentwürfe als »ineffiziente Variablen« aussortiert.

Ethische Verantwortung durch Kontext

Echte **Gleichstellung** bedeutet, Entscheidungen nachvollziehbar, begründbar und vor allem **überprüfbar** zu machen. Fairness entsteht nicht automatisch durch Technik; sie muss durch menschliche Korrektive bewusst gestaltet werden.

HR übernimmt hier die entscheidende Rolle als Vermittler: Wir nutzen die Daten der KI als wertvollen Hinweisgeber für Effizienz, aber wir lassen nicht zu, dass sie zur alleinigen Legitimation für die Lebensgestaltung der Mitarbeitenden werden. Unsere Aufgabe ist es, den »blinden Fleck« der Maschine durch menschliche Empathie und das Wissen um die individuellen Lebenshintergründe auszugleichen.

Gleichstellung bedeutet nicht, alle gleich zu behandeln. Es bedeutet, Entscheidungen nachvollziehbar, begründbar und überprüfbar zu machen. KI kann dabei unterstützen, darf aber nicht der Legitimation fragwürdiger Entscheidungen dienen.

Transparenz und Erklärbarkeit als Vertrauensbasis

Vertrauen entsteht durch Nachvollziehbarkeit. Wenn KI in Entscheidungen eingebunden ist, müssen Prozesse erklärbar bleiben. Mitarbeitende haben ein berechtigtes Interesse daran zu verstehen, wie Bewertungen, Empfehlungen oder Priorisierungen zustande kommen. Erklärbarkeit ist dabei kein rein technisches Thema. Sie ist vor allem eine Frage der Kommunikation. Es geht darum, Ergebnisse verständlich zu machen, Unsicherheiten zu benennen und Grenzen offen anzusprechen.

HR spielt hier eine zentrale Rolle als Übersetzer zwischen Technologie und Organisation. Ohne diese Übersetzungsleistung bleibt KI abstrakt – und genau das erzeugt Misstrauen.

Ein Blick in die Praxis: die »Warum-Frage« bei der internen Stellenbesetzung

Ein Unternehmen nutzt ein KI-Tool, um interne Talente für eine neue Führungsposition zu identifizieren. Ein langjähriger Mitarbeiter wird vom System nicht vorgeschlagen und sucht das Gespräch mit HR.

- **die schlechte Kommunikation:** »Das System hat Ihr Profil mit dem Anforderungsprofil abgeglichen und keine ausreichende Übereinstimmung gefunden. Wir können die genauen internen Rechenwege der KI nicht einsehen.« (Ergebnis: Frust und Misstrauen, ob die KI wirklich objektiv ist)

- **die gute Kommunikation (Erklärbarkeit):** »Die KI hat primär die Projekterfahrung im Bereich ›Internationales Projektmanagement‹ der letzten zwei Jahre gewichtet. Da Ihr Schwerpunkt in dieser Zeit auf der internen Prozessoptimierung lag, hat das Tool Sie niedriger gerankt. Lassen Sie uns gemeinsam schauen, wie wir diese Kompetenzlücke schließen können.«.

5.1 DSGVO und KI: Datenschutz und Compliance

Besonders im HR-Bereich steht die Verarbeitung personenbezogener Daten im Fokus. Namen, Lebensläufe, Leistungsdaten, Entwicklungsverläufe oder Kommunikationsinhalte gehören zu den sensibelsten Informationen eines Unternehmens. Die DSGVO setzt hierfür klare Grenzen und bietet zugleich einen rechtlichen Rahmen zur Orientierung.

KI verändert diesen Rahmen nicht, sie macht ihn sichtbarer. Prozesse, die früher manuell, verteilt und kaum nachvollziehbar waren, werden durch KI gebündelt, beschleunigt und systematisiert. Dadurch rücken Datenschutzfragen stärker ins Bewusstsein und lassen sich weniger leicht übersehen.

Personenbezogene Daten bleiben geschützt – auch bei KI

Ein zentraler Grundsatz der DSGVO gilt unabhängig von der eingesetzten Technologie. Personenbezogene Daten dürfen nur verarbeitet werden, wenn dafür eine rechtliche Grundlage besteht. Ob Daten manuell ausgewertet oder durch ein KI-System verarbeitet werden, ist rechtlich unerheblich.

Für HR heißt das: Sobald KI mit personenbezogenen Daten arbeitet, greifen die bekannten Datenschutzprinzipien. Dazu zählen Zweckbindung, Datenminimierung, Transparenz und Sicherheit. KI darf nur die Daten verarbeiten, die für einen klar definierten Zweck erforderlich sind.

Ein häufiger Irrtum besteht darin, KI als neutrales Werkzeug zu betrachten, das Daten lediglich effizienter verarbeitet. Tatsächlich verändert KI die Tiefe und Reichweite der Auswertung. Aus einzelnen Informationen können Muster, Bewertungen oder Prognosen entstehen. Diese zusätzlichen Erkenntnisse sind datenschutzrechtlich relevant und müssen entsprechend berücksichtigt werden.

Zweckbindung und Datenminimierung

Zweckbindung und Datenminimierung gehören zu den wichtigsten Prinzipien der DSGVO. Daten dürfen nur für einen eindeutig festgelegten Zweck erhoben und verarbeitet werden. KI-Systeme sind jedoch häufig flexibel einsetzbar und technisch in der Lage, Daten für unterschiedliche Auswertungen zu nutzen.

Hier entsteht ein Spannungsfeld. Was technisch möglich ist, ist nicht automatisch zulässig. HR muss gemeinsam mit IT und Datenschutz klar definieren, wofür KI eingesetzt wird und welche Daten dafür tatsächlich notwendig sind. Eine spätere Zweckänderung ist nur unter engen Voraussetzungen erlaubt.

Ein Blick in die Praxis: von der Zeiterfassung zur Leistungsprüfung

Ein Unternehmen führt ein KI-gestütztes Tool zur **Einsatzplanung** ein. Die Mitarbeitenden geben ihre Arbeitszeiten und Projektfortschritte ein, damit die KI die nächsten Wochen effizienter planen kann. Der Zweck ist klar: Es geht um **Ressourcenplanung**.

- **die Versuchung (Zweckänderung):** Die Geschäftsführung stellt fest, dass die KI-Daten auch zeigen, welche Mitarbeitenden im Vergleich zum Durchschnitt länger für bestimmte Aufgaben brauchen. Man möchte diese Daten nun nutzen, um eine **Leistungsbewertung** für die nächste Bonusrunde zu erstellen.
- **das Problem:** Das ist ein massiver Verstoß gegen die Zweckbindung. Die Daten wurden zur Planung erhoben, nicht zur Kontrolle. Eine solche »Zweckentfremdung« zerstört nicht nur das Vertrauen der Belegschaft, sondern führt auch zu hohen rechtlichen Risiken und Konflikten mit dem Betriebsrat.

Weniger ist mehr: Datenminimierung bedeutet, nicht alle verfügbaren Daten zu nutzen, nur weil sie vorhanden sind. Gerade im HR-Bereich ist Zurückhaltung entscheidend. Wenn eine KI bei der Bewerbervorauswahl helfen soll, braucht sie keine Informationen über den Familienstand oder Hobbys, sondern nur die relevanten Qualifikationsdaten. Mehr Daten führen nicht automatisch zu besseren Entscheidungen, sondern oft nur zu mehr Rauschen und neuen Bias-Risiken.

Transparenz gegenüber Mitarbeitenden

Transparenz ist ein zentrales Element der DSGVO. Betroffene Personen müssen wissen, welche Daten verarbeitet werden, zu welchem Zweck und mit welchen möglichen Auswirkungen. KI erschwert diese Transparenz, weil Prozesse komplexer und weniger sichtbar werden.

Für HR ergibt sich daraus eine besondere Verantwortung. Mitarbeitende müssen nachvollziehen können, ob und wie KI in personalrelevanten Prozessen eingesetzt wird. Dazu gehört auch die Information, ob automatisierte Auswertungen, Priorisierungen oder Profilbildungen stattfinden.

Transparenz bedeutet nicht, technische Details offenzulegen. Sie bedeutet, verständlich zu erklären, was passiert. Unklarheit erzeugt Misstrauen, selbst dann, wenn die Datenverarbeitung rechtlich zulässig ist.

Automatisierte Entscheidungen und ihre Grenzen

Die DSGVO setzt klare Grenzen für automatisierte Entscheidungen, insbesondere dann, wenn sie rechtliche Wirkung entfalten oder Menschen erheblich beeinträchtigen. Rein automatisierte Entscheidungen sind nur unter engen Voraussetzungen zulässig.

Im HR-Kontext betrifft das beispielsweise

- die Vorauswahl von Bewerbungen,
- automatisierte Bewertungen oder
- die algorithmische Priorisierungen mit Auswirkungen auf Beschäftigte.

In vielen Fällen ist ein menschlicher Entscheidungsvorbehalt erforderlich. KI kann vorbereiten, strukturieren oder unterstützen. Die Entscheidung selbst muss überprüfbar, nachvollziehbar und verantwortbar bleiben.

Cloud, Drittanbieter und internationale Datenverarbeitung

Viele KI-Anwendungen werden als Cloud-Dienste angeboten. Daten verlassen dabei häufig das unmittelbare Unternehmensumfeld. Das wirft zusätzliche datenschutzrechtliche Fragen auf, insbesondere bei der Verarbeitung in den USA oder China.

HR sollte gemeinsam mit IT und Datenschutz prüfen,

- wo Daten verarbeitet werden,
- welche Anbieter eingebunden sind und
- welche vertraglichen Regelungen bestehen.

Auftragsverarbeitungsverträge, technische und organisatorische Maßnahmen sowie klare Nutzungsrichtlinien sind hier unverzichtbar. Verantwortung lässt sich auch in diesem Kontext nicht auslagern.

Informelle Nutzung als unterschätztes Risiko

Ein häufig unterschätztes Risiko ist die informelle Nutzung von KI-Tools durch Mitarbeitende. Aus Zeit- oder Effizienzgründen werden öffentlich zugängliche Anwendungen genutzt, ohne dass klar ist, wie dort Daten verarbeitet oder gespeichert werden.

Gerade im HR-Bereich kann dies schnell zu Datenschutzverstößen führen. Verbote allein sind hier selten wirksam. Orientierung, Schulung, unternehmenseigene KI-Bots und klare Regeln schaffen deutlich mehr Sicherheit. Mitarbeitende müssen wissen, was erlaubt ist und aus welchen Gründen.

Compliance als fortlaufender Prozess

Ob der Datenschutz gewährleistet und Compliance vorhanden ist, darf nicht nur einmal geprüft werden. Solche Prüfungen begleiten den gesamten Einsatz von KI, denn

Systeme verändern sich, neue Anwendungsfälle entstehen und rechtliche Vorgaben entwickeln sich weiter.

Für HR bedeutet das, Datenschutz nicht als Hindernis zu verstehen, sondern als Bestandteil verantwortungsvoller Gestaltung. Compliance mit den gesetzlichen Vorgaben schafft Klarheit und schützt sowohl Mitarbeitende als auch das Unternehmen. Die DSGVO setzt dabei den Rahmen für den Einsatz von KI mit personenbezogenen Daten.

HR übernimmt hier eine Schlüsselrolle. Nicht als juristische Kontrollinstanz, sondern als Gestalter transparenter, fairer und verantwortungsvoller Prozesse.

5.2 Verantwortung im Unternehmen: Wer haftet?

Mit dem Einsatz von künstlicher Intelligenz stellt sich früher oder später eine zentrale Frage: Wer trägt die Verantwortung, wenn etwas schiefläuft? Diese Frage ist nicht theoretisch. Sie betrifft konkrete Situationen im Unternehmensalltag wie fehlerhafte Entscheidungen, falsche Informationen, Datenschutzverstöße oder die Benachteiligung von Mitarbeitenden.

KI verändert Prozesse, aber sie verschiebt Verantwortung nicht automatisch. Auch wenn Systeme Inhalte erzeugen, Empfehlungen aussprechen oder Entscheidungen vorbereiten, bleibt die Verantwortung beim Unternehmen und bei den handelnden Personen.

KI ist kein eigenständiger Akteur
Ein weitverbreitetes Missverständnis besteht darin, KI als handelnden Akteur wahrzunehmen. Aussagen wie »Die KI hat das so entschieden« oder »Das System hat das so vorgeschlagen« wirken entlastend, sind aber rechtlich nicht haltbar.

KI handelt nicht eigenständig im rechtlichen Sinn. Sie haftet nicht, hat keine Verantwortung und keine Entscheidungsbefugnis. Sie ist ein Werkzeug, das von Menschen ausgewählt, konfiguriert und eingesetzt wird. Verantwortung entsteht dort, wo diese Entscheidungen getroffen werden.

Für Unternehmen bedeutet das: Fehler lassen sich nicht an die Technologie delegieren. Auch dann nicht, wenn Prozesse stark automatisiert sind.

Verantwortung verteilt sich – Haftung nicht
Im Unternehmenskontext ist Verantwortung oft verteilt. Geschäftsleitung, Fachabteilungen, IT, HR und Datenschutz sind gemeinsam beteiligt. Diese Verteilung ist sinnvoll, darf aber nicht zu Unklarheit führen.

Haftung entsteht dort, wo Entscheidungen getroffen oder Prozesse freigegeben werden. Wer KI einführt, wer sie nutzt und wer ihre Ergebnisse weiterverwendet, trägt Verantwortung für die Folgen. Unklare Zuständigkeiten erhöhen Risiken. HR spielt hier eine verbindende Rolle. HR ist selten allein haftbar, aber häufig mitbetroffen, vor allem wenn es um Personalentscheidungen, Bewertungen oder Kommunikationsprozesse geht, die in den HR-Bereich fallen.

Die Rolle der Geschäftsleitung

Die oberste Verantwortung für den Einsatz von KI liegt bei der Unternehmensleitung. Sie entscheidet über Strategie, Rahmenbedingungen und Ressourcen. Dazu gehört auch die Entscheidung, ob und wie KI eingesetzt wird.

Die Geschäftsleitung kann Verantwortung nicht vollständig delegieren. Auch wenn operative Aufgaben ausgelagert sind, bleibt sie für die Organisation als Ganzes verantwortlich. Diese Klarheit ist wichtig, um realistische Erwartungen an HR und andere Abteilungen zu formulieren.

Operative Verantwortung im Alltag

Neben der strategischen Verantwortung gibt es die operative Verantwortung. Sie betrifft die tägliche Nutzung von KI-Systemen. Mitarbeitende, die KI einsetzen, tragen Verantwortung für den Umgang mit Ergebnissen.

Das bedeutet, Mitarbeitende sollten

- KI-generierte Ergebnisse prüfen,
- von KI erzeugte Inhalte einordnen,
- sensible Informationen schützen und

Unternehmen müssen diese Verantwortung klar benennen und unterstützen. Mitarbeitende dürfen nicht alleingelassen werden. Ohne klare Leitlinien entsteht Unsicherheit oder eine trügerische Sicherheit im Umgang mit KI.

Verantwortung bei automatisierten Prozessen

Besonders kritisch sind automatisierte oder teilautomatisierte Prozesse. Je stärker Entscheidungen vorbereitet oder beeinflusst werden, desto wichtiger ist die Frage nach Kontrolle. Die Antworten auf folgende Fragen sollten im Unternehmen klar kommuniziert sein:

- Wer überwacht die Ergebnisse?
- Wer greift ein, wenn etwas nicht passt?
- Wer ist ansprechbar, wenn Mitarbeitende Fragen haben?

Automatisierung entbindet nicht von Verantwortung, sie erhöht den Bedarf an Kontrolle und Transparenz.

Haftung bei Fehlern und Schäden

Kommt es zu Fehlern oder Schäden, richtet sich die Haftung nach bestehenden rechtlichen Grundsätzen. Datenschutzverstöße, Diskriminierung oder fehlerhafte Entscheidungen bleiben dem Unternehmen zurechenbar. Die wichtigste Erkenntnis ist hier: **KI ist kein Rechtssubjekt.** Sie kann weder verklagt werden, noch kann sie Schadensersatz leisten. Die Verantwortung bleibt immer beim Menschen bzw. dem Unternehmen.

KI kann die Ursachen komplexer machen, ändert aber nichts an der grundsätzlichen Haftung. Für HR ist es wichtig, diese Realität zu kennen. Sie schützt vor falschen Annahmen und unrealistischen Erwartungen.

Verantwortung braucht Klarheit und Struktur

Verantwortung lässt sich nur übernehmen, wenn sie klar definiert ist. Unternehmen sollten deshalb festlegen,

- wer KI-Systeme freigibt,
- wer sie betreibt,
- wer sie nutzt und
- wer Entscheidungen verantwortet.

Diese Klarheit schafft Sicherheit für Mitarbeitende, für HR und für Führungskräfte.

Die Haftungskaskade im HR-Kontext

Die Antwort auf die Frage »Wer haftet?« lässt sich in drei Ebenen unterteilen:[48]

1. **Die Außenhaftung des Unternehmens:** Gegenüber Bewerbern oder Mitarbeitenden haftet immer das Unternehmen als Ganzes. Wenn eine KI im Recruiting diskriminiert (Verstoß gegen das AGG), ist das Unternehmen schadensersatzpflichtig – völlig egal, ob der Fehler im Algorithmus des Software-Anbieters lag oder durch falsche Trainingsdaten entstand.
2. **Die Rolle der menschlichen Aufsicht:** Nach der DSGVO (Art. 22) und dem EU AI Act ist eine »menschliche Aufsicht« (Human-in-the-loop) bei Hochrisiko-Systemen Pflicht. Wer ein KI-Ergebnis ungeprüft übernimmt (z. B. eine fehlerhafte Kündigungsempfehlung), handelt unter Umständen fahrlässig. Die Haftung verschiebt sich hier zur handelnden Person im Unternehmen, die ihre Sorgfaltspflicht verletzt hat.
3. **Regress gegenüber dem Anbieter:** Das Unternehmen kann versuchen, den Software-Anbieter in Regress zu nehmen. Dies ist jedoch in der Praxis oft schwierig, da viele Anbieter ihre Haftung in den AGB auf das gesetzliche Minimum beschränken.

48 Vgl. Art. 14 u. 26 sowie Anh. III Punkt 4 der Verordnung (EU) 2024/1689 (EU AI Act). Siehe Art. 22 u. Erwägungsgrund 71 DSGVO. Vgl. § 15 u. § 22 AGG sowie § 278 u. § 307 BGB.

Ein Blick in die Praxis: der »halluzinierte« Arbeitsvertrag

Eine HR-Mitarbeiterin nutzt eine generative KI, um einen komplexen Arbeitsvertrag für eine Führungskraft im Ausland zu entwerfen. Die KI »halluziniert« eine Klausel zu Wettbewerbsverboten, die im Zielland rechtlich unwirksam ist und zu einer massiven Entschädigungszahlung führt.

Die Haftung: Das Unternehmen haftet gegenüber der Führungskraft. Die HR-Mitarbeiterin könnte intern zur Rechenschaft gezogen werden, wenn sie das Dokument nicht final von der Rechtsabteilung hat prüfen lassen. Die Ausrede »Die KI hat den Text so erstellt« befreit nicht von der Verantwortung für das Endergebnis.

Fazit für die Praxis: KI macht die Ursachenforschung bei Fehlern komplexer, ändert aber nichts an der grundsätzlichen Haftung des Arbeitgebers. Für HR bedeutet das: **Vertrauen ist gut, Delegation an die KI ist riskant.** Jede KI-gestützte Entscheidung braucht einen »menschlichen Notaus-Schalter« und eine fachliche Endkontrolle.

Die Rolle von HR

HR übernimmt keine technische Haftung, aber eine zentrale kulturelle Verantwortung. HR gestaltet Regeln, Schulungen und Kommunikation. HR sorgt dafür, dass Verantwortung nicht abstrakt bleibt, sondern im Alltag gelebt wird.

Dazu gehört auch, Unsicherheiten offen anzusprechen. KI wirft neue Fragen auf. Nicht alle Antworten sind sofort verfügbar. Verantwortung zeigt sich darin, diese Fragen ernst zu nehmen.

Leitfragen zur Selbstprüfung – für HR & Führung

- Ist klar definiert, wer welche Rolle beim KI-Einsatz hat?
- Wissen Mitarbeitende, was sie dürfen und was nicht?
- Gibt es klare Ansprechpersonen bei Unsicherheiten?
- Ist Verantwortung benannt oder wird sie implizit der Technik zugeschrieben?

Praxisbox: Wer macht was – und wer bleibt verantwortlich?

Geschäftsleitung – strategische Verantwortung

- Entscheidung über Einsatz und Zweck von KI
- Leitlinien, Ziele und Grenzen festlegen
- Ressourcen für Schulung und Governance bereitstellen

Verantwortung kann delegiert, aber nicht abgegeben werden.

HR – Mensch, Kultur und Kompetenz

- KI-Kompetenz-Schulungen gestalten
- Nutzungsrichtlinien entwickeln
- Veränderung und Kommunikation begleiten
- Transparenz und Fairness sichern

HR prägt Akzeptanz und Orientierung.

IT – technische Verantwortung

- Auswahl und Integration von KI-Tools
- IT-Sicherheit und Systemstabilität
- Zugriffskontrollen und Anbietersteuerung

IT verantwortet das Funktionieren, nicht die Nutzung.

Datenschutz und Compliance – rechtliche Absicherung

- Prüfung der Datenverarbeitung
- Risikobewertung
- DSGVO- und Datenschutz-Folgenabschätzung

Beratend und kontrollierend, nicht operativ.

Fachabteilungen – Anwendung und Kontext

- Ergebnisse einordnen und prüfen
- Entscheidungen nicht automatisiert übernehmen
- Rückmeldung bei Risiken geben

KI unterstützt die Arbeit der Fachabteilungen – sie ersetzt sie nicht.

Mitarbeitende – Verantwortung im Alltag

- Bewusster Umgang mit Daten
- Kritische Prüfung von Ergebnissen
- Einhaltung interner Regeln

Diese Verantwortung setzt Schulung voraus.

5.3 Transparenz und Erklärbarkeit von KI

Erklärbarkeit ist mehr als Technik

Oft wird Erklärbarkeit als technische Herausforderung verstanden. Tatsächlich ist sie vor allem eine Frage der Gestaltung. Auch komplexe Systeme lassen sich erklären, wenn der Fokus auf Wirkung statt auf Mechanik liegt.

Erklärbarkeit bedeutet zum Beispiel,

- welche Daten grundsätzlich berücksichtigt werden,
- welche Kriterien eine Rolle spielen und
- welche Grenzen das System hat.

Es geht nicht darum, Algorithmen offenzulegen, sondern Zusammenhänge verständlich zu machen. Diese Übersetzungsleistung ist entscheidend für Akzeptanz.

Transparenz im HR-Kontext
Im HR-Bereich ist Transparenz besonders sensibel. Entscheidungen betreffen Menschen unmittelbar. Bewertungen, Auswahlprozesse oder Entwicklungsmaßnahmen haben persönliche und oft langfristige Auswirkungen.

Wenn KI in solche Prozesse eingebunden ist, muss nachvollziehbar bleiben,
- welche Rolle KI spielt,
- wo Entscheidungen durch Menschen getroffen werden und
- welche Möglichkeiten bei Rückfragen bestehen.

Transparenz bedeutet hier auch, offen zu benennen, wo KI eingesetzt wird und wo nicht. Unklarheit führt schnell zu Spekulationen, selbst dann, wenn KI nur unterstützend genutzt wird.

Grenzen der Erklärbarkeit anerkennen
Nicht jedes KI-Ergebnis lässt sich vollständig erklären. Manche Systeme arbeiten mit komplexen Modellen, deren interne Gewichtungen selbst für Fachleute schwer nachvollziehbar sind. Diese Grenze sollte offen kommuniziert werden.

Transparenz bedeutet nicht, vollständige Kontrolle vorzutäuschen. Sie bedeutet, ehrlich mit Unsicherheiten umzugehen. Mitarbeitende akzeptieren Unklarheiten eher, wenn sie benannt und nicht verschleiert werden.

Gerade für HR ist diese Offenheit wichtig. Sie stärkt Glaubwürdigkeit und verhindert falsche Erwartungen.

Transparenz als Führungsaufgabe
Transparenz ist nicht nur ein HR-Thema, sondern auch eine Führungsaufgabe. Führungskräfte müssen Entscheidungen erklären können, auch dann, wenn KI beteiligt war. Dafür müssen sie selbst verstehen, wie die Systeme eingesetzt werden.

HR kann Führungskräfte dabei unterstützen, diese Erklärungsfähigkeit aufzubauen. Schulungen sollten nicht nur die Anwendung vermitteln, sondern auch die Fähigkeit, Entscheidungen nachvollziehbar zu begründen. Wer erklären kann, führt sicherer.

Dokumentation und Nachvollziehbarkeit
Ein wichtiger Baustein für Transparenz ist die Dokumentation. Entscheidungen, Einsatzbereiche und Grundprinzipien des KI-Einsatzes sollten festgehalten werden. Nicht als bürokratische Pflicht, sondern als Orientierungshilfe.

Dokumentation schafft Klarheit für Mitarbeitende, für Führungskräfte und für externe Prüfungen. Sie unterstützt zudem die kontinuierliche Weiterentwicklung von KI-Anwendungen.

Transparenz als Voraussetzung für Akzeptanz

Akzeptanz entsteht nicht durch Technologie, sondern durch Vertrauen. Transparenz ist die Basis dieses Vertrauens. Sie ermöglicht es, KI als unterstützendes Werkzeug wahrzunehmen, nicht als kontrollierende Instanz.

Für HR bedeutet das, Transparenz aktiv zu gestalten. Nicht reaktiv, wenn Fragen entstehen, sondern vorausschauend. Klare Kommunikation, verständliche Erklärungen und offene Dialoge sind dabei entscheidend.

6 KI-Schulungen in Unternehmen – praktische Umsetzung

Mit der gesetzlichen Verpflichtung zur KI-Kompetenz stellt sich für Unternehmen nicht mehr die Frage, ob geschult werden muss, sondern wie. Genau hier beginnt die eigentliche Arbeit. Zwischen rechtlichen Anforderungen, technologischer Dynamik und dem realen Arbeitsalltag entsteht ein Spannungsfeld, das sich nicht durch Standardseminare oder einmalige Workshops auflösen lässt.

Die Umsetzung von KI-Schulungen ist kein technisches Projekt. Sie ist ein Organisations-, Führungs- und Kulturthema. Schulungen entfalten nur dann Wirkung, wenn sie den konkreten Arbeitskontext der Mitarbeitenden berücksichtigen, Unsicherheiten, die im Arbeitsalltag entstehen, aufgreifen und Orientierung geben. Reines Tool-Wissen reicht nicht aus. Entscheidend ist das Verständnis dafür, wann KI sinnvoll eingesetzt werden kann, wo ihre Grenzen liegen und welche Verantwortung beim Menschen bleibt.

In der Praxis zeigt sich immer wieder ein ähnliches Muster: Unternehmen investieren in Lizenzen, Plattformen und Tools, aber parallel nicht in Kompetenz. Die Folge sind ungenutzte Systeme, Verunsicherung bei Mitarbeitenden oder eine informelle Nutzung ohne klare Regeln. Genau an diesem Punkt setzt dieses Kapitel an. Es übersetzt rechtliche Vorgaben und theoretische Grundlagen in konkrete, umsetzbare Schulungsansätze.

Ziel ist es, HR eine klare Struktur an die Hand zu geben. Nicht als starres Schulungskonzept, sondern als flexiblen Baukasten, der sich an unterschiedliche Unternehmensgrößen, Rollenprofile und Reifegrade anpassen lässt. Es geht nicht darum, Mitarbeitende zu KI-Expertinnen und -Experten zu machen, sondern ihnen Handlungsfähigkeit und Sicherheit im Umgang mit KI zu ermöglichen.

Die praktische Umsetzung beginnt mit der richtigen Einordnung:

- Welche Mitarbeitenden benötigen welches Kompetenzniveau?
- Welche Risiken entstehen im jeweiligen Einsatzkontext?
- Wie lassen sich Schulungen so gestalten, dass sie akzeptiert und die Inhalte verstanden und im Alltag angewendet werden?

HR übernimmt dabei eine Schlüsselrolle. Nicht als alleinige Umsetzerin, sondern als Koordinatorin zwischen Geschäftsleitung, Fachbereichen, IT und Mitarbeitenden. KI-Schulungen sind dann wirksam, wenn sie in bestehende Lern- und Entwicklungsstrukturen eingebettet und nicht als isolierte Pflichtmaßnahme wahrgenommen werden.

Die folgenden Kapitel zeigen, wie Unternehmen die Schulungspflicht konkret umsetzen können. Von den inhaltlichen Anforderungen über bewährte Schulungsformate bis hin zu praxisnahen Beispielen. Im Mittelpunkt steht nicht Perfektion, sondern Umsetzbarkeit.

KI verändert Arbeit. Schulungen entscheiden darüber, ob diese Veränderung als Belastung oder als Chance erlebt wird. Deshalb ist die praktische Umsetzung von KI-Schulungen kein Nebenthema, sondern ein zentraler Erfolgsfaktor für den verantwortungsvollen Einsatz von künstlicher Intelligenz im Unternehmen.

6.1 Anforderungen der Schulungspflicht

Mit der europäischen KI-Verordnung (EU AI Act) wird erstmals ausdrücklich festgehalten, dass Unternehmen beim Einsatz von künstlicher Intelligenz nicht nur technische, sondern auch kompetenzbezogene Voraussetzungen schaffen müssen. Die sogenannte Schulungspflicht ist dabei kein isolierter Punkt, sondern Teil einer übergeordneten Logik: KI darf nur dann eingesetzt werden, wenn Menschen verstehen, was sie tun.

Für HR ist dieser Abschnitt zentral. Denn hier entscheidet sich, ob KI-Kompetenz als lästige Pflicht oder als strategischer Vorteil verstanden wird.

6.1.1 Rechtliche Grundlage der Schulungspflicht

Die Schulungspflicht ergibt sich unmittelbar aus **Artikel 4 der europäischen KI-Verordnung (EU AI Act)**. Dort wird festgehalten, dass Unternehmen geeignete Maßnahmen ergreifen müssen, um ein **ausreichendes Maß an KI-Kompetenz (AI Literacy)** bei allen Personen sicherzustellen, die KI-Systeme nutzen oder deren Ergebnisse verwenden.

Entscheidend ist dabei die Formulierung. Es geht nicht um eine einheitliche Ausbildung oder formale Zertifizierung, sondern um ein angemessenes Kompetenzniveau, das sich am jeweiligen Einsatzkontext orientiert.

Kriterien für die individuelle Ausgestaltung der Schulung:

- Vorwissen und Erfahrung der betroffenen Personen
- Art der eingesetzten KI-Systeme
- Risiken und Auswirkungen auf betroffene Personen
- Einsatzkontext im Unternehmen

Damit wird deutlich, dass die Schulungspflicht kontextabhängig ist und nicht pauschal erfüllt werden kann.

6.1.2 Wen betrifft die Schulungspflicht konkret?

Ein häufiger Irrtum in Unternehmen ist die Annahme, dass nur Mitarbeitende der IT-Abteilung oder ausgewiesene KI-Expertinnen und -Experten geschult werden müssen. Tatsächlich ist der Kreis deutlich größer.

Geschult werden müssen insbesondere:

1. **Mitarbeitende, die KI aktiv nutzen**
   z. B. ChatGPT, Microsoft Copilot, Recruiting-Tools, Analyse- oder Automatisierungssysteme
2. **Mitarbeitende, die KI-Ergebnisse weiterverarbeiten**
   z. B. Führungskräfte, HR-Verantwortliche, Entscheiderinnen und Entscheider, die auf der Basis von KI-Zusammenfassungen oder Empfehlungen handeln
3. **Personen mit Gestaltungs- oder Kontrollfunktion**
   z. B. HR-, Compliance-, Datenschutz-, IT- und Prozessverantwortliche
4. Nicht der Jobtitel ist entscheidend, sondern die tatsächliche Rolle im KI-Prozess.

6.1.3 Was bedeutet »ausreichende KI-Kompetenz«?

Der Begriff »ausreichend« im Zusammenhang mit der KI-Kompetenz ist bewusst offen formuliert. Das ist kein Mangel der Verordnung, sondern Absicht. Unternehmen sollen ihre Schulungen passgenau gestalten können.

Aus HR-Sicht umfasst ausreichende KI-Kompetenz mindestens:

- **Grundverständnis:** Was ist KI, wie funktioniert sie grundsätzlich, wo liegen ihre Grenzen?
- **Risikobewusstsein:** Bias, Datenschutz, Halluzinationen, Manipulation, Deepfakes
- **Anwendungskompetenz:** Wie nutze ich KI sinnvoll im eigenen Arbeitskontext?
- **Bewertungskompetenz:** Wie prüfe ich KI-Ergebnisse kritisch und wie verifiziere ich Informationen?
- **Verantwortungsbewusstsein:** Was darf ich entscheiden, was nicht? Wann muss ich Rücksprache halten?

Je höher das Risiko des Einsatzes, desto höher die Anforderungen an die Kompetenz.

6.1.4 Keine Einmalschulung, besser ist ein fortlaufender Prozess

Die Schulungspflicht ist keine einmalige Maßnahme. KI entwickelt sich dynamisch, Tools verändern sich, neue Einsatzbereiche entstehen. Entsprechend versteht auch der Gesetzgeber das Erwerben von KI-Kompetenz als kontinuierlichen Lernprozess.

Für HR bedeutet das:

- Ein einmaliger Workshop reicht nicht aus.
- Schulungskonzepte müssen aktualisierbar sein.
- Regelmäßige Auffrischungen sind sinnvoll, insbesondere bei neuen Tools oder Use Cases.

Diese Logik ist aus anderen HR-Bereichen bekannt, etwa Datenschutz, Arbeitsschutz oder Compliance. Das heißt: Es muss eine Grundschulung plus regelmäßige Updates geben.

Ein Blick in die Trainingspraxis: die »Microsoft Copilot«-Falle

Als ich vor über zwei Jahren begann, für einen Großkonzern die ersten Schulungen zu Microsoft Copilot in Word, Excel und PowerPoint zu halten, war die Begeisterung in der Belegschaft riesig. Doch schon nach kurzer Zeit zeigte sich die größte Herausforderung: die enorme Geschwindigkeit der Updates durch Microsoft.

Was die Mitarbeitenden drei Monate zuvor gelernt hatten – zum Beispiel, wie man Excel-Tabellen analysiert –, war plötzlich nicht mehr anwendbar, da die Funktionen nach einem Microsoft-Update plötzlich an einer ganz anderen Stelle zu finden oder einer neuen Kategorie zugeordnet waren. Ohne eine kontinuierliche Begleitung führte das sofort zu Frust.

Dieses Beispiel zeigt deutlich: Wer hier nur einmalig schult, verliert die Mitarbeitenden spätestens beim nächsten Software-Update. Die Schulungspflicht ist daher keine einmalige Maßnahme. KI entwickelt sich so rasant, dass Tools und deren Funktionen sich kontinuierlich verändern. Entsprechend versteht auch der Gesetzgeber das Erwerben von KI-Kompetenz nicht als statisches Ziel, sondern als **kontinuierlichen Lernprozess.**

Für HR bedeutet das in der Konsequenz:

- **Ein einmaliger Workshop reicht nicht aus:** Er dient als Initialzündung, veraltet aber fachlich sehr schnell.
- **Schulungskonzepte müssen modular und aktualisierbar sein:** Unternehmen brauchen flexible Formate, um auf Neuerungen reagieren zu können, ohne dass das gesamte Konzept neu geschrieben werden muss.

- **Regelmäßige Auffrischungen und spezialisierte Aufbauschulungen sind notwendig:** Gerade wenn sich Funktionen in Standard-Tools wie Copilot ändern, müssen gezielte Kurz-Updates oder Vertiefungen angeboten werden.

Diese Logik ist aus anderen HR-Bereichen bekannt, etwa bei Themen wie Datenschutz oder Compliance. Auch würde niemand erwarten, dass eine einmalige Unterweisung zur Arbeitssicherheit für Jahre ausreicht. Für KI gilt dasselbe: Es bedarf einer soliden Grundschulung, die durch regelmäßige, praxisnahe Updates ergänzt wird. Nur so wird aus der gesetzlichen Pflicht ein echter strategischer Vorteil.

Ein Blick in die Praxis: offene KI-Sprechstunde

Ein Großkonzern, den ich begleite, bietet beispielsweise jeden Freitag eine einstündige offene Sprechstunde via Teams an. Hier können Mitarbeitende ohne Hürden ihre aktuellen Fragen stellen. Für HR ist dieses Format Gold wert: In diesen Terminen kristallisiert sich schnell heraus, wo der Schuh drückt und welche neuen Kurse oder Vertiefungsthemen sich die Belegschaft aktuell wünscht. So steuert sich das Weiterbildungsangebot fast von selbst nah am echten Bedarf.

6.1.5 Wie konkret müssen Schulungen ausgestaltet sein?

Die KI-Verordnung schreibt keine Inhalte im Detail vor. Es gibt keinen festen Stundenumfang, keine vorgeschriebene Zertifizierung und keine einheitlichen Curricula. Stattdessen wird erwartet, dass Unternehmen **nachvollziehbar begründen können,** warum ihre Maßnahmen angemessen sind.

Ein Blick in die Praxis: das Audit-Szenario

Stellen wir uns vor, in einer Fachabteilung kommt es durch die Nutzung einer KI zu einer massiven Datenschutzverletzung oder einer Fehlentscheidung im Recruiting, die rechtliche Folgen hat. In diesem Moment wird die Frage nach der »Angemessenheit« der Schulung akut. Die interne Revision oder eine Aufsichtsbehörde wird nicht fragen: »Hatten die Mitarbeitenden Spaß im Workshop?«, sondern: »War das Team qualifiziert genug, um dieses Risiko zu erkennen?«

Ich empfehle HR-Verantwortlichen daher, proaktiv ein **»Qualifizierungs-Logbuch«** zu führen. Wer nachweisen kann, dass für die jeweilige Risikoklasse des KI-Tools (z. B. einfaches Schreibtool vs. komplexes Auswertungstool) ein passendes Modul geschult wurde, ist auf der sicheren Seite.

Folgende Fragen sollten im Zusammenhang mit KI-Trainings (intern und extern) beantwortet werden können:

- Welche KI-Systeme werden eingesetzt?
- Welche Risiken sind damit verbunden?
- Wer nutzt diese Systeme?

- Welche Schulungsmaßnahmen wurden umgesetzt?
- Wie wird sichergestellt, dass Wissen aktuell bleibt?

HR sollte Antworten auf diese Fragen zur Hand haben – nicht als juristisches Gutachten, sondern als nachvollziehbarer Beleg dafür, wie die Schulungen in der Organisation verankert sind. Es geht um den Nachweis einer **gelebten Sorgfaltspflicht**. Wer dokumentiert, dass die Mitarbeitenden nicht nur das Tool kennen, sondern auch die Risiken (wie Halluzinationen oder Bias) einschätzen können, erfüllt den Kern der gesetzlichen Forderung.

6.1.6 Dokumentation als Teil der Schulungspflicht

Ein häufig unterschätzter Bestandteil der Schulungspflicht ist die Dokumentation. Die Verpflichtung endet nicht mit der Durchführung einer Schulung. Unternehmen müssen auch nachvollziehbar belegen können, dass geeignete Maßnahmen umgesetzt wurden.

Dokumentiert werden sollten:
- Schulungskonzepte und Inhalte
- Zielgruppen und Rollen
- Teilnahme (nicht zur Kontrolle, sondern zum Nachweis)
- Aktualisierungen und Weiterentwicklungen

Diese Dokumentation dient nicht in erster Linie der Überwachung. Sie schafft Absicherung. Sie zeigt, dass sich das Unternehmen strukturiert mit KI-Kompetenz auseinandersetzt und Verantwortung übernimmt.

6.1.7 Die Rolle von HR bei der Umsetzung

HR übernimmt bei der Umsetzung der Schulungspflicht eine zentrale Rolle. Nicht als juristische Instanz, sondern als verbindendes Element zwischen gesetzlichen Anforderungen, organisationalen Strukturen und dem Arbeitsalltag der Mitarbeitenden.

Konkret ergeben sich folgende Aufgaben für HR:
- Ableitung der gesetzlichen Anforderungen und Entwicklung von Schulungsformaten
- Abstimmung mit IT, Datenschutz und Fachbereichen
- Entwicklung von Rollenkonzepten
- Sicherstellung von Nachhaltigkeit
- Kommunikation gegenüber Mitarbeitenden und Führungskräften

Ein Blick in die Praxis: HR als »Dolmetscher«

In einem meiner Projekte für ein mittelständisches Unternehmen standen sich die Positionen von IT, Datenschutzverantwortlichen und Fachbereichen unvereinbar gegenüber: Die IT wollte die Tools schnell ausrollen, der Datenschutz hatte massive Bedenken wegen der Cloud-Nutzung, und die Fachabteilungen wussten gar nicht, was sie nun konkret dürfen.

Die Lösung durch HR: Die Personalabteilung übernahm die Moderation. Sie stimmte nicht nur ab, welche Inhalte auf welchem Niveau geschult werden (z. B. Basiswissen für alle, Expertenwissen für die IT), sondern klärte auch, wie die rechtlichen Vorgaben des Datenschutzes in einfache, verständliche Handlungsanweisungen für die Mitarbeitenden übersetzt werden können. Erst durch diesen Dialog wurde aus dem Projekt eine runde Sache.

Konkret ergeben sich folgende Aufgaben für HR:

- **Ableitung der gesetzlichen Anforderungen:** Übersetzung des EU AI Act in geeignete Schulungsformate (z. B. Keynotes für die große Gruppen, Deep-Dives für Power-User).
- **Abstimmung mit IT, Datenschutz und Fachbereichen:** Gemeinsame Festlegung, welches Kompetenzniveau für welche Tools zwingend erforderlich ist, damit IT-Sicherheit, Datenschutz und Anwendung berücksichtigt werden.
- **Entwicklung von Rollenkonzepten:** Definition, wer im Unternehmen nur »Nutzer« ist und wer als »Power-User« erweiterte Berechtigungen (und damit mehr Schulung) benötigt.
- **Sicherstellung von Nachhaltigkeit:** Das Wissen sollte nach dem Workshop nicht verpuffen. In der Praxis bedeutet das: die Einführung von »Lern-Häppchen« im Arbeitsalltag, regelmäßige Auffrischungen bei Tool-Updates und das Etablieren von Austauschformaten (wie der bereits erwähnten Freitagssprechstunde).
- **Kommunikation gegenüber Mitarbeitenden und Führungskräften:** Hier geht es um das Warum und das Wie. HR kommuniziert die Vision (»Warum nutzen wir KI?«), nimmt Ängste und erklärt ganz konkret, welche Schulungsschritte nun auf wen zukommen.

HR gestaltet damit nicht nur Schulungen, sondern **Handlungssicherheit**.

6.1.8 Typische Fehler in der Praxis

In der Beratungspraxis zeigen sich immer wieder ähnliche Stolpersteine:

- **Fokus nur auf Tools, nicht auf Verständnis:** Wer nur erklärt, welcher Knopf was macht, scheitert, sobald Microsoft oder OpenAI das Interface ändern. Und: Ohne das Wissen über Wahrscheinlichkeiten und Statistik im Zusammenhang mit LLMs können Mitarbeitende Ergebnisse nicht kritisch prüfen.

- **einmalige Schulung ohne Follow-up:** Das »Strohfeuer-Prinzip«. Ohne anschließende Sprechstunden oder Aufbauschulungen verpufft die Anfangseuphorie, sobald die ersten individuellen Hürden im Arbeitsalltag auftauchen.
- **keine klare Zuordnung von Rollen:** Wenn die Führungskraft nicht am Training teilnimmt oder sich aus den Übungsgruppen heraushält, fehlt das Signal: »Wir lernen das hier gemeinsam.« Möglicherweise bleibt außerdem unklar, wer wie tief in die Materie einsteigen muss.
- **unklare Regeln für die Datennutzung:** Wenn im Workshop nicht glasklar (und am besten live am Bildschirm) gezeigt wird, was in die Cloud darf und was nicht, entstehen gefährliche Grauzonen.
- **fehlende Dokumentation:** Oft wird geschult, aber nicht revisionssicher festgehalten. Im Ernstfall kann das Unternehmen die Erfüllung seiner Sorgfaltspflicht nicht nachweisen.

Diese Fehler sind vermeidbar. Die Voraussetzung dafür aber ist, Schulung nicht als Pflichtübung zu verstehen, sondern als strukturelle Aufgabe der Organisation.

In der Beratungspraxis zeigen sich immer wieder ähnliche Stolpersteine. Oft scheitern Schulungen nicht an der Technik, sondern an der Art und Weise, wie Inhalte vermittelt werden.

Ein Blick in die Trainingspraxis: wenn das Online-Format einschläfert

Einer der häufigsten Fehler in der Praxis ist die Anonymität in Online-Schulungen. Ich habe Projekte übernommen, in denen vorherige Trainings kläglich gescheitert sind, weil sie wie Frontalunterricht via Teams durchgeführt wurden: Kameras aus, keine Interaktion, nur Folien. Die Teilnehmenden schalten innerlich ab oder bearbeiten nebenher ihre E-Mails.

Mein Learning: Wer die »Kamera-an-Pflicht« und interaktive Elemente wie das »Würfeln« in gemischte Gruppen ignoriert, verliert die Chance auf echtes Peer-to-Peer-Learning. Ohne den direkten Austausch zwischen Skeptikern und Profis in geschützten Breakout-Rooms bleibt das Wissen theoretisch und die Angst vor der Technologie bestehen.

Typischer Fehler in der Praxis: der »Software-Ghosting«-Effekt

Einer der häufigsten Fehler in der Praxis ist das mangelnde Zusammenspiel zwischen HR, Fachabteilung und IT vor dem eigentlichen Schulungsstart.

Ein Blick in die Seminarpraxis: Schulung ohne Werkzeug

Es ist ein Szenario, das ich sowohl in KMU als auch in Großkonzernen regelmäßig erlebe: Ich werde als Trainerin für einen intensiven Tool-Workshop gebucht, schalte mich in die Teams-Sitzung – und stelle fest, dass das Produkt bei 90 Prozent der Teilnehmenden noch gar nicht auf den Rechnern installiert ist. Trotz vorheriger Absprache und eindeutigem Schulungsangebot stehen wir dann vor einer »Trockenübung«.

In solchen Momenten ist schnelles Umplanen gefragt. Ich habe dafür meist zwei Lösungswege parat:

1. **Die Teilung:** Wir kürzen den ersten Termin auf einen halben Tag und konzentrieren uns rein auf das Basiswissen und die Logik des Promptings (die »Trockenübung«). Den praktischen Teil holen wir in einer zweiten Session nach, sobald die IT nachgebessert hat.
2. **Das »Buddy-Prinzip«:** Falls zumindest eine Handvoll Teilnehmende das Tool bereits installiert hat, nutze ich meine Methode der gemischten Breakout-Rooms. Ich teile die Gruppen so ein, dass in jedem virtuellen Raum immer genau ein TN mit funktionierender Software sitzt. Die anderen »besuchen« ihn in seinem Raum, schauen per Bildschirmübertragung zu und bearbeiten die Aufgaben gemeinsam.

Das klappt fast immer – außer bei jener denkwürdigen Schulung, bei der niemand die Software hatte. Dieses Training musste dann leider verschoben werden.

Solche Fehler sind vermeidbar. Es zeigt aber auch: HR muss hier die Rolle der »Regisseurin« einnehmen, die sicherstellt, dass die Bühne (IT) bereit ist, bevor die Schauspieler (Mitarbeitende) ihren Auftritt haben.

6.2 Best Practices für Schulungskonzepte

Wie KI-Kompetenz wirksam, akzeptiert und nachhaltig aufgebaut wird
Die größte Herausforderung bei KI-Schulungen liegt selten im Inhalt. Entscheidend ist die Struktur. In der Praxis zeigt sich immer wieder, dass ein einheitliches Schulungsformat für alle nicht funktioniert. Unternehmen unterscheiden sich stark in Größe, Reifegrad und Kultur, aber auch innerhalb eines Unternehmens ist der Schulungsbedarf niemals homogen.

Ein Blick in die Seminarpraxis: der »Abteilungs-Check«

Wenn ich eine Schulungsreihe plane, schaue ich mir in der Vorabstimmung die Fachbereiche ganz genau an. In einem meiner Projekte im Marketing nutzten 80 Prozent der Mitarbeitenden bereits KI für Texte und Bilder – hier brauchten wir einen Deep-Dive in Sachen Urheberrecht und fortgeschrittenes Prompting.

Gleichzeitig saß drei Türen weiter die Buchhaltung, die noch nie mit einem Sprachmodell gearbeitet hatte und erst einmal verstehen musste, wie KI bei der Strukturierung von Tabellen hilft, ohne den Datenschutz zu verletzen. Ein gemeinsames Training für beide Gruppen hätte die einen gelangweilt und die anderen völlig überfordert.

Schulungskonzepte müssen diese Unterschiede abbilden. Aus der Erfahrung zahlreicher Trainings lässt sich eine klare Erkenntnis ableiten: KI-Kompetenz entsteht nicht durch ein einzelnes Training, sondern durch eine abgestufte, zielgruppengerechte **Lernarchitektur.**

Die Bedeutung der Vorabstimmung

Bevor Schulungsformate festgelegt werden, ist eine sorgfältige Vorabstimmung entscheidend. Diese Phase wird häufig unterschätzt, ist jedoch der wichtigste Erfolgsfaktor. Ohne sie entstehen entweder Überforderung oder Unterforderung. Beides führt zu Ablehnung.

Zentrale Fragen in der Vorabstimmung sind:

- Wie groß ist das Unternehmen?
- Wie viele Mitarbeitende sind betroffen?
- Welche Rollen nutzen KI bereits aktiv?
- Welche Unsicherheiten bestehen konkret?
- Welche Erwartungen gibt es an KI?

In großen Organisationen geht es häufig darum, zunächst ein gemeinsames Grundverständnis zu schaffen. In kleineren Unternehmen steht oft die direkte Anwendbarkeit im Vordergrund. Wirksame Schulungskonzepte berücksichtigen diese Unterschiede und passen Inhalte, Tiefe und Formate entsprechend an.

Ein Blick in die Seminarpraxis: wenn die Vorabstimmung fehlt – die Gefahr der »Schweißausbruch-Schulung«

Einmal wurde ich für ein Canva-Training gebucht, bei dem die Vorabstimmung offenbar nicht bis zu den Teilnehmenden durchgedrungen war. Im Kurs saßen eine Marketingleiterin, die seit Jahren professionell Videos schnitt, und eine Mitarbeiterin, die Canva bisher nur flüchtig angeschaut hatte.

Die Marketingleiterin wollte sich im Grunde nur profilieren und ihr Wissen zeigen; sie hatte keine Fragen und konnte (oder wollte) nichts dazulernen. Die Mitarbeiterin hingegen war völlig überfordert. Alle waren unzufrieden.

Auch bei mir als Trainerin führte das zu echtem Stress und Schweißausbrüchen, da man in so einer Konstellation kaum allen gerecht werden kann. Am Ende drohen schlechte Rückmeldungen, obwohl das Problem in der nicht durchdachten Gruppenzusammenstellung lag.

Dieses Beispiel verdeutlicht: HR muss sicherstellen, dass die Kursbeschreibungen nicht nur verschickt, sondern auch gelesen und verstanden werden. Es bringt nichts, »Marketing« pauschal in einen Topf zu werfen.

Daraus folgen zwei wichtige Regeln für die Planung:

1. **Homogene Gruppen bilden:** Profis und Neulinge brauchen getrennte Formate (oder das vorhin erwähnte »Buddy-Prinzip«, wenn beide Seiten bereit dazu sind).
2. **Erwartungsmanagement:** Vorab muss geklärt werden, ob das ein Training zum Mitmachen ist oder eine Demo-Veranstaltung. Wenn Teilnehmende nur kommen,

um ihr bestehendes Wissen zu bestätigen, ist das Training für sie Zeitverschwendung und für die Gruppe ist ihr Verhalten destruktiv.

6.3 Typische Schulungsformate im KI-Kompetenzaufbau

Für den Aufbau von KI-Kompetenz hat es sich in der Praxis bewährt, bestimmte Schulungsformate, die im Folgenden genauer erläutert werden, zu verwenden:

- Orientierung: Vortrag/Keynote
- Einordnung: Impulsvortrag (online)
- Anwendung: Workshop (Kleingruppe)
- Vertiefung: Onlinekurs/Tooltraining

6.3.1 Keynote: Orientierung für den Unternehmenskontext

Ziel der Keynote

Die Keynote dient als übergeordneter Einstieg in das Thema künstliche Intelligenz. Sie richtet sich an eine breite Zielgruppe im Unternehmen und verfolgt das Ziel, Orientierung zu schaffen. Im Mittelpunkt steht nicht die Vermittlung von Detailwissen, sondern die Einordnung von KI in einen größeren Zusammenhang aus technologischem Wandel, Arbeitsrealität und Verantwortung. Die Keynote bildet damit den Rahmen für alle nachfolgenden Schulungsformate.

Einstieg: Distanz abbauen, Einordnung ermöglichen

- Der Einstieg erfolgt bewusst niedrigschwellig. Künstliche Intelligenz ist häufig mit starken Erwartungen, Unsicherheiten oder auch Ängsten verbunden. Eine erste Annäherung nimmt diese Spannung auf, ohne sie zu verstärken.
- Dabei wird deutlich gemacht, dass KI kein neues Phänomen ist. Viele technologischen Entwicklungen, die heute selbstverständlich genutzt werden, beruhen bereits seit Jahren auf KI-gestützten Verfahren. Die aktuelle Aufmerksamkeit entsteht weniger durch die Technologie selbst als durch ihre Sichtbarkeit und direkte Nutzbarkeit.
- Diese Einordnung hilft, das Thema aus einer emotionalen Perspektive zu lösen und sachlich zu betrachten.

Ein Blick in die Seminarpraxis: Einstiegsfrage

Um die Distanz zu verringern, starte ich oft mit einer Frage ans Publikum: »Wer von Ihnen hat heute Morgen schon KI genutzt?« Meist melden sich nur wenige. Wenn ich dann erkläre, dass der Spam-Filter im Postfach, die Stau-Vorhersage in Google Maps oder die Gesichtserkennung beim Entsperren des Handys bereits reine KI-Anwendungen sind, entspannt sich die Atmosphäre. Die Botschaft ist klar: Wir reden nicht über die Zukunft, sondern über eine Technologie, die bereits zum Alltag gehört.

Ein Blick in die Praxis: der »Hotdog«-Moment – Humor als Brücke zur Technik

Ein bewährtes Mittel, um zu Beginn einer Keynote das Eis zu brechen, ist das gemeinsame Rätselraten über KI-Fehler. Ich zeige den Teilnehmenden dazu oft ein Bild, das auf den ersten Blick völlig absurd wirkt: Ein Hund, der sichtlich schwitzt oder aus dessen Fell Dampf aufsteigt.

Die Frage an das Publikum lautet dann: »Was glauben Sie, welchen Befehl (Prompt) die KI hier bekommen hat?«

Die Auflösung sorgt immer für Lacher: Der Prompt war schlicht »Stelle mir einen Hotdog dar«. Die KI hat hier die menschliche Sprache wortwörtlich genommen: »Hot« (heiß/schwitzend) und »Dog« (Hund).

Dieses kleine Spiel erfüllt einen wichtigen Zweck: Es nimmt der Technologie das »Magische« oder Bedrohliche. Die Teilnehmenden verstehen sofort und ohne technische Vokabeln, dass die KI keine Konzepte versteht, sondern Wörter rein statistisch oder eben wortwörtlich verarbeitet. Das schafft eine entspannte Atmosphäre, in der Fehler erlaubt sind und die Neugier auf die echte Funktionsweise geweckt wird.

Hotdog (erstellt mit Gemini)

Grundverständnis: was unter »künstlicher Intelligenz« verstanden wird

- Im nächsten Schritt wird künstliche Intelligenz begrifflich eingeordnet. Ohne technisch in die Tiefe zu gehen, wird erläutert, dass KI-Systeme keine Denkprozesse im menschlichen Sinne ausführen, sondern auf der Verarbeitung großer Datenmengen und statistischen Wahrscheinlichkeiten beruhen.
- Zentrale Aspekte dieser Einordnung sind:
  - KI erzeugt Ergebnisse auf der Basis von Mustern und Wahrscheinlichkeiten.
  - Sie verfügt nicht über ein eigenes Verständnis oder Bewusstsein.
  - Ergebnisse sind Vorschläge, keine gesicherten Aussagen.
- Diese Abgrenzung ist wesentlich, um KI realistisch einzuordnen und Fehlannahmen zu vermeiden.

Ein Blick in die Praxis: Die KI als »Sätze-Vervollständiger«

Um das Prinzip der Wahrscheinlichkeit zu verdeutlichen, nutze ich in meinen Vorträgen gern das Beispiel der Autovervollständigung auf dem Smartphone. Wenn wir dort »Ich komme etwas ...« tippen, schlägt uns das Handy meist »später« vor. Warum? Nicht, weil das Handy weiß, dass wir im Stau stehen, sondern weil es gelernt hat, dass auf diese Wortfolge statistisch am häufigsten das Wort »später« folgt.

Moderne KI-Systeme wie ChatGPT funktionieren nach genau demselben Prinzip – nur auf einem weitaus komplexeren Niveau. Ich erkläre den Teilnehmenden dann: Wenn Sie die KI fragen »Was ist die Hauptstadt von Frankreich?«, dann »weiß« die KI das nicht. Sie berechnet lediglich, dass das Wort »Paris« mit einer Wahrscheinlichkeit von fast 100 Prozent das nächste logische Wort in dieser Kette ist.

Der Clou ist: Die KI ist darauf trainiert, dass Sätze richtig klingen, nicht zwingend, dass sie wahr sind. In meinen Schulungen zeige ich das oft an einem fiktiven Beispiel, bei dem die KI eine absolut seriös klingende Biografie über eine Person erfindet, die gar nicht existiert.

Diese Beispiele helfen den Mitarbeitenden enorm, die Ergebnisse der KI richtig einzuordnen: Sie verstehen, dass sie es mit einem mathematischen Hochleistungswerkzeug zu tun haben, das brillante Vorschläge macht, aber eben keinen »Faktencheck« im Kopf hat. Meine Botschaft an die Teilnehmenden lautet: »Die KI liefert die Wahrscheinlichkeit, Sie liefern die Wahrheit.«

KI im Unternehmenskontext

- Anschließend wird der Blick auf den Einsatz von KI im Unternehmen gelenkt. Dabei geht es nicht um einzelne Tools oder Anwendungen, sondern um typische Einsatzbereiche und Wirkmechanismen.
- Künstliche Intelligenz unterstützt heute vor allem dort, wo
  - große Informationsmengen verarbeitet werden,
  - wiederkehrende Aufgaben strukturiert abgearbeitet werden können und
  - Entscheidungsgrundlagen vorbereitet werden.

- Dabei verändert KI nicht die Verantwortung im Unternehmen. Entscheidungen bleiben menschliche Entscheidungen. KI liefert Impulse, Vorschläge oder Vorarbeiten, ersetzt aber nicht die fachliche Bewertung oder übernimmt die organisatorische Verantwortung.
- Diese Perspektive ist zentral für den Umgang mit KI im Unternehmen.

Ein Blick in die Praxis: KI als »fleißiger Assistent« in der Zuarbeit

Um den Wirkmechanismus im Unternehmen zu verdeutlichen, nutze ich oft das Beispiel einer umfangreichen Mitarbeiterbefragung. Stellen Sie sich vor, Sie haben Hunderte Freitext-Antworten erhalten. Ein Mensch müsste Tage investieren, um diese zu lesen, zu kategorisieren und die Stimmungslage zu erfassen. Hier zeigt sich der strategische Nutzen:

- **Die Vorarbeit der KI:** In Minuten sortiert das System die Antworten nach Themen (z. B. »Zufriedenheit mit der Kantine«, »Wunsch nach Homeoffice«) und liefert eine erste Zusammenfassung.
- **Die Grenze:** Die KI kann zwar sagen, dass 70 Prozent unzufrieden sind, aber sie kann nicht entscheiden, welche Maßnahmen das Unternehmen jetzt ergreifen muss, um die Kultur zu verbessern.

Den Teilnehmenden wird hier klar: Die KI übernimmt das »Sortieren und Zusammenfassen« (die Last der Datenmenge), aber »Bewerten und Entscheiden« ist dem Menschen vorbehalten. Die Verantwortung für die daraus resultierende Personalstrategie bleibt zu 100 Prozent beim HR-Verantwortlichen.

Auswirkungen auf Arbeit und Organisation

- Im weiteren Verlauf wird künstliche Intelligenz in den Kontext der Arbeitswelt eingeordnet. Die Technologie verändert weniger die Berufe an sich als vielmehr Aufgaben und Arbeitsweisen. Tätigkeiten verschieben sich, Routinen werden unterstützt oder automatisiert, während andere Aufgaben stärker auf Einordnung, Abwägung und Verantwortung ausgerichtet sind.
- Diese Entwicklung ist nicht neu, wird durch KI jedoch beschleunigt. Arbeit wird dadurch nicht grundsätzlich einfacher oder komplexer, sondern anders strukturiert. Organisationen stehen vor der Aufgabe, diese Veränderung bewusst zu gestalten.

Ein Blick in die Praxis: Verschiebung der Aufgaben – weg vom Tippen, hin zum Prüfen

Früher bestand ein Großteil der Arbeit darin, Daten händisch von A nach B zu übertragen oder Standardsätze mühsam zusammenzusetzen. Das war eine reine Routineaufgabe. Mit KI verschiebt sich die Tätigkeit und erstellt z. B. den ersten Entwurf des Zeugnisses basierend auf den Leistungsdaten. Der Mensch prüft dann das Ergebnis.

Zukunft der Arbeit: Entwicklung statt Umbruch

- Der Blick auf die Zukunft der Arbeit erfolgt bewusst zurückhaltend. Künstliche Intelligenz ist kein radikaler Bruch, sondern Teil einer fortlaufenden Entwicklung. Sie wirkt als Verstärker bestehender Trends, etwa der zunehmenden Bedeutung von Wissen, Bewertung und Entscheidungsfähigkeit.
- Die zentrale Frage ist dabei nicht, welche Tätigkeiten ersetzt werden, sondern wie Verantwortung, Kompetenz und Zusammenarbeit neu ausbalanciert werden. Künstliche Intelligenz macht diese Fragen sichtbarer, löst sie aber nicht selbst.

Ein Blick in die Praxis: wo KI heute schon eingesetzt wird

Um am Ende der Keynote den Übergang in die Pause und den Austausch zu gestalten, nutze ich oft zwei sehr unterschiedliche Beispiele, die zeigen, wie weit die Entwicklung bereits ist:

- **KI als intelligenter »Türsteher« im Vertrieb (Lead-Management)**
  Um den Wirkmechanismus im Unternehmen zu verdeutlichen, nutze ich oft ein Beispiel aus dem Vertrieb, das zeigt, wie KI heute schon ganze Prozesse vorfiltert: Stellen Sie sich vor, über Ihre Website kommen täglich Hunderte neue Kundenanfragen (Leads) herein. Früher musste ein Mitarbeiter jede einzelne Anfrage manuell prüfen, wichtige Kontextinformationen recherchieren und sortieren. Heute übernimmt das ein KI-Agent:
  - **Die Vorarbeit:** Die KI gleicht die Daten im Hintergrund sofort ab (z. B. via Google oder LinkedIn). Sie prüft: Passt dieses Unternehmen überhaupt zu unserem Wunschkunden-Profil? Wenn ein Lead nicht passt, wird er sofort automatisch disqualifiziert.
  - **Die Vorbereitung:** Passt der Lead, wird er nicht einfach nur weitergeleitet, sondern direkt dem passenden Vertriebsmitarbeiter zugeordnet. Die KI liefert diesem gleichzeitig die wichtigsten Hinweise und Fakten zum Kunden mit, sodass dieser sofort mit der Akquise loslegen kann, ohne selbst erst zeitaufwendig recherchieren zu müssen.

  Den Teilnehmenden wird hier klar: Die KI übernimmt das »Sichten, Recherchieren und Sortieren« (die Last der Datenmengen). Aber die menschliche Fachkraft wird genau dort eingesetzt, wo sie am wertvollsten ist: im persönlichen Gespräch und beim Verkaufsabschluss. Die KI liefert die perfekte Vorlage, aber den Kunden gewinnen muss immer noch der Mensch.
- **KI als »Super-Auge« in der Medizin.** Auch Zahnarztpraxen setzen bereits heute KI ein. Die Software scannt Röntgenbilder und markiert kleinste Auffälligkeiten, die das menschliche Auge vielleicht übersehen hätte. Die Diagnose und die Entscheidung über die Behandlung bleiben aber zu 100 Prozent beim Zahnarzt.

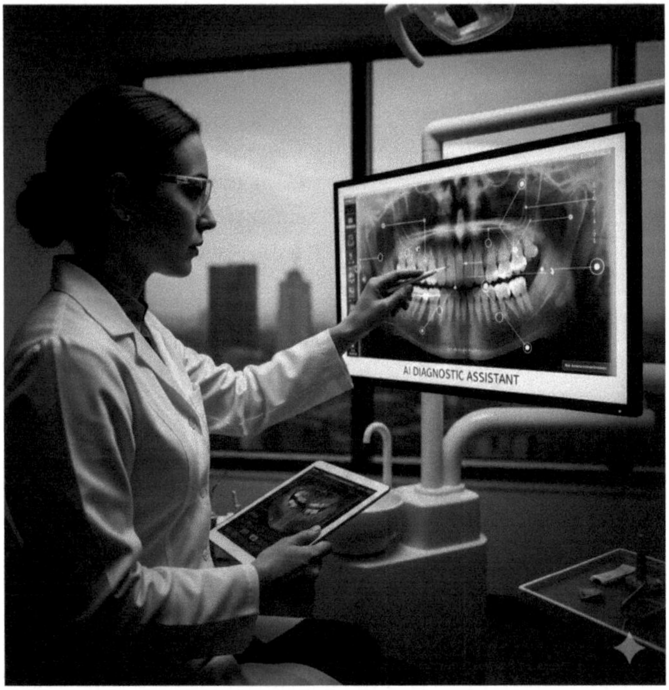

KI-Einsatz in der Medizin (erstellt mit Gemini)

Die beiden Beispiele zeigen den Teilnehmenden: KI ist schon heute ein Werkzeug, das uns hilft, schlichtweg bessere und sicherere Arbeit zu leisten.

6.3.2 Impulsvortrag: KI im Arbeitsalltag – Orientierung schaffen

Der Impulsvortrag dient der Einordnung und Orientierung. Er richtet sich an Mitarbeitende, Führungskräfte und HR und schafft ein gemeinsames Grundverständnis für den Einsatz von künstlicher Intelligenz im Unternehmenskontext. Ziel ist es, Unsicherheiten abzubauen, realistische Erwartungen zu fördern und eine gemeinsame Sprache im Umgang mit KI zu etablieren.

Der Impulsvortrag ersetzt keine Schulung im engeren Sinne, sondern bildet bewusst den ersten Schritt. Er schafft den Rahmen, in dem weitere Formate sinnvoll anschließen können. Ein Impulsvortrag könnte wie folgt aufgebaut sein:

Einordnung von künstlicher Intelligenz

- was unter KI im Unternehmensalltag tatsächlich verstanden wird
- Abgrenzung zwischen Automatisierung, KI und generativer KI
- warum KI kein Ersatz für Fachwissen, Verantwortung oder Erfahrung ist

KI im Alltag – oft unbewusst genutzt

- Beispiele für KI-Anwendungen, die seit Jahren im Einsatz sind
- warum KI lange keine Angst ausgelöst hat
- was sich durch generative KI verändert hat

Chancen und Grenzen

- wo KI Arbeit erleichtern kann
- wo KI an klare Grenzen stößt
- warum KI keine objektiven Wahrheiten liefert, sondern Wahrscheinlichkeiten

Typische Fehlannahmen

- »Die KI weiß das.«
- »Das kann die KI entscheiden.«
- »Das ist doch nur ein Tool.«

Verantwortung und Rolle der Mitarbeitenden

- warum KI immer im Kontext von Entscheidungen durch den Menschen steht
- erste Sensibilisierung für Datenschutz und Informationssicherheit
- Bedeutung von kritischem Denken und Einordnung

Ausblick

- welche Kompetenzen künftig wichtiger werden
- warum Orientierung vor Anwendung kommt
- wo weiterführende Schulungsformate ansetzen

Der Impulsvortrag schafft damit eine gemeinsame Ausgangsbasis, ohne zu überfordern oder zu sehr ins Detail zu gehen.

Ein Blick in die Seminarpraxis: den Chat als Seismographen nutzen

Bei großen Online-Impulsvorträgen mit bis zu 100 Teilnehmenden nutze ich den Teams-Chat ganz gezielt, um die Stimmung zu lesen. Oft kommen dort Kommentare wie: »Die KI weiß das sowieso besser als ich« oder »Das ist doch alles nur Spielerei«.

Mein Vorgehen: Ich greife diese Nachrichten live auf. Wenn jemand schreibt »Die KI weiß das«, zeige ich sofort per Bildschirmübertragung ein Beispiel, bei dem die KI völlig überzeugt eine falsche Antwort (Halluzination) gibt. Dieser »Aha-Moment« am Bildschirm ist viel wirkungsvoller als jede Theorie. Es nimmt den Profis die Überheblichkeit und den Skeptikern die Angst vor der Unfehlbarkeit der Maschine.

6.3.3 Workshop: KI-Anwendung im Arbeitsalltag

Der Workshop (meist online) kann als Anschlussformat nach dem Impulsvortrag eingesetzt werden und baut auf der zuvor geschaffenen Orientierung auf: Darin werden die ersten gewonnenen Erkenntnisse praktisch angewendet. Ziel ist es, Mitarbeitenden Sicherheit im Umgang mit KI zu geben und sie in die Lage zu versetzen, KI sinnvoll, reflektiert und verantwortungsvoll in ihrem eigenen Arbeitskontext einzusetzen.

Der Fokus liegt bewusst nicht auf einer Vielzahl von Tools, sondern auf dem Verständnis von Arbeitsweisen, Grenzen und der Bewertung von KI-Ergebnissen.

Der Workshop könnte aus folgenden Teilen bestehen:

Übertragung auf den eigenen Arbeitskontext
- typische Aufgaben im Arbeitsalltag, die sich für KI-Unterstützung eignen
- Abgrenzung zu Aufgaben, die Entscheidungen durch den Menschen erfordern
- Reflexion eigener Erwartungen an KI

Arbeiten mit KI-Beispielen
- gemeinsames Erarbeiten von Anwendungsfällen
- Bedeutung der Prompts und des Kontexts
- warum gleiche Fragen zu unterschiedlichen Ergebnissen führen

Bewertung von KI-Ergebnissen
- Einordnung von Qualität und Plausibilität
- Erkennen von Halluzinationen
- Bedeutung von Quellen und Aktualität

Datenschutz und Verantwortung
- Sensibilisierung für interne Informationen
- typische Risiken im Arbeitsalltag
- die Rolle der einzelnen Mitarbeitenden

Reflexion und Transfer
- Wo kann KI konkret unterstützen?
- Wo braucht es klare Grenzen?
- Welche offenen Fragen bleiben?

Der Workshop ist der zentrale Schritt vom Wissen zur Kompetenz.

6.3.4 Online-Training: Vertiefung zu einem konkreten Tool

Das Online-Training dient der gezielten Vertiefung zu einem klar definierten Tool oder Anwendungsfeld. Es richtet sich an Mitarbeitende, die KI bereits grundsätzlich einordnen können und nun konkrete Anwendungen sicher und effizient nutzen möchten.

Das folgende Beispiel eines Onlinetrainings beinhaltet die Verwendung von Canva für Marketing und Kommunikation.

Im Gegensatz zum Workshop steht hier nicht die Reflexion im Vordergrund, sondern die praktische Anwendung im Unternehmenskontext. Das Onlinetraining könnte sich thematisch wie folgt zusammensetzen:

Einordnung des Tools

- die Rolle von Canva im Marketing- und Kommunikationskontext
- Abgrenzung zu anderen Design- und KI-Tools
- typische Einsatzfelder im Unternehmen

Grundfunktionen und Arbeitsweise

- Arbeiten mit Vorlagen
- Anpassung an das Corporate Design
- die Zusammenarbeit im Team

KI-gestützte Funktionen

- Unterstützung bei Layout, Text und Visuals
- Grenzen automatisierter Gestaltung
- Qualitätskontrolle und Freigabeprozesse

Praxisnahe Anwendungsbeispiele

- Social-Media-Grafiken
- Präsentationen
- einfache Marketingmaterialien

Sicherer Einsatz im Unternehmen

- Umgang mit Markenrichtlinien
- Datenschutz und Rechte an Inhalten
- Qualitätssicherung vor Veröffentlichung

Das Online-Training ist bewusst spezialisiert und baut auf den vorherigen Formaten auf. Ohne Orientierung und Anwendungserfahrung bleibt Toolwissen isoliert und wirkungslos.

Ein Blick in die Seminarpraxis: zwischen Kameraschüchternheit und Profi-Chat

In meinen Online-Trainings über Teams oder Zoom erlebe ich die gesamte Bandbreite an Reaktionen. Ich beginne daher immer mit einer kurzen Vorstellungsrunde (Kamera an ist hier Pflicht!) und frage ganz kurz nach den Erfahrungen mit KI, damit ich alle Teilnehmenden dort abholen kann, wo sie stehen, und später in geeignete Gruppen einteilen kann.

Dabei zeigt sich oft eine spannende Mischung: Da ist der Skeptiker, der sich erst einmal alles aus der Distanz anschaut und sich fragt, ob diese neue Technik seinen Arbeitsplatz gefährdet. Auf der anderen Seite habe ich den Profi, der den Chat bereits mit Fachbegriffen wie »Automatisierung« oder »Schnittstellen« füllt und am liebsten sofort tief in die Technik einsteigen würde.

Mein Ziel in diesen digitalen Sitzungen ist es, eine Brücke zu schlagen:

- Den Neulingen nehme ich die Unsicherheit, indem ich meinen Bildschirm teile und live zeige, wie die KI als »digitaler Assistent« beim Formulieren von schwierigen Mails hilft.
- Den Profis gebe ich im Training eine Bühne, auf der sie ihre Lösungen zeigen dürfen. Gleichzeitig bremse ich sie dort, wo ihre Begeisterung die Regeln des Unternehmens (wie den Datenschutz) überholt. So wird aus einem potenziellen Einzelkämpfer ein wichtiger Wissensvermittler für das ganze Team.

Ein Blick in die Seminarpraxis: Synergien durch »gemischte« Breakout-Rooms

Ein Kernbestandteil meiner Workshops ist der intensive Übungsteil. Hierfür nutze ich die »Breakout-Rooms« in Teams und »würfle« die Teilnehmenden bewusst durcheinander. Dabei achte ich darauf, dass Personen aus unterschiedlichen Abteilungen und mit völlig verschiedenen Wissensständen zusammenkommen, die sich im Arbeitsalltag vielleicht kaum begegnen.

Dieser Mix hat einen entscheidenden Vorteil: Die »KI-Profis« unterstützen die »Neulinge« direkt bei der ersten Anwendung. Das nimmt nicht nur mir als Trainerin die Last, überall gleichzeitig sein zu müssen, sondern schafft ein echtes Gemeinschaftsgefühl. Wenn ein Skeptiker von einem Kollegen aus der Nachbarabteilung hört: »Schau mal, so habe ich das gelöst«, ist die Akzeptanz um ein Vielfaches höher als bei einer rein theoretischen Anleitung.

Der Blick nach vorn: Dranbleiben durch Aufbauschulungen

In diesen Übungsphasen passiert oft etwas Magisches: Die Neugier wird geweckt. Viele Teilnehmende merken erst beim Ausprobieren, welches Potenzial in der Technik steckt. Genau an diesem Punkt ist es wichtig, den Faden nicht abreißen zu lassen.

Für Unternehmen ist es daher strategisch klug, direkt im Anschluss **Aufbauschulungen** anzubieten. Diese richten sich an alle, die noch mehr erfahren möchte und tiefer in spezielle Themen wie Prozess-Automatisierung oder fortgeschrittenes Prompting einsteigen wollen. So wird aus einem einmaligen Workshop ein nachhaltiger Lernprozess, der die Innovationskraft im gesamten Unternehmen wachhält.

6.4 Unterschiedliche Ausgangslagen: Konzern vs. KMU

Großkonzerne stehen vor der Herausforderung, große Gruppen zu erreichen, ohne dabei oberflächlich zu bleiben. Hier ist die Skalierbarkeit entscheidend, gleichzeitig aber auch eine klare Struktur.

Kleine und mittelständische Unternehmen benötigen meist weniger formale Strukturen, dafür aber praxisnahe und direkt umsetzbare Inhalte. Die Nähe zwischen Geschäftsleitung, HR und Mitarbeitenden ermöglicht kürzere Wege, verlangt aber auch Klarheit.

Ein häufiger Fehler besteht darin, die Konzernlogik auf KMU zu übertragen oder umgekehrt. Erfolgreiche Schulungskonzepte orientieren sich immer an der realen Organisationsstruktur.

6.4.1 Die zentrale Rolle von HR, Geschäftsleitung und Führungskräften

Die Entscheidung für ein KI-Schulungskonzept ist keine rein inhaltliche Frage, sondern in erster Linie eine Frage der **Organisationsstruktur**. In meiner täglichen Arbeit mit ganz unterschiedlichen Unternehmen stelle ich fest: Ein Konzept, das in einem DAX-Konzern hervorragend funktioniert, kann in einem mittelständischen Familienunternehmen völlig am Bedarf vorbeigehen und umgekehrt.

Bevor HR also in die Detailplanung geht, muss die Frage nach dem »Wie viel Struktur ist nötig?« und »Wie viel Flexibilität ist möglich?« beantwortet werden. Ein entscheidender Erfolgsfaktor ist außerdem die Reihenfolge der Schulung. HR, Geschäftsleitung und Führungskräfte sollten immer zuerst geschult werden, umfassend und vertiefend. In der Praxis zeigt sich häufig, dass gerade diese Ebenen über weniger fundiertes KI-Wissen verfügen, als angenommen wird. Gleichzeitig treffen sie Entscheidungen, priorisieren Budgets und setzen Rahmenbedingungen.

Ohne ein solides Verständnis auf dieser Ebene entstehen mehrere Risiken:

- falsche Erwartungen an KI
- unrealistische Zielvorgaben
- Unsicherheit im Umgang mit Mitarbeitenden
- mangelnde Unterstützung für Schulungsmaßnahmen

Erst wenn HR und Führung ein klares Verständnis entwickelt haben, können Bedarfe realistisch eingeschätzt und die passenden Schulungsformate ausgewählt werden.

Ein Blick in die Praxis: das »Copilot-Dilemma« – wenn IT und Führungsebene aneinander vorbeireden

Ein weiteres Beispiel aus einem meiner Einzelcoachings: Eine Führungskraft war absolut begeistert von den Möglichkeiten des Microsoft Copilot und wollte das Tool sofort für ihr gesamtes Team ausrollen. Die Ernüchterung folgte prompt: Die IT-Abteilung hatte sich mit dem Tool noch gar nicht beschäftigt, sah keine dringende Notwendigkeit und blockte die Einführung aus Sicherheitsbedenken komplett ab.

Die Lehre daraus: Es reicht nicht, wenn nur die Führungsebene die Effizienzvorteile kennt. Damit ein Tool wirklich »fliegt«, müssen HR, Führung und IT an einem Tisch sitzen. Die IT muss frühzeitig verstehen, welchen geschäftlichen Nutzen ein Tool hat, um proaktiv Sicherheitslösungen zu finden, statt nur zu blockieren. HR moderiert hierbei den Prozess, damit technische Sicherheit und operative Effizienz keine Gegenspieler bleiben.

6.4.2 Ein strategischer Schulungsrahmen für die Führungsebene

Die Erfahrung aus der praktischen Arbeit mit Unternehmen zeigt, dass tragfähige KI-Kompetenz auf Führungsebene weder durch kurze Impulse noch durch langwierige Trainingsprogramme entsteht. Führungskräfte benötigen Orientierung, Entscheidungsgrundlagen und ein klares Verständnis ihrer Rolle im Umgang mit künstlicher Intelligenz. Gleichzeitig lässt sich der Arbeitsalltag nicht über Monate hinweg durch Schulungsmaßnahmen blockieren.

Ein bewährter Ansatz ist daher ein modulares Schulungskonzept, das sich über mehrere Wochen erstreckt und gezielt auf die Anforderungen von Geschäftsleitung, HR und Führungskräften zugeschnitten ist. Das hier vorgestellte 6-Tage-Modell verbindet Präsenz- und Onlineformate und schafft damit einen realistischen Rahmen, um strategisches Verständnis, rechtliche Sicherheit, kulturelle Einordnung und praktische Anwendungsfähigkeit systematisch aufzubauen.

Dieses Modell folgt einem klaren Prinzip: Nicht jede Zielgruppe muss an jedem Tag teilnehmen. Inhalte werden differenziert angeboten, abgestimmt auf Rolle, Verantwortung und Entscheidungskompetenz. So entsteht Tiefe dort, wo sie notwendig ist – ohne unnötige Belastung für andere Bereiche.

Ein Blick in die Seminarpraxis: wenn die Basis die Führung überholt

In einem meiner Projekte hatte ein Unternehmen bereits Hunderte Lizenzen für ein KI-Tool an die Belegschaft verteilt und die Mitarbeitenden in Workshops geschult. Die Begeisterung war groß, und die Teams entwickelten sofort kreative Lösungen. Das Problem: Die Führungskräfte und die Geschäftsleitung waren nicht Teil des Lernprozesses. Das führte zu einer paradoxen Situation:

- **Verunsicherung auf Führungsebene:** Als Mitarbeitende begannen, ihre Arbeitsergebnisse stolz zu präsentieren, konnten die Führungskräfte die Qualität und die Risiken (z. B. Datenschutz oder Halluzinationen) gar nicht einschätzen. Statt die Innovation zu fördern, reagierten viele aus Unsicherheit mit Verboten.
- **unrealistische Budgets:** Die Geschäftsleitung wunderte sich, warum die Effizienzsprünge nicht sofort in den Quartalszahlen sichtbar waren, weil sie nicht gelernt hatte, dass KI eine Einarbeitungszeit und fachliche Kontrolle benötigt.

Die Lösung: Wir haben das Projekt gestoppt und einen »Executive-Workshop« nachgeholt. Erst als die Chefetage selbst erlebt hatte, wie mühsam ein guter Prompt ist und wo die rechtlichen Leitplanken liegen, konnten sie ihre Rolle als Ermöglicher einnehmen.

Mein Fazit aus vielen Projekten: Wenn die Mitarbeitenden »KI-Gas« geben, die Führung aber auf der »Wissensbremse« steht, verbrennt das Unternehmen nur Geld und Motivation. Führung muss den Rahmen kennen, um die Freiheit zur Nutzung geben zu können.

Grundstruktur des Modells

- Gesamtdauer: 6 Schulungstage
- Formate:
  - 1 Tag Präsenz (Initialworkshop) für alle
  - 5 Tage Online-Themenworkshops
- Dauer je Workshop: 1 Tag
- maximale Teilnehmendenzahl pro Workshop: 12 Personen
- Zielgruppen: Geschäftsleitung, HR, Führungskräfte (rollenabhängig)

Die begrenzte Gruppengröße ist bewusst gewählt. Sie ermöglicht echte Interaktion, individuelle Fragen und praxisnahe Diskussionen – entscheidende Faktoren für Wirksamkeit.

Tag 1 – Grundlagen der KI, Zukunft der Arbeit und EU-Vorgaben (Pflichtmodul für Geschäftsleitung, HR und Führungskräfte)

Der erste Tag bildet das gemeinsame Fundament. Er sollte idealerweise als Präsenzworkshop stattfinden, um Austausch, Diskussion und gemeinsame Einordnung zu ermöglichen.

Zentrale Inhalte sind:

- was Künstliche Intelligenz ist und was nicht
- aktuelle Entwicklungen und realistische Zukunftsbilder
- Auswirkungen von KI auf Arbeit, Rollen und Organisation
- Einordnung der EU-KI-Verordnung und der Schulungspflicht
- Verantwortung von Unternehmen und Führung
- Abgrenzung zwischen Technologie, Entscheidung und Haftung

Ziel dieses Tages ist es nicht, Detailwissen zu vermitteln, sondern ein gemeinsames Verständnis und eine gemeinsame Sprache zu schaffen. Gerade für die Geschäftsleitung ist dieser Tag entscheidend, um Erwartungen zu justieren und KI nicht als rein operatives Thema zu betrachten.

Tag 2 – Initialworkshop zu Daten, Modellen und Tools (Pflichtmodul für HR, IT-nahe Rollen und ausgewählte Führungskräfte)
Der zweite Tag fokussiert sich auf die technischen Grundlagen, ohne technisch zu überfordern. Im Mittelpunkt steht die Frage, warum KI nur so gut sein kann wie ihre Daten und Rahmenbedingungen.

Inhalte dieses Workshops sind:
- unterschiedliche KI-Modelle und ihre Funktionsweise
- die Bedeutung von Datenqualität und Datenstruktur
- typische Fehlerquellen im Unternehmenskontext
- Grenzen von Modellen (z. B. Halluzinationen, Verzerrungen)
- Überblick über gängige KI-Tools im Arbeitsalltag

Dieser Tag ist besonders wichtig, um unrealistische Erwartungen abzubauen. Aussagen wie »Das kann doch die KI machen« lassen sich nur dann einordnen, wenn klar ist, welche Vorarbeit notwendig ist – technisch, organisatorisch und menschlich.

Tag 3 – Recht und Compliance (Pflichtmodul für HR, Geschäftsleitung, Compliance, Datenschutz, ausgewählte Führungskräfte)
Rechtliche Sicherheit ist ein zentraler Akzeptanzfaktor für KI. Dieser Workshoptag schafft Klarheit darüber, was erlaubt ist, was kritisch ist und wo Verantwortung liegt.

Themenschwerpunkte sind:
- die EU-KI-Verordnung und ihre praktische Bedeutung
- Datenschutz, personenbezogene Daten und sensible Informationen
- Haftungsfragen und Verantwortlichkeiten
- Umgang mit externen KI-Tools, wie Cloud-basierten KI-Tools oder öffentlich zugänglichen Tools wie ChatGPT, Gemini etc.
- interne Leitlinien und Governance-Modelle

Ziel ist es, Unsicherheit abzubauen und HR sowie Führungskräften eine fundierte Grundlage für Entscheidungen zu geben. Dieser Tag verhindert informelle, unkontrollierte KI-Nutzung und stärkt das Vertrauen im Unternehmen.

Tag 4 – Mindset und Seminardesign (Pflichtmodul für HR und Führungskräfte)
Technisches Wissen allein reicht nicht aus. Dieser Workshoptag widmet sich bewusst der Haltungs- und Kulturfrage sowie der internen Weitergabe von Wissen.

Inhalte sind:

- Entwicklung eines realistischen KI-Mindsets
- Umgang mit Ängsten, Widerständen und Überforderung
- Rolle von HR als Gestalterin von Lernprozessen
- Aufbau interner Schulungs- und Lernformate
- didaktische Grundlagen für KI-Schulungen
- Integration von KI-Themen in bestehende Weiterbildungsstrukturen

Hier wird entschieden, ob KI-Kompetenz langfristig im Unternehmen verankert wird oder ein Einmalprojekt bleibt. Besonders HR profitiert von diesem Tag, da er den Übergang von externer Beratung zu interner Kompetenz ermöglicht.

Tag 5 – Vertiefung: Modelle, Tools und Anwendungen (Pflichtmodul für ausgewählte Fachbereiche, HR, Power User)
Erst nach dem Aufbau von Grundlagen, rechtlicher Klarheit und Mindset folgt die gezielte Tool-Vertiefung. Dieser Tag ist stark praxisorientiert.

Typische Inhalte sind:

- Vertiefung ausgewählter KI-Modelle
- Einsatz von Microsoft Copilot im Arbeitsalltag
- Entwicklung und Nutzung eigener KI-Bots
- Automatisierung wiederkehrender Prozesse
- Bewertung von Use Cases nach Nutzen und Risiko

Durch die gezielte Auswahl der Teilnehmenden wird verhindert, dass Mitarbeitende mit Tools konfrontiert werden, für die ihnen Kontext oder Verantwortung fehlt.

6.4.3 Differenzierung statt Pflicht für alle

Ein zentrales Prinzip dieses Modells ist die Differenzierung nach Rollen. Nicht jede Führungskraft muss tief in Tools einsteigen. Nicht jede HR-Rolle muss technische Details beherrschen. Entscheidend ist, dass jede Rolle das notwendige Kompetenzniveau erreicht.

Die Differenzierung

- erhöht Akzeptanz,
- reduziert Überforderung,
- spart Ressourcen und
- stärkt das Verantwortungsbewusstsein.

Das 6-Tage-Modell ist kein starres Curriculum, sondern ein praxisbewährter Rahmen, der sich anpassen lässt. Es verbindet strategische Einordnung, rechtliche Sicherheit, kulturelle Entwicklung und konkrete Anwendung.

Ein Blick in die Seminarpraxis: passgenau statt Gießkanne

In meinen Trainings für Führungsteams achte ich strikt darauf, dass wir keine Zeit mit Inhalten verschwenden, die für die jeweilige Rolle nicht relevant sind. Ein klassisches Beispiel:

- **die Geschäftsleitung:** Hier verbringen wir keine Stunden damit, wie man ein Bild in Canva generiert. Stattdessen fokussieren wir uns auf die **strategische Steuerung**. Ein CEO muss wissen: »Welche Haftungsrisiken gehen wir ein, wenn unsere KI-Halluzinationen beim Kunden landen?« oder »Wie verändert sich unser Geschäftsmodell durch Automatisierung?«.
- **die HR-Spezialisten:** Hier beschäftigen wir uns tiefer mit **Prozess-Logik**. Wir schauen uns an, wie KI im Recruiting beim Sourcing unterstützen kann, ohne den »Cultural Fit« zu vernachlässigen. Hier ist das Ziel die operative Entlastung bei gleichzeitigem Datenschutz-Check.

Das Ergebnis im Workshop: Wenn die Geschäftsleitung nach Tag 1 (Strategie und Recht) den Raum verlässt, herrscht oft Erleichterung. Der Rahmen wurde abgesteckt und die Führungskräfte haben das nötige Wissen für Entscheidungen, müssen aber nicht zum »Prompt-Profi« werden. Das schafft Akzeptanz für das Gesamtprojekt, weil sich niemand mit für ihn irrelevanten Technikdetails »gequält« fühlt. Die Ressourcen fließen genau dorthin, wo sie den größten Hebel haben.

6.5 Ein bewährtes Stufenmodell für große Organisationen

Nachdem die Geschäftsleitung, HR und Führungskräfte ein gemeinsames Verständnis für künstliche Intelligenz, die Einsatzmöglichkeiten von KI und die eigene Verantwortung entwickelt haben, stellt sich die nächste zentrale Frage: Wie lässt sich dieses Wissen strukturiert in die Organisation tragen?

Gerade in größeren Unternehmen hat sich ein mehrstufiges Schulungskonzept bewährt, das unterschiedliche Formate (siehe Kapitel 6.3) sinnvoll miteinander kombiniert. Ziel ist es, zunächst Orientierung zu schaffen und anschließend schrittweise Tiefe aufzubauen. Reichweite und inhaltliche Substanz stehen dabei nicht im Widerspruch, sondern ergänzen sich, wenn Schulungen entlang klar definierter Stufen geplant werden. Das folgende Modell zeigt einen praxisbewährten Ansatz, wie KI-Kompetenz nach der Qualifizierung der Führungsebene systematisch auf Mitarbeitende übertragen werden kann, ohne zu überfordern und ohne den operativen Alltag unnötig zu belasten.

Stufe 1: Keynote-/Speaker-Format – Orientierung schaffen

Der Einstieg erfolgt idealerweise über ein Speaker- oder Keynote-Format, um eine große Anzahl von Mitarbeitenden gleichzeitig zu erreichen. Dieses Format dient nicht der Wissensvermittlung im Detail, sondern der Einordnung.

Die Ziele dieser Stufe sind:

- Ängste abbauen
- ein realistisches Bild von KI vermitteln
- Chancen und Grenzen aufzeigen
- ein gemeinsames Verständnis schaffen

Gerade in großen Organisationen ist diese Stufe wichtig, um ein einheitliches Narrativ zu etablieren. KI wird hier nicht als Bedrohung, sondern als Werkzeug positioniert.

Stufe 2: Online-Impulsvorträge – Vertiefung für größere Gruppen

Aufbauend auf der ersten Stufe folgen Online-Impulsvorträge mit bis zu 100 Teilnehmenden. Diese Gruppengröße ist bewusst gewählt, um die Balance zwischen Reichweite und persönlichem Austausch zu halten.

Warum die Begrenzung auf 100 Teilnehmende? Theoretisch lassen Online-Tools Tausende Zuschauer zu. Doch ein Impulsvortrag lebt davon, dass er keine Einbahnstraße ist. Eine Begrenzung auf maximal 100 Personen ermöglicht es – idealerweise unterstützt durch eine zusätzliche Chat-Moderation –, gezielt auf Fragen und Kommentare aus der Belegschaft einzugehen. Alles, was über diese Zahl hinausgeht, rutscht automatisch in den Charakter einer Keynote: Hier stehen dann eher die reine Wissensvermittlung und der emotionale Eindruck im Vordergrund, während der echte Dialog technisch kaum noch steuerbar ist.

Ein Blick in die Seminarpraxis: der Chat als Barometer

In meinen Online-Impulsvorträgen nutze ich den Chat intensiv als Stimmungsbarometer. Wenn bei 80 Teilnehmenden plötzlich 20-mal die Frage auftaucht: »Aber was passiert dann mit meinen Daten in der Cloud?«, kann ich sofort stoppen und das Thema klären.

Wären 500 oder 1.000 Menschen im Call, würde diese wichtige Rückmeldung im »Grundrauschen« des Chats untergehen. Die Teilnehmenden fühlen sich dann oft nicht mehr gesehen. Bei bis zu 100 Personen bleibt das Gefühl einer »gemeinsamen Session« erhalten, in der individuelle Unsicherheiten ernst genommen werden. Das ist entscheidend, um die Akzeptanz für die nächsten, tiefergehenden Workshop-Stufen zu sichern.

Typische Inhalte sind:

- konkrete Einsatzbeispiele aus dem Unternehmenskontext
- Grundlagen der KI

- Risiken wie Datenschutz, Halluzinationen, Bias
- klare Leitlinien für den Umgang mit KI
- erste Anwendungsimpulse
- Zukunftsperspektiven der KI

Diese Stufe dient der Differenzierung. Mitarbeitende beginnen, KI auf ihre eigene Rolle zu beziehen.

Stufe 3: Online-Workshops in Kleingruppen – Anwendung ermöglichen
Der entscheidende Schritt zur Kompetenz erfolgt in kleinen Online-Workshops, idealerweise mit maximal 10 bis 12 Teilnehmenden und einer Dauer von etwa drei Stunden.

Hier geht es um:
- konkrete Fragestellungen aus dem Arbeitsalltag
- gemeinsame Anwendung
- Diskussion von Unsicherheiten
- Entwicklung eigener Use Cases

Auf dieser Stufe zeigt sich, ob Schulungen wirken. Mitarbeitende werden aktiv, stellen Fragen und entwickeln Sicherheit.

Stufe 4: Vertiefende Trainings – Tool- und Anwendungskompetenz
Erst wenn ein grundlegendes Verständnis vorhanden ist, sind vertiefende Trainings zu konkreten Tools und Anwendungen sinnvoll. Ohne diese Vorarbeit bleiben solche Trainings wirkungslos.

Diese Trainings fokussieren sich auf:
- konkrete Tools (z. B. Text-, Analyse-, Automatisierungswerkzeuge)
- spezifische Anwendungsfälle
- sichere Nutzung im Unternehmenskontext

Wichtig ist: Tool-Trainings sind der letzte Schritt, nicht der erste.

6.6 Ein pragmatisches Schulungsmodell für KMU

Kleine und mittelständische Unternehmen unterscheiden sich in ihrer Struktur, Entscheidungslogik und Ressourcenausstattung deutlich von großen Organisationen. Schulungskonzepte, die für Konzerne funktionieren, lassen sich daher nicht eins zu eins übertragen. Gleichzeitig stehen KMU vor denselben Herausforderungen wie Konzerne: Künstliche Intelligenz wird genutzt, gesetzliche Anforderungen gelten unabhängig von der Unternehmensgröße, und Mitarbeitende benötigen Orientierung und Sicherheit.

Der entscheidende Unterschied liegt im Zugang. In KMU sind Entscheidungswege kürzer, Rollen oft breiter gefasst und der operative Alltag eng getaktet. Schulungskonzepte müssen deshalb kompakt, praxisnah und unmittelbar anschlussfähig sein. Statt breiter Roll-outs geht es darum, gezielt Kompetenzen aufzubauen, die schnell Wirkung entfalten.

6.6.1 Ausgangslage in KMU

In vielen KMU gibt es keine eigene KI-Strategie, keine dedizierte IT-Abteilung und oft auch keine klar abgegrenzten HR-Strukturen. Häufig übernehmen einzelne Personen mehrere Rollen gleichzeitig: Geschäftsleitung, Personalverantwortung und operative Aufgaben liegen eng beieinander.

Typische Ausgangssituationen sind:

- KI wird bereits punktuell genutzt (z. B. für Texterstellung, Recherche, Angebotserstellung).
- Klare Regeln zum Umgang mit Daten fehlen.
- Mitarbeitende nutzen Tools privat und übertragen dies unreflektiert auf den Arbeitsalltag.
- Unsicherheit besteht vor allem in rechtlichen und organisatorischen Fragen.

Ein wirksames Schulungskonzept für KMU muss genau hier ansetzen.

6.6.2 Prinzipien eines KMU-gerechten Schulungsansatzes

Bewährt haben sich Schulungskonzepte, die auf folgenden Prinzipien beruhen:

- weniger Stufen, mehr Fokus
- kleine Gruppen statt Massenformate
- direkter Bezug zum eigenen Arbeitsalltag
- klare Leitlinien statt komplexer Governance-Modelle
- schnelle Umsetzbarkeit

Das Ziel ist nicht Vollständigkeit, sondern Handlungsfähigkeit.

Stufe 1: Gemeinsame Grundlagen für Geschäftsleitung, HR und Schlüsselrollen
Der Einstieg erfolgt idealerweise über einen kompakten Grundlagenworkshop, an dem Geschäftsleitung, HR (sofern vorhanden) und ausgewählte Schlüsselpersonen teilnehmen. In KMU ist es sinnvoll, diese Gruppe bewusst klein zu halten.

Die Ziele dieser Stufe sind:

- ein gemeinsames Verständnis von KI entwickeln
- realistische Erwartungen fördern
- rechtliche Grundanforderungen einordnen
- Verantwortung und Entscheidungsrahmen definieren

Die Inhalte könnten sein:

- was KI leisten kann und wo ihre Grenzen liegen
- Auswirkungen auf Arbeit und Organisation
- Einordnung der EU-Vorgaben und Schulungspflicht
- Umgang mit Daten und öffentlich zugänglichen Tools

Diese Stufe schafft die Grundlage dafür, dass Entscheidungen später nicht aus Unsicherheit, sondern auf der Basis eines soliden Grundverständnisses getroffen werden.

Ein Blick in die Seminarpraxis: die Schatten-KI im Mittelstand

In meinen KMU-Trainings erlebe ich oft, dass die »Schatten-IT« längst Realität ist. Ein klassisches Beispiel: Ein Mitarbeiter im Marketing nutzt seinen privaten ChatGPT-Account, um Kundenanfragen schneller zu beantworten. Dabei kopiert er sensible interne Daten in ein Tool, das diese zum weiteren Training nutzt.

In der Stufe 1 kläre ich deshalb mit der Geschäftsleitung:

1. **Was ist vorhanden?** (Meist private Accounts ohne Kontrolle)
2. **Was ist das Ziel?** (Einführung einer sicheren Firmen-Cloud-Lösung)

Den Teilnehmenden wird hier schlagartig klar: Es geht nicht darum, Tools zu verbieten, sondern einen sicheren Hafen (Enterprise-Versionen) zu schaffen, in dem man ohne Angst vor Datenabfluss arbeiten kann.

Stufe 2: Praxisorientierter Anwendungsworkshop für Mitarbeitende

Aufbauend auf den Grundlagen folgt ein praxisnaher Workshop für Mitarbeitende, die KI tatsächlich nutzen oder künftig nutzen sollen. Anders als im Konzernkontext geht es hier weniger um Skalierung, sondern vielmehr um direkte Relevanz.

Typische Inhalte sind:

- konkrete Anwendungsbeispiele aus dem eigenen Unternehmen
- sichere Nutzung von KI-Tools im Arbeitsalltag
- typische Fehler und Risiken (z. B. Halluzinationen, Datenschutz)
- einfache Entscheidungsregeln: Was darf ich nutzen, was nicht?

Der Fokus liegt darauf, Unsicherheiten abzubauen und KI als unterstützendes Werkzeug einzuordnen, nicht als Ersatz für Verantwortung.

Ein Blick in die Seminarpraxis: der Praxis-Check am eigenen Laptop

In KMU-Workshops lasse ich die Mitarbeitenden oft ihre eigenen »Problem-Mails« oder Aufgaben mitbringen. Wir prüfen dann gemeinsam:

- Darf ich diesen Text in die KI geben?
- Enthält er Namen, Preise oder Strategien?

Ein Teilnehmer sagte neulich: »Ich dachte, die KI wäre wie eine verbesserte Google-Suche.« Wenn ich dann zeige, wie die KI aus den eingegebenen Daten lernt, ändert sich das Bewusstsein sofort.

Wir erarbeiten dann einfache **»Ampel-Regeln«**:

- grün für allgemeine Texte
- gelb für anonymisierte Daten
- rot für alles Vertrauliche

Das gibt im eng getakteten Alltag mehr Sicherheit als jede 20-seitige Richtlinie.

Stufe 3: Vertiefung ausgewählter Tools und Prozesse

In KMU ist eine breite Tool-Landschaft selten sinnvoll. Stattdessen hat sich bewährt, wenige Tools gezielt zu vertiefen, die echten Nutzen bringen.

Diese Stufe richtet sich an:

- Mitarbeitende mit hoher Nutzungshäufigkeit
- Personen mit koordinierender Funktion
- operative Schlüsselrollen

Die Inhalte können sein:

- Vertiefung ausgewählter KI-Tools (z. B. Texterstellung, Recherche, Automatisierung)
- Anpassung an bestehende Prozesse
- einfache Automatisierungen
- Bewertung von Ergebnissen und Qualität

Diese Vertiefung erfolgt nur dort, wo sie tatsächlich benötigt wird.

Stufe 4: Etablierung einfacher Leitlinien und Verantwortlichkeiten

Statt umfangreicher Richtlinien benötigen KMU klare, verständliche Leitlinien. Diese können gemeinsam im Rahmen der Schulungen erarbeitet werden.

Bewährt haben sich:

- kurze Leitlinien zum Umgang mit KI
- klare Aussagen zur Datennutzung
- Benennung einer Ansprechperson
- regelmäßige kurze Abstimmungen statt formeller Reviews

So entsteht Sicherheit, ohne Bürokratie aufzubauen.

6.6.3 Ableitung für die Praxis in KMU

Schulungskonzepte für KMU müssen nicht kleiner, sondern anders sein. Ihre Stärke liegt in der Nähe zur Praxis, der schnellen Umsetzung und der direkten Wirkung.

Ein gut abgestimmtes Schulungsmodell ermöglicht es KMU,
- gesetzliche Anforderungen zu erfüllen,
- Risiken zu reduzieren,
- Mitarbeitende zu entlasten sowie
- KI sinnvoll und verantwortungsvoll einzusetzen.

Entscheidend ist nicht die Anzahl der Schulungstage, sondern die Passung zum Unternehmen.

6.6.4 KI-Mindset als Grundlage jeder Schulung

Bevor Tools, Prozesse oder Anwendungen geschult werden, muss ein KI-Mindset entwickelt werden. Damit ist nicht technisches Wissen gemeint, sondern eine innere Haltung gegenüber KI.

Ein KI-Mindset umfasst:
- realistische Erwartungen
- Verständnis für Grenzen und Risiken
- Bereitschaft zur kritischen Prüfung
- Verantwortung für Entscheidungen
- Offenheit für Veränderung ohne Naivität

Ohne dieses Mindset entstehen entweder überhöhte Erwartungen (»Die KI macht das schon«) oder vollständige Ablehnung. Beides verhindert wirksame Nutzung.

Schulungen, die ausschließlich auf Tools fokussieren, ohne dieses Mindset aufzubauen, scheitern langfristig.

6.6.5 Schulung als Lernprozess, nicht als Pflichtveranstaltung

Erfolgreiche Schulungskonzepte verstehen Lernen als Prozess. Wissen muss wiederholt, angewendet und reflektiert werden. Gerade bei KI ist Lernen nie abgeschlossen.

Bewährt haben sich:

- modulare Schulungskonzepte
- regelmäßige Updates
- offene Fragerunden (einmal pro Woche)
- Austauschformate zwischen Abteilungen

HR kann hier bestehende Weiterbildungsstrukturen nutzen und erweitern, statt parallele Systeme aufzubauen.

6.7 Typische Fehler bei Schulungskonzepten

In der Praxis lassen sich einige typische Fehler identifizieren:

- Die Schulung startet bei Tools statt beim Verständnis.
- Die Führungskräfte werden nicht eingebunden.
- Es wird ein Format für alle angeboten.
- Die Anwendungsworkshops finden in zu großen Gruppen statt.
- Die Schulung wird nicht nachbereitet.

Diese Fehler sind vermeidbar, wenn Schulungen strategisch geplant werden.

7 Veränderung von Arbeit: Verschiebung statt Ersatz

Künstliche Intelligenz verändert Arbeit schrittweise. Nicht abrupt und nicht überall auf die gleiche Weise. Das zentrale Muster ist klar: Es sind nicht ganze Berufe, die verschwinden, vielmehr verändern sich Tätigkeiten innerhalb der Berufe. Manche entfallen, andere kommen hinzu.

KI übernimmt vor allem Aufgaben wie:

- vorbereitende Tätigkeiten
- strukturierende Aufgaben
- Mustererkennung
- Unterstützung bei der Informationsverarbeitung

Was bleibt und an Bedeutung gewinnt, sind Tätigkeiten, die Einordnung, Abwägung und Verantwortung erfordern. Arbeit verschiebt sich damit weg von reiner Ausführung hin zur Bewertung von Ergebnissen.

Für Organisationen bedeutet das: Die Rollen werden breiter. Sie lassen sich weniger eindeutig beschreiben und sind stärker vom Kontext abhängig. Tätigkeiten folgen seltener festen Abläufen. Sie bestehen zunehmend aus Entscheidungsschleifen. Vorschläge werden geprüft, angepasst oder verworfen.

Gleichzeitig verändert sich das Verhältnis zwischen Geschwindigkeit und Verantwortung. KI kann Prozesse beschleunigen, indem sie Vorarbeiten übernimmt oder Informationen schneller verfügbar macht. Diese Geschwindigkeit führt jedoch nicht automatisch zu besseren Entscheidungen. Je schneller Ergebnisse vorliegen, desto wichtiger wird die Fähigkeit, innezuhalten, zu prüfen und abzuwägen. Verantwortung verschwindet nicht. Sie wird sichtbarer.

Auch Zusammenarbeit verändert sich. Wenn KI einen Teil der operativen Arbeit übernimmt, gewinnen Abstimmung, Interpretation und Kommunikation an Gewicht. Teams teilen nicht nur Ergebnisse, sondern auch Einschätzungen, Unsicherheiten und Entscheidungsgrundlagen. Arbeit wird weniger linear und stärker dialogisch.

Für Führungskräfte bedeutet das eine veränderte Rolle. Führung besteht weniger aus Kontrolle und Zuweisung. Sie besteht vielmehr darin, Rahmen zu setzen, Prioritäten zu klären und Orientierung zu geben. Wo KI Vorschläge liefert, braucht es Führung, die Entscheidungen einordnet und nachvollziehbar macht.

Auch die Erwartungen an Mitarbeitende verschieben sich. Fachliches Wissen bleibt wichtig. Hinzu kommt die Fähigkeit, mit KI-Ergebnissen umzugehen. Dazu gehört, Unsicherheiten zu erkennen, Grenzen zu benennen und Verantwortung für den eigenen Umgang mit der Technologie zu übernehmen. Arbeit wird dadurch nicht unpersönlicher, sondern reflexiver.

Diese Entwicklung verläuft je nach Branche, Aufgabenfeld und Organisationsstruktur unterschiedlich. Dennoch zeigt sich ein gemeinsames Muster: Arbeit wird weniger über feste Tätigkeitsprofile definiert und stärker über situative Anforderungen.

Organisationen stehen damit vor der Aufgabe, Rollen nicht statisch zu denken. Stellenbeschreibungen, Kompetenzmodelle und Entwicklungswege müssen beweglicher werden. KI ist dabei nicht die Ursache dieser Entwicklung, sondern ihr Verstärker.

Die Veränderung von Arbeit bedeutet nicht Kontrollverlust. Sie bedeutet: Verschiebung von Kontrolle – weg von der Ausführung, hin zur bewussten Entscheidung. KI macht diese Verschiebung sichtbar und zwingt Organisationen, sich damit auseinanderzusetzen.

7.1 KI und der Arbeitsmarkt – eine Einordnung

Künstliche Intelligenz verändert den Arbeitsmarkt spürbar, auch wenn die Gesamtzahl der Arbeitsplätze in Deutschland nach aktuellen Studien stabil bleiben könnte. Forschende des Instituts für Arbeitsmarkt und Berufsforschung[49] gehen davon aus, dass in den kommenden 15 Jahren rund 1,6 Millionen Beschäftigungsverhältnisse betroffen sein könnten. Etwa 800.000 Tätigkeiten könnten wegfallen, während in ähnlicher Größenordnung neue entstehen.

Betroffen sind vor allem stark standardisierte und sich wiederholende Tätigkeiten. Gleichzeitig entstehen neue Aufgaben in Bereichen wie IT, Informationsdienstleistungen und bei Tätigkeiten mit geringerer Automatisierbarkeit.

Auch internationale Studien kommen zu ähnlichen Ergebnissen. Das McKinsey Global Institute[50] geht davon aus, dass bis 2030 bis zu 30 Prozent der heute geleisteten Arbeitszeit automatisiert werden könnten, wenn KI breit eingesetzt wird. Gleichzeitig steigt die Nachfrage nach wissensintensiven Tätigkeiten, während sie in standardisierten Funktionen sinkt.

---

49 https://iab.de/publikationen/publikation/?id=15227157

50 https://www.mckinsey.de/~/media/mckinsey/locations/europe%20and%20middle%20east/deutschland/news/presse/2024/2024%20-%2005%20-%2023%20mgi%20genai%20future%20of%20work/mgi%20report_a-new-future-of-work-the-race-to-deploy-ai.pdf?utm

Der Wandel entsteht nicht allein durch Technologie, sondern durch Kompetenzanforderungen. Produktivitätsgewinne sind nur möglich, wenn gezielt in Qualifikation investiert wird. Technische, analytische sowie soziale und emotionale Kompetenzen gewinnen an Bedeutung, weil sie Tätigkeiten ergänzen, die KI nicht ersetzen kann.[51]

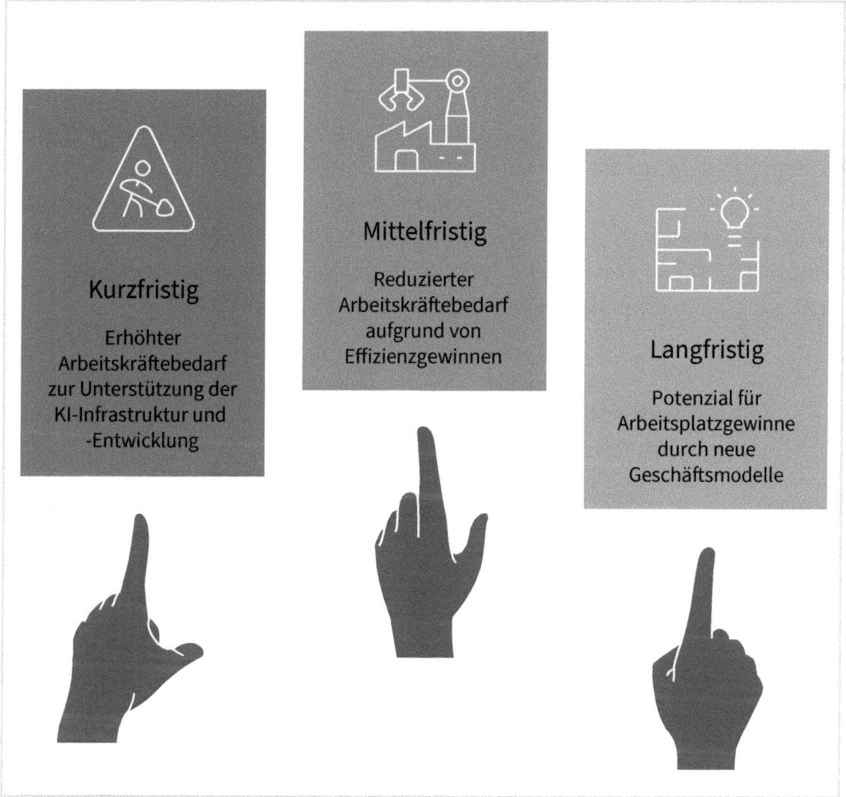

Wie wird sich KI auf die Beschäftigung im Laufe der Zeit auswirken? (Erstellt mit Napkin AI)

Der McKinsey Global Institute Report[52] hat analysiert, wie sich der Arbeitsmarkt in Europa und den USA bis etwa 2030 unter dem Einfluss von künstlicher Intelligenz und Automatisierung verändern könnte. Die Untersuchung zeigt, dass technologische Fortschritte, demografischer Wandel und strukturelle Trends gemeinsam die Nachfrage nach Arbeitskräften verschieben. Dabei gilt: KI kann Produktivität und Wirtschaftswachstum ankurbeln, aber nur, wenn der nötige Kompetenzaufbau gelingt.

51 https://iab.de/publikationen/publikation/?id=15227157

52 https://www.mckinsey.de/~/media/mckinsey/locations/europe%20and%20middle%20east/deutschland/news/presse/2024/2024%20-%2005%20-%2023%20mgi%20genai%20future%20of%20work/mgi%20report_a-new-future-of-work-the-race-to-deploy-ai.pdf?utm

Ein zentrales Ergebnis der Modellierungen ist, dass ein erheblicher Anteil der heute geleisteten Arbeitszeit automatisiert werden könnte. McKinsey geht von bis zu **30 Prozent der Arbeitsstunden bis 2030** aus, wenn generative KI und andere Technologien breit eingeführt werden. Diese Umstellung wirkt sich nicht überall gleich aus: Während die Nachfrage nach technologie- und wissensintensiven Tätigkeiten wie im STEM-Bereich oder im Gesundheitssektor steigt, dürfte sie in eher standardisierten Funktionen wie Büro- oder Kundendienstrollen zurückgehen.

Die Studie hebt hervor, dass der Wandel nicht allein durch technologische Einführung entsteht, sondern vor allem durch **Qualifikationsanforderungen**. Es wird erwartet, dass Unternehmen und Gesellschaften mehr in Weiterbildung, Umschulung und lebenslanges Lernen investieren müssen. Insbesondere Fähigkeiten in Technologie und Datenanalyse sowie soziale und emotionale Kompetenzen gewinnen an Bedeutung, da sie Tätigkeiten ergänzen, die KI nicht ersetzen kann.

7.2 Zukünftige Kompetenzanforderungen

Mit der zunehmenden Integration von KI verändern sich Kompetenzprofile. Technisches Detailwissen ist dabei weniger entscheidend als die Fähigkeit, mit KI sinnvoll umzugehen.

Besonders relevant werden:

- kritisches Denken und Urteilskraft
- Fähigkeit zur Einordnung von Informationen
- Verständnis für Wahrscheinlichkeiten und Unsicherheiten
- Verantwortung für Entscheidungen
- Kommunikationsfähigkeit im Umgang mit KI-Ergebnissen

KI-Kompetenz ist damit keine Zusatzqualifikation. Sie ist Teil grundlegender beruflicher Handlungskompetenz. Diese Anforderungen betreffen nahezu alle Rollen im Unternehmen.

7.3 Die Top 10 Kernkompetenzen

Das folgende Kapitel beleuchtet die zehn wichtigsten Kernkompetenzen, die derzeit von entscheidender Bedeutung. Basierend auf aktuellen Trends und Prognosen werden diese Fähigkeiten als wesentlich für den Erfolg in einer sich schnell verändernden

Arbeitswelt identifiziert.[53] Die folgenden zehn Kernkompetenzen werden als die wichtigsten angesehen:

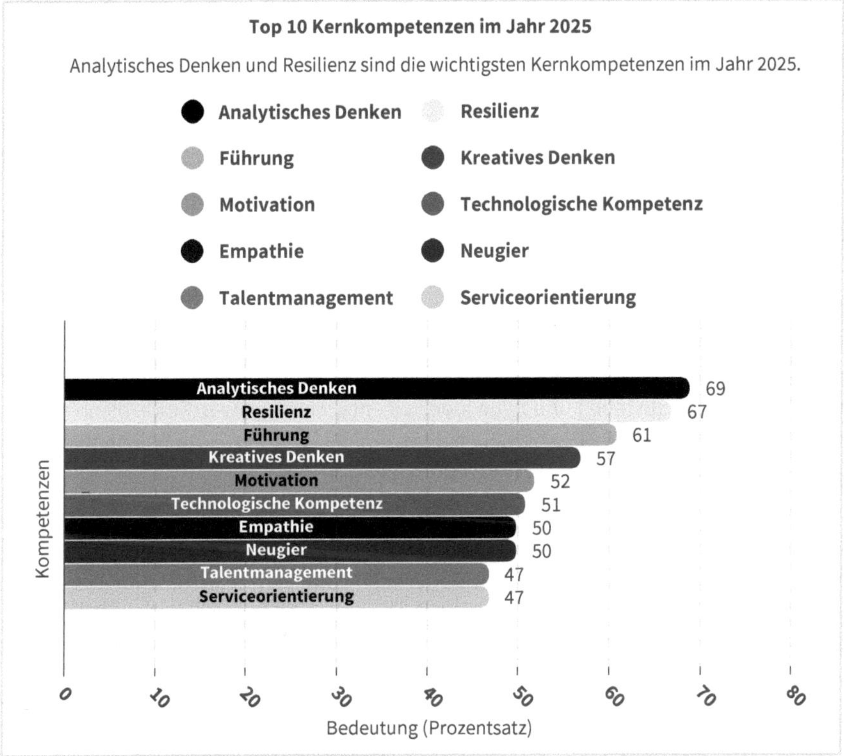

Kernkompetenzen (erstellt mit Napkin AI)

1. Analytisches Denken (69 Prozent)
Analytisches Denken umfasst die Fähigkeit, Informationen gezielt zu sammeln, zu ordnen und einzuordnen, um tragfähige Entscheidungen zu treffen. Dazu gehört, Probleme klar zu erkennen, Daten sinnvoll auszuwerten, Zusammenhänge zu verstehen und logische Schlussfolgerungen zu ziehen. In einer Arbeitswelt mit ständig wachsender Informationsmenge wird diese Fähigkeit immer wichtiger. Sie hilft dabei, Komplexität zu reduzieren und fundierte Lösungen zu entwickeln.

2. Resilienz, Flexibilität und Agilität (67 Prozent)
Resilienz, Flexibilität und Agilität ermöglichen es, mit Veränderungen souverän umzugehen. Resilienz ist die Fähigkeit, Rückschläge zu verarbeiten und handlungsfähig zu bleiben. Flexibilität steht für Offenheit gegenüber neuen Situationen und Denkweisen. Agilität meint die Fähigkeit, schnell und angemessen zu reagieren. In dynamischen

53 https://www.humanresourcesonline.net/most-in-demand-core-skills-globally-in-2025-2030

Arbeitsumfeldern sind diese Kompetenzen entscheidend, um stabil und gleichzeitig anpassungsfähig zu bleiben.

3. Führung und sozialer Einfluss (61 Prozent)
Führung bedeutet, Orientierung zu geben, Verantwortung zu übernehmen und andere zu befähigen. Sozialer Einfluss umfasst die Fähigkeit, Menschen mitzunehmen, zu überzeugen und gemeinsame Ziele zu fördern. In vernetzten Organisationen geht es weniger um Hierarchie und mehr um Wirkung, Vertrauen und Zusammenarbeit. Diese Fähigkeiten sind zentral, um Teams zu stärken und Veränderungen erfolgreich zu gestalten.

4. Kreatives Denken (57 Prozent)
Kreatives Denken steht für die Fähigkeit, neue Perspektiven einzunehmen und ungewöhnliche Lösungswege zu finden. Es geht darum, bekannte Muster zu hinterfragen, Verbindungen herzustellen und neue Ideen zu entwickeln. In wettbewerbsintensiven Umfeldern ist Kreativität ein wichtiger Faktor, um Innovation zu ermöglichen und sich weiterzuentwickeln.

5. Motivation und Selbstwahrnehmung (52 Prozent)
Motivation ist der innere Antrieb, Ziele zu verfolgen und Verantwortung für das eigene Handeln zu übernehmen. Selbstwahrnehmung meint die Fähigkeit, eigene Stärken, Grenzen und Reaktionen realistisch einzuschätzen. Zusammen ermöglichen diese Kompetenzen Selbstführung, Lernbereitschaft und einen bewussten Umgang mit Herausforderungen.

6. Technologische Kompetenz (51 Prozent)
Technologische Kompetenz bedeutet, digitale Werkzeuge sicher und sinnvoll einzusetzen. Sie umfasst den Umgang mit Software, Daten und digitalen Anwendungen sowie das Verständnis für technologische Zusammenhänge. Entscheidend ist dabei nicht Spezialwissen, sondern die Fähigkeit, Technologie zielgerichtet im Arbeitsalltag zu nutzen.

7. Empathie und aktives Zuhören (50 Prozent)
Empathie steht für die Fähigkeit, sich in andere hineinzuversetzen und ihre Perspektiven zu verstehen. Aktives Zuhören bedeutet, aufmerksam wahrzunehmen, nachzufragen und Rückmeldungen ernst zu nehmen. Diese Fähigkeiten sind zentral für Zusammenarbeit, Konfliktlösung und den Aufbau vertrauensvoller Beziehungen.

8. Neugier und lebenslanges Lernen (50 Prozent)
Neugier steht für Offenheit gegenüber Neuem und die Bereitschaft, Fragen zu stellen. Lebenslanges Lernen ist die Fähigkeit, sich kontinuierlich weiterzuentwickeln. In einer

sich wandelnden Arbeitswelt sind beide Kompetenzen Voraussetzung, um relevant zu bleiben und mit Veränderungen Schritt zu halten.

9. Talentmanagement (47 Prozent)
Talentmanagement umfasst den bewussten Umgang mit Fähigkeiten und Potenzialen von Mitarbeitenden. Dazu gehören die Identifikation, Entwicklung und Förderung von Talenten. Es geht darum, Menschen gezielt einzusetzen, sie zu stärken und langfristig an die Organisation zu binden.

10. Serviceorientierung und Kundenfokus (47 Prozent)
Serviceorientierung bedeutet, die Bedürfnisse von Kundinnen und Kunden ernst zu nehmen und Lösungen zuverlässig umzusetzen. Sie zeigt sich in Haltung, Kommunikation und Problemlösungsfähigkeit. In kundenorientierten Märkten ist sie ein zentraler Faktor für Vertrauen, Bindung und langfristigen Erfolg.

7.4 KI-Kompetenz als Teil der Organisationskultur

Langfristig lässt sich KI-Kompetenz nicht durch einzelne Schulungen sichern. Sie muss Teil der Organisationskultur werden. Das betrifft insbesondere den Umgang mit Fehlern, Unsicherheit und offenen Fragen.

Organisationen, die KI erfolgreich integrieren, zeichnen sich häufig durch
- eine offene Lernhaltung,
- transparente Kommunikation,
- klare Verantwortlichkeiten sowie
- Akzeptanz von Unsicherheit

aus. KI macht bestehende kulturelle Muster sichtbarer. Sie verstärkt, was bereits vorhanden ist, statt es zu ersetzen.

KI-Kompetenz als Teil der Organisationskultur zeigt sich nicht in Leitbildern oder Strategiepapieren, sondern im täglichen Handeln. Sie wird dort sichtbar, wo Mitarbeitende Fragen stellen dürfen, wo Ergebnisse hinterfragt werden können und wo Unsicherheit nicht als Schwäche gilt. Gerade im Umgang mit KI ist diese Haltung entscheidend, weil viele Ergebnisse nicht eindeutig sind und Interpretationsspielräume eröffnen.

Eine offene Lernhaltung bedeutet in diesem Zusammenhang, dass Lernen nicht als Defizitausgleich verstanden wird, sondern als selbstverständlicher Bestandteil der Arbeit. Mitarbeitende müssen nicht »fertig« sein im Umgang mit KI, sondern bereit sein, sich weiterzuentwickeln. Organisationen, die diese Haltung fördern, schaffen Raum für Austausch, Reflexion und gemeinsames Lernen.

Ein weiterer, oft unterschätzter Punkt ist der Umgang mit Unsicherheit. KI arbeitet mit Wahrscheinlichkeiten und kann nicht jede Situation eindeutig bewerten. Organisationen, die auf absolute Sicherheit ausgerichtet sind, stoßen hier an Grenzen. Notwendig ist die Fähigkeit, mit Unschärfen umzugehen und Entscheidungen auch unter unvollständiger Informationslage zu treffen.

KI wirkt dabei wie ein Verstärker bestehender Strukturen. Sie ersetzt keine kulturellen Muster, sondern macht sie sichtbarer. Wo Offenheit, Lernbereitschaft und Dialog vorhanden sind, kann KI produktiv eingesetzt werden. Wo Kontrolle, Angst oder Schuldzuweisungen dominieren, verstärkt KI genau diese Dynamiken.

Deutlich wird dabei: Der Erfolg von KI hängt weniger von der Auswahl einzelner Tools ab als von den kulturellen Voraussetzungen im Unternehmen. KI-Kompetenz entsteht dort, wo Orientierung gegeben wird, Verantwortung klar geregelt ist und gemeinsames Lernen möglich wird.

Diese kulturelle Dimension zeigt sich häufig erst im Alltag. Fragen nach Verantwortung, Vertrauen und Entscheidungslogik lassen sich theoretisch beschreiben, werden aber erst im praktischen Einsatz relevant. Deshalb reicht es nicht aus, KI-Kompetenz als individuelle Qualifikation zu verstehen. Sie muss auf organisationaler Ebene verankert sein.

Ein zentraler Punkt ist der Umgang mit Fehlern. KI-Systeme können falsche oder irreführende Ergebnisse liefern. In Organisationen, in denen Fehler tabuisiert werden, besteht die Gefahr, dass KI-Ergebnisse ungeprüft übernommen werden, um Verantwortung zu vermeiden.

Auch der Umgang mit offenen Fragen ist kulturell geprägt. KI bringt neue Fragestellungen mit sich, auf die es nicht immer sofort Antworten gibt. Organisationen, die diese Offenheit zulassen, integrieren neue Technologien schrittweise und reflektiert. Wo schnelle und eindeutige Antworten erwartet werden, steigt der Druck, KI als scheinbar objektive Instanz zu nutzen.

Führungskräfte spielen in diesem Prozess eine Schlüsselrolle. Sie prägen, wie über KI gesprochen wird und wie mit KI-generierten Ergebnissen umgegangen wird. Wer KI als Allheilmittel darstellt oder deren Ergebnisse ungeprüft übernimmt, setzt klare Signale. Ebenso wirksam ist es, Unsicherheiten offen zu benennen, Fragen zuzulassen und Entscheidungen nachvollziehbar zu machen.

HR unterstützt diesen kulturellen Wandel, indem nicht nur Schulungen organisiert, sondern Räume für Austausch geschaffen werden. Dialogformate, Reflexionsrunden und begleitende Coachings helfen, Erfahrungen zu teilen und gemeinsame Standards zu entwickeln. KI-Kompetenz entsteht nicht isoliert, sondern im Miteinander.

Langfristig zeigt sich Organisationskultur im Umgang mit Veränderung. KI ist kein einmaliges Thema, sondern Teil eines fortlaufenden Wandels. Unternehmen, die einen reflektierten Umgang mit KI entwickeln, stärken zugleich ihre generelle Veränderungsfähigkeit.

Damit wird KI-Kompetenz zu einem Indikator organisationaler Reife. Sie zeigt, wie gut eine Organisation mit Unsicherheit, Verantwortung und Lernen umgeht. Nicht die Technologie entscheidet über den Erfolg, sondern die Kultur, in die sie eingebettet ist.

Die Rolle von HR endet daher nicht bei der Konzeption von Schulungsangeboten. Sie umfasst auch die kontinuierliche Beobachtung der gelebten Praxis. Zwischen formalen Regeln und tatsächlicher Nutzung entstehen Spannungen, die nur sichtbar werden, wenn HR aktiv hinschaut und den Dialog sucht.

Ein entscheidender Punkt ist die Übersetzung von Leitlinien in den Arbeitsalltag. Vorgaben zu KI, Datenschutz oder Verantwortung wirken nur dann, wenn sie verständlich sind und im konkreten Kontext angewendet werden können. Abstrakte Regeln ohne Praxisbezug bleiben folgenlos.

Auch die langfristige Kompetenzentwicklung erfordert Aufmerksamkeit. Technische Systeme lassen sich schnell anpassen, kulturelle Veränderungen brauchen Zeit. HR sorgt für Kontinuität und Geduld im Prozess und behält den langfristigen Aufbau von Handlungssicherheit im Blick.

Regelmäßige Evaluation wird dabei immer wichtiger. Nicht jede Maßnahme wirkt nachhaltig. Das Feedback aus der Organisation zeigt, wo Sicherheit wächst, wo Fragen offenbleiben und wo nachjustiert werden muss.

Schließlich wirkt der Umgang mit KI auch nach außen. Kunden, Partner und Bewerbende nehmen wahr, wie reflektiert ein Unternehmen mit Technologie umgeht. Eine klare und verantwortungsvolle KI-Kultur stärkt Vertrauen und Positionierung.

KI-Kompetenz als Teil der Organisationskultur entsteht nicht über Nacht. Sie entwickelt sich durch bewusste Entscheidungen, kontinuierliche Reflexion und klare Verantwortlichkeiten. HR begleitet diesen Prozess und sorgt dafür, dass technologische Entwicklung immer im Zusammenhang mit dem Menschen gedacht wird.

Damit wird deutlich: KI ist kein reines Technologiethema, sondern ein Organisationsthema. Der Erfolg hängt davon ab, wie Menschen, Prozesse und Kultur zusammenspielen. Genau hier liegt die zentrale Aufgabe von HR im Umgang mit künstlicher Intelligenz.

7.5 Die Rolle von HR in der Zukunft

HR nimmt in der weiteren Entwicklung eine Schlüsselrolle ein. KI ist kein reines IT-Thema, sondern berührt Lernen, Führung, Verantwortung und Organisationsentwicklung.

Zentrale Aufgaben von HR werden sein:
- systematischer Aufbau von KI-Kompetenz
- Integration von KI in Weiterbildungsstrategien
- Unterstützung von Führungskräften
- Begleitung von Veränderungsprozessen
- Einordnung rechtlicher und ethischer Anforderungen

HR wird dabei zunehmend zur Schnittstelle zwischen Technologie, Mensch und Organisation.

Diese Schnittstellenfunktion verlangt von HR ein erweitertes Selbstverständnis. HR organisiert nicht mehr nur Qualifizierungsmaßnahmen, sondern übernimmt zunehmend eine ordnende und integrierende Rolle. Ziel ist es, technologische Entwicklungen so in die Organisation einzubetten, dass sie fachlich, kulturell und rechtlich anschlussfähig bleiben.

Ein zentraler Aufgabenbereich ist der systematische Aufbau von KI-Kompetenz. Dabei geht es nicht um einzelne Schulungen, sondern um langfristig angelegte Entwicklungsstrukturen. HR definiert relevante Kompetenzfelder, priorisiert Zielgruppen und sorgt dafür, dass Lernen sinnvoll aufeinander aufbaut. Unterschiedliche Rollen im Unternehmen benötigen unterschiedliche Zugänge zu KI. Diese Differenzierung zu erkennen und zu gestalten, wird zu einer Kernaufgabe.

Die Integration von KI in bestehende Weiterbildungsstrategien erfordert zugleich eine Weiterentwicklung klassischer Lernformate. Lernen wird modularer, praxisnäher und dialogorientierter. HR entwickelt Formate, die nicht nur Wissen vermitteln, sondern Reflexion ermöglichen. Gerade im Umgang mit Unsicherheit und Verantwortung braucht es Räume, in denen Erfahrungen geteilt und Fragen gemeinsam bearbeitet werden.

Führungskräfte nehmen dabei eine besondere Rolle ein. Sie prägen, wie KI wahrgenommen und genutzt wird. HR unterstützt Führungskräfte dabei, ihre Rolle im Zusammenspiel mit KI zu klären. Dazu gehören inhaltliche Orientierung ebenso wie die Entwicklung einer Haltung, die Offenheit, Reflexion und Verantwortungsbewusstsein fördert. Führung wird weniger über Kontrolle definiert, sondern über Rahmensetzung und Begleitung.

Auch die Begleitung von Veränderungsprozessen gewinnt an Bedeutung. KI wirkt häufig als Verstärker bestehender Spannungen und Unsicherheiten. HR erkennt diese Dynamiken frühzeitig und unterstützt dabei, Veränderung gestaltbar zu machen. Widerstände werden nicht nur abgefedert, sondern als Hinweise auf Klärungsbedarf verstanden.

Ein weiterer zentraler Aspekt ist die Einordnung rechtlicher und ethischer Anforderungen. HR übersetzt abstrakte Vorgaben in den Arbeitsalltag. Mitarbeitende und Führungskräfte müssen verstehen, was rechtliche Anforderungen konkret für ihre tägliche Arbeit bedeuten. HR sorgt dafür, dass diese Vorgaben nicht als Einschränkung, sondern als Orientierungsrahmen wahrgenommen werden.

Langfristig verändert sich damit die Rolle von HR grundlegend. HR wird zu einem strategischen Akteur, der technologische Entwicklung mit organisationaler Realität verbindet. Diese Rolle erfordert fachliche Sicherheit, Reflexionsfähigkeit und die Bereitschaft, neue Wege zu gehen.

Die Zukunft von HR liegt nicht darin, KI zu verwalten, sondern sie einzuordnen. HR schafft Orientierung in einem zunehmend komplexen Umfeld und leistet damit einen entscheidenden Beitrag zu einer verantwortungsvollen und nachhaltigen Nutzung von KI.

Diese erweiterte Rolle erfordert auch eine klare Positionierung innerhalb der Organisation. HR agiert nicht mehr ausschließlich unterstützend, sondern zunehmend mitgestaltend. Entscheidungen über den Einsatz von KI, über Qualifizierungsbedarfe oder über Leitlinien zum Umgang mit der Technologie haben strategische Wirkung. HR bringt dabei konsequent die Perspektive der Menschen ein.

Gleichzeitig verändert sich die Zusammenarbeit von HR mit anderen Bereichen: mit IT, Datenschutz, Compliance und den Fachbereichen. Die Zusammenarbeit mit diesen Bereichen wird enger, ohne dass deren Aufgaben übernommen werden. Die Stärke von HR liegt in der Verbindung der jeweiligen Perspektiven. Während IT Möglichkeiten bewertet und rechtliche Stellen Rahmenbedingungen definieren, sorgt HR für Anschlussfähigkeit im Arbeitsalltag.

Auch die langfristige Personalentwicklung steht vor neuen Anforderungen. KI verändert Rollenprofile, Karrierewege und Qualifikationsanforderungen. HR begleitet diese

Veränderungen, entwickelt neue Kompetenzprofile und unterstützt Mitarbeitende dabei, sich weiterzuentwickeln. Dabei geht es nicht nur um neue Fähigkeiten, sondern auch um den Umgang mit Veränderung und Unsicherheit.

Zudem übernimmt HR eine wichtige kommunikative Funktion. KI löst Erwartungen, Ängste und Projektionen aus. HR hilft dabei, diese einzuordnen und einen sachlichen, offenen Umgang zu fördern. Kommunikation wird damit zu einem zentralen Instrument für Vertrauen und Orientierung.

Langfristig zeigt sich die Qualität von HR-Arbeit darin, ob es gelingt, KI als selbstverständlichen Teil der Organisation zu integrieren, ohne den Menschen aus dem Blick zu verlieren. HR sorgt dafür, dass technologische Entwicklung und menschliche Arbeit sich ergänzen und nicht gegeneinander wirken.

Damit wird HR zu einem stabilisierenden Faktor in einer sich wandelnden Arbeitswelt. KI verändert Prozesse, Rollen und Anforderungen. HR schafft die Bedingungen, unter denen diese Veränderungen nicht überfordern, sondern Entwicklung ermöglichen. In dieser Funktion wird HR zu einem zentralen Gestalter der Arbeitswelt von morgen.

Diese Entwicklung deckt sich mit den Ergebnissen der McKinsey-Studie »Designing the Future of Work: Nine Strategic Shifts That Will Define HR in 2030«[54]. Die Studie zeigt, dass HR in den kommenden Jahren eine deutlich erweiterte Rolle einnimmt. Der Fokus verschiebt sich von der Optimierung bestehender Prozesse hin zur aktiven Gestaltung der Arbeitswelt im Zusammenspiel von Mensch und Technologie.

In der McKinsey-Studie wird deutlich, dass frühere HR-Transformationen stark auf Effizienz ausgerichtet waren, etwa durch die Digitalisierung von Abrechnungen, von Recruiting-Prozessen oder von Performance-Systemen. Die nächste Entwicklungsstufe geht darüber hinaus. HR wird weniger als operative Funktion verstanden, sondern als strategischer Gestalter moderner Arbeitsmodelle.

Ein zentrales Ergebnis der Studie ist die Veränderung der HR-Interaktion. Klassische HR-Systeme werden zunehmend durch dialogbasierte, KI-gestützte Anwendungen ergänzt. Diese begleiten Mitarbeitende entlang ihrer gesamten Laufbahn. Für HR bedeutet das eine Verschiebung des Schwerpunkts hin zur Steuerung, Einordnung und Überwachung dieser Systeme.

In der Studie wird außerdem betont, dass KI Arbeit nicht ersetzt, sondern neu strukturiert. Erfolgreiche Organisationen gestalten Rollen, Aufgaben und Abläufe bewusst neu. HR wird dabei zum Mitgestalter von Arbeit selbst, HR verwaltet Arbeit nicht nur.

---

54 https://www.mckinsey.com/capabilities/quantumblack/our-insights/the-state-of-ai-2024

Besonders hervorgehoben wird die wachsende Bedeutung von Haltung und Verhalten. Da Wissen schneller verfügbar ist, verlieren klassische Qualifikationsnachweise an Aussagekraft. Entscheidend wird, wie Mitarbeitende mit Unsicherheit umgehen, wie sie komplexe Situationen bewerten und ob sie Verantwortung übernehmen. HR trägt die Verantwortung, solche Kompetenzen systematisch zu fördern und in Auswahl, Entwicklung und Bewertung zu integrieren.

Auch das Verständnis von Arbeitsverhältnissen verändert sich. Standardisierte Modelle werden zunehmend durch flexiblere Formen ergänzt, die sich stärker an Lebensphasen und individuellen Beiträgen orientieren. HR sorgt dafür, dass dabei Fairness, Transparenz und rechtliche Sicherheit gewahrt bleiben.

Schließlich hebt die Studie die wachsende Verantwortung von HR im Bereich Ethik und Governance hervor. Fragen der Fairness, Transparenz und Nachvollziehbarkeit von KI-gestützten Entscheidungen rücken stärker in den Fokus von HR. Ethische Prinzipien werden dauerhaft in Prozesse und Systeme integriert.

Insgesamt zeichnet die Studie das Bild eines HR-Bereichs, der sich von einer operativen Funktion zu einem strategischen Architekten der Arbeitswelt entwickelt. HR gestaltet Rahmenbedingungen für Zusammenarbeit, Lernen und Verantwortung im Zeitalter künstlicher Intelligenz.

Diese Einordnung macht deutlich: Die Zukunft von HR entscheidet sich weniger an einzelnen Technologien als an der Fähigkeit, Komplexität zu strukturieren und Orientierung zu geben.

7.5.1 Heute: Fokus auf Administration und Effizienz

Aktuell liegt der Schwerpunkt von HR meist auf administrativen Aufgaben, der Optimierung von Prozessen und der Steigerung der Effizienz. Die Verwaltung von HR-Systemen und die Einhaltung von Compliance-Vorschriften stehen im Vordergrund. Diese Aufgaben sind zwar wichtig, reichen aber nicht aus, um die Herausforderungen der Zukunft zu bewältigen.

Die typischen Aufgaben von HR heute umfassen:

- **Personaladministration:** Verwaltung von Mitarbeiterdaten, Gehaltsabrechnung, Urlaubsplanung usw.
- **Recruiting:** Suche und Auswahl von neuen Mitarbeitenden
- **Personalentwicklung:** Organisation von Schulungen und Weiterbildungen
- **Performance-Management:** Durchführung von Mitarbeiterbeurteilungen
- **Compliance:** Einhaltung arbeitsrechtlicher Vorschriften

Typische HR-Aufgaben heute (erstellt mit Napkin AI)

7.5.2 Bis 2030: Wandel zum Gestalter der Arbeitswelt

Laut der Studie von McKinsey[55] wird sich die Rolle von HR bis 2030 grundlegend verändern. HR wird nicht mehr nur als Verwalter von Prozessen und Systemen gesehen, sondern als Gestalter der Arbeitswelt. Die Schwerpunkte werden sich auf folgende Bereiche verlagern:

- **Gestaltung der Mensch-KI-Zusammenarbeit:** HR wird eine entscheidende Rolle bei der Integration von künstlicher Intelligenz in die Arbeitswelt spielen. Dies umfasst die Entwicklung von Strategien für die Zusammenarbeit von Mensch und Maschine, die Schulung von Mitarbeitenden im Umgang mit KI-Systemen und die Gestaltung von Arbeitsplätzen, die die Vorteile von KI optimal nutzen.
- **Kompetenzarchitektur:** HR wird für die Entwicklung und Umsetzung einer Kompetenzarchitektur verantwortlich sein, die sicherstellt, dass die Mitarbeitenden über die Fähigkeiten und Kenntnisse verfügen, die sie für die zukünftigen Anforderungen benötigen. Dazu gehören die Identifizierung von Kompetenzlücken, die Entwicklung von Schulungsprogrammen und die Förderung von lebenslangem Lernen.
- **Kultur und Verhalten:** HR wird eine Schlüsselrolle bei der Gestaltung der Unternehmenskultur und der Förderung von positivem Verhalten spielen. Dies umfasst die Entwicklung von Werten und Normen, die Förderung von Zusammenarbeit und Innovation sowie die Schaffung einer inklusiven und vielfältigen Arbeitsumgebung.
- **Ethik und Governance:** HR wird für die Einhaltung ethischer Standards und die Gewährleistung einer verantwortungsvollen Unternehmensführung verantwortlich

55 https://www.mckinsey.com/capabilities/quantumblack/our-insights/the-state-of-ai-2024

sein. Dazu gehören die Entwicklung von Richtlinien für den Umgang mit Daten, die Förderung von Transparenz und die Verhinderung von Diskriminierung.

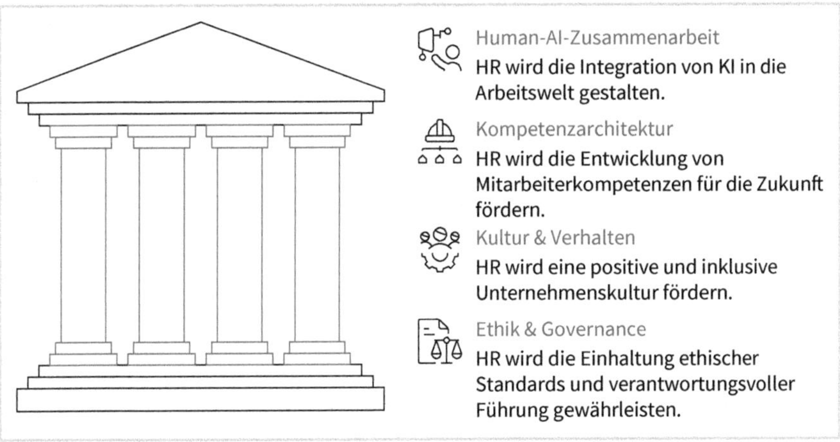

Die Zukunft der HR (erstellt mit Napkin AI)

7.5.3 Herausforderungen und Chancen des Wandels

Der Wandel von HR vom Prozessmanager zum Gestalter der Arbeitswelt ist mit einer Reihe von Herausforderungen und Chancen verbunden.

Herausforderungen

- **mangelnde Kompetenzen:** Viele HR-Mitarbeitende verfügen noch nicht über die erforderlichen Kompetenzen, um die neuen Aufgaben zu bewältigen. Es besteht ein Bedarf an Weiterbildung.
- **Widerstand gegen Veränderungen:** Einige HR-Mitarbeitende sind möglicherweise resistent gegen Veränderungen und halten an traditionellen Arbeitsweisen fest.
- **begrenzte Ressourcen:** HR-Abteilungen sind oft mit begrenzten Ressourcen ausgestattet, was die Umsetzung neuer Initiativen erschwert.
- **Komplexität:** Die Gestaltung der Arbeitswelt ist ein komplexes Thema, das ein tiefes Verständnis von Technologie, Wirtschaft und Gesellschaft erfordert.

Chancen

- **größere Bedeutung:** HR wird eine größere Bedeutung im Unternehmen erlangen und eine strategische Rolle bei der Gestaltung der Zukunft spielen.
- **attraktivere Aufgaben:** Die neuen Aufgaben sind anspruchsvoller und abwechslungsreicher als die traditionellen Aufgaben.
- **höhere Wertschöpfung:** HR leistet einen signifikanten Beitrag zum Unternehmenserfolg, indem die KI zeitintensive Routineaufgaben (wie die erste Sichtung

von Hunderten Lebensläufen oder die Beantwortung von Standardfragen in Chatbots) übernimmt.
- **bessere Arbeitsbedingungen im Unternehmen:** HR wird dazu beitragen, bessere Arbeitsbedingungen für die Mitarbeitenden zu schaffen.

7.6 KI-gestützte Weiterbildung und Lernen

Auch Weiterbildung selbst verändert sich durch KI. Lerninhalte lassen sich stärker personalisieren, Lernpfade flexibler gestalten und Wissen bedarfsgerechter bereitstellen.

Die Zukunft der Weiterbildung liegt in hybriden Lernmodellen, die digitale Unterstützung mit menschlicher Begleitung verbinden. Diese Kombination trägt der Realität des Arbeitsalltags Rechnung und schafft Lernangebote, die flexibel, anschlussfähig und wirksam sind.

Hybride Modelle ermöglichen es, Lernen stärker am konkreten Arbeitskontext auszurichten. KI kann Inhalte vorbereiten, strukturieren und differenzieren, etwa indem sie Wissen in unterschiedlichen Tiefen anbietet oder Lernimpulse an den jeweiligen Kenntnisstand anpasst. Lernen lässt sich so besser in den Alltag integrieren, ohne zusätzliche Hürden aufzubauen.

Gleichzeitig zeigt sich deutlich, dass Lernen nicht allein durch Informationsvermittlung entsteht. Gerade bei komplexen Themen wie künstlicher Intelligenz sind Austausch und gemeinsame Einordnung unverzichtbar. Mitarbeitende brauchen Räume, in denen sie Erfahrungen teilen, Unsicherheiten benennen und unterschiedliche Perspektiven diskutieren können. KI kann diesen Prozess unterstützen, etwa durch vorbereitende Materialien oder strukturierende Impulse, ersetzt jedoch nicht den Dialog.

Ein weiterer Vorteil KI-gestützter Weiterbildung liegt in der Aktualität. Wissen rund um KI entwickelt sich schnell. KI kann helfen, Inhalte regelmäßig zu aktualisieren und neue Entwicklungen zeitnah zugänglich zu machen. Weiterbildung bleibt dadurch anschlussfähig, ohne ständig vollständig neu konzipiert werden zu müssen.

Für HR bedeutet das, Lernformate bewusster zu kombinieren. Selbstgesteuertes Lernen, digitale Module und KI-basierte Unterstützung werden ergänzt durch Workshops, Austauschformate und begleitende Gespräche. Lernen wird nicht mehr als einmalige Maßnahme verstanden, sondern als fortlaufender Prozess.

Auch die Rolle der Lernbegleitung verändert sich. Trainerinnen, Trainer und interne Lernverantwortliche treten weniger als reine Wissensvermittelnde auf, sondern stärker als Einordnende und Moderierende. Sie helfen dabei, Inhalte in den organisationalen Kontext zu übersetzen und individuelle Fragen aufzugreifen.

KI-gestützte Weiterbildung eröffnet zudem neue Möglichkeiten der individuellen Entwicklung. Lernpfade lassen sich an Rollen, Aufgaben und Interessen anpassen. Mitarbeitende können gezielt dort lernen, wo sie Unterstützung benötigen. Gleichzeitig bleibt es Aufgabe der Organisation, einen gemeinsamen Rahmen zu definieren und grundlegende Standards zu sichern.

Langfristig wird Weiterbildung damit zu einem festen Bestandteil der Organisationsentwicklung. KI unterstützt diesen Prozess, indem sie Lernen zugänglicher, flexibler und aktueller macht. Die Qualität der Weiterbildung entscheidet sich jedoch weiterhin daran, wie gut menschliche Begleitung, Austausch und Reflexion eingebunden sind. Die Zukunft des Lernens liegt nicht in vollständiger Automatisierung, sondern in der bewussten Verbindung von technologischer Unterstützung und menschlicher Erfahrung.

Diese Entwicklung erfordert auch ein neues Verständnis von Verantwortung im Lernprozess. Wenn Lernen individueller und selbstgesteuerter wird, wächst der Gestaltungsspielraum für Mitarbeitende. Gleichzeitig braucht es klare Orientierung darüber, welche Kompetenzen notwendig sind und welche Erwartungen gelten.

HR übernimmt hier eine strukturierende Rolle, indem Transparenz über Lernangebote, Nutzungsmöglichkeiten und deren Einbettung in übergeordnete Entwicklungsziele geschaffen wird. KI-gestützte Systeme können Lernbedarfe sichtbar machen und geeignete Angebote vorschlagen, ersetzen jedoch nicht die strategische Steuerung.

Ein weiterer zentraler Punkt ist die Nachhaltigkeit von Lernen. Kurzfristige Wissensimpulse verlieren schnell an Wirkung, wenn sie nicht im Arbeitsalltag verankert werden. Wirksame Weiterbildung verbindet Lernen mit Anwendung. KI kann dabei unterstützen, indem sie Inhalte kontextbezogen bereitstellt oder bei der praktischen Umsetzung hilft.

Gleichzeitig braucht es Lernräume, in denen nicht Effizienz, sondern Verständnis im Vordergrund steht. Gerade bei KI-Themen benötigen Mitarbeitende Zeit, um Zusammenhänge zu erfassen und eine eigene Haltung zu entwickeln. Diese Zeit ist eine Investition in Sicherheit und Qualität.

Auch Führungskräfte spielen dabei eine zentrale Rolle. Sie prägen, ob Lernen im Alltag möglich ist oder als zusätzliche Belastung empfunden wird. Führung, die Lernen unterstützt, schafft Freiräume, fördert Austausch und erkennt Entwicklung an.

KI-gestützte Weiterbildung verändert damit nicht nur die Formate, sondern auch die Erwartungen an Lernen. Sie eröffnet neue Möglichkeiten und stellt zugleich neue Anforderungen an Organisationen. Entscheidend ist, Lernen nicht isoliert zu betrachten, sondern als Teil kontinuierlicher Entwicklung.

Weiterbildung wird so zum verbindenden Element zwischen individueller Kompetenz, organisationaler Kultur und technologischer Veränderung. KI unterstützt diesen Prozess, doch die Verantwortung für seine Gestaltung bleibt beim Menschen.

In diesem Zusammenhang wird deutlich, dass KI-gestützte Weiterbildung kein Selbstzweck ist. Sie ist kein Symbol für Modernität, sondern ein Instrument zur Stärkung von Orientierung, Sicherheit und Handlungskompetenz. Entscheidend ist nicht die Anzahl der eingesetzten Tools, sondern ihre sinnvolle Einbettung in Lern- und Arbeitsprozesse.

Organisationen, die Weiterbildung strategisch verstehen, nutzen KI nicht nur zur Wissensvermittlung, sondern auch zur Reflexion. Lernprozesse werden begleitet, Erfahrungen ausgewertet und Inhalte kontinuierlich weiterentwickelt. So entsteht ein lernendes System, das mit den Anforderungen wächst.

Für HR bedeutet das, Lernen als langfristige Gestaltungsaufgabe zu begreifen. Es geht darum, Strukturen zu schaffen, die kontinuierliches Lernen ermöglichen, ohne zu überfordern. Transparenz, klare Prioritäten und realistische Erwartungen sind dabei entscheidend.

KI kann Lernprozesse strukturieren und unterstützen. Sie kann jedoch nicht entscheiden, welche Kompetenzen relevant sind oder welche Werte im Mittelpunkt stehen. Diese Verantwortung bleibt bei der Organisation. Damit wird klar: KI-gestützte Weiterbildung ersetzt menschliche Entwicklung nicht, sie erweitert ihre Möglichkeiten. Ihren Nutzen entfaltet sie dort, wo sie bewusst eingesetzt wird und Teil eines ganzheitlichen Verständnisses von Lernen ist. Die Qualität von Weiterbildung entscheidet sich letztlich nicht an der Technologie, sondern an der Haltung, mit der sie gestaltet wird.

Kontinuierliche Anpassung statt einmaliger Einführung

Wie bereits erwähnt, wird häufig der Fehler gemacht, KI als einmaliges Einführungsprojekt zu betrachten. In der Praxis zeigt sich jedoch, dass sich Rahmenbedingungen, Tools und Anforderungen kontinuierlich verändern.

Zukunftsfähige Organisationen

- überprüfen regelmäßig ihre Leitlinien,
- passen Schulungskonzepte an,
- reflektieren neue Einsatzmöglichkeiten und
- behalten Verantwortung klar im Blick.

KI-Kompetenz ist damit kein Zustand, sondern ein fortlaufender Prozess.

Der Umgang mit künstlicher Intelligenz verlangt ein anderes Verständnis von Veränderung. KI lässt sich nicht abschließend einführen und dann abhaken. Funktionen, Einsatzmöglichkeiten und rechtliche Rahmenbedingungen verändern sich kontinuierlich. Organisationen, die KI als abgeschlossenes Projekt behandeln, verlieren schnell den Überblick über eingeführte Automationen und Updates der eingesetzten Tools oder sie übersehen Risiken.

Zukunftsfähige Organisationen setzen deshalb auf regelmäßige Reflexion. Leitlinien zum Einsatz von KI müssen überprüft und angepasst werden. Nicht durch immer neue Regeln, sondern durch eine verständliche Weiterentwicklung bestehender Vorgaben. Orientierung entsteht durch Klarheit, nicht durch Regelvielfalt.

Auch Schulungskonzepte profitieren von dieser Haltung. Inhalte, die heute relevant sind, müssen morgen möglicherweise ergänzt oder differenziert werden. Statt einmaliger Trainings setzen tragfähige Organisationen auf modulare Formate, die sich weiterentwickeln lassen. Lernen wird Teil des Arbeitsalltags und kein Sonderereignis.

Hinzu kommt die bewusste Einordnung neuer Einsatzmöglichkeiten. KI eröffnet laufend neue Optionen. Nicht jede davon ist sinnvoll oder verantwortbar. Zukunftsfähige Organisationen nehmen sich Zeit für Abwägung. Sie prüfen Nutzen, Risiken und Auswirkungen, bevor neue Anwendungen integriert werden.

Verantwortung bleibt dabei immer fest verortet. Auch wenn sich Technologien verändern, liegt die Verantwortung für Entscheidungen weiterhin beim Menschen. Klare Zuständigkeiten und transparente Entscheidungswege schaffen Sicherheit und verhindern, dass Verantwortung an Systeme abgegeben wird.

KI-Kompetenz entsteht damit nicht durch einzelne Maßnahmen, sondern durch einen dauerhaften Prozess aus Lernen, Beobachten und Anpassen. Organisationen, die diesen Prozess aktiv gestalten, gewinnen Stabilität in einem dynamischen Umfeld.

Es geht nicht um Perfektion, sondern um Aufmerksamkeit. Um die Bereitschaft, Neuerungen ernst zu nehmen und sich weiterzuentwickeln. Veränderung wird nicht als Ausnahme behandelt, sondern als Teil des Arbeitsalltags akzeptiert. Diese Haltung wirkt entlastend. Sie nimmt den Druck, von Anfang an alle Antworten haben zu müssen. Stattdessen entsteht ein Rahmen, in dem Lernen, Ausprobieren und Nachjustieren möglich sind. Gerade im Umgang mit KI ist das entscheidend, da sich Anforderungen nicht vollständig planen lassen.

Organisationen, die kontinuierliche Anpassung zulassen, entwickeln mit der Zeit mehr Souveränität. KI wird nicht als Sonderfall wahrgenommen, sondern als normaler Bestandteil der Arbeit. Dadurch sinkt die Hemmschwelle, Fragen zu stellen oder Unsicherheiten offen anzusprechen. Genau diese Offenheit ist Voraussetzung für verantwortungsvolles Handeln.

Für Mitarbeitende entsteht dadurch Orientierung. Regeln dürfen überprüft werden. Schulungen werden weiterentwickelt. Neue Tools müssen nicht automatisch genutzt werden, nur weil sie verfügbar sind. Diese Klarheit stärkt Vertrauen und Akzeptanz.

HR begleitet diesen Prozess, indem Verlässlichkeit geschaffen wird. Klare Kommunikationsformate, regelmäßige Updates und nachvollziehbare Entscheidungen helfen, Veränderungen einzuordnen. KI wird nicht als unkontrollierbare Dynamik erlebt, sondern als gestaltbarer Teil der Organisation.

Am Ende zeigt sich, dass nachhaltige KI-Integration dort gelingt, wo Veränderung als Normalität verstanden wird. Nicht die Einführung entscheidet über den Erfolg, sondern die Fähigkeit, aufmerksam zu bleiben, Verantwortung zu übernehmen und kontinuierlich zu lernen.

7.7 Unsicherheit als neue Normalität

Ein zentrales Merkmal der Zukunft der Arbeit ist Unsicherheit. KI verstärkt diese Wahrnehmung, weil Ergebnisse nicht statisch sind und sich Systeme weiterentwickeln.

Organisationen zeigen dann Stabilität, wenn sie

- Unsicherheit anerkennen,
- Entscheidungsprozesse transparent gestalten,
- Verantwortung klar zuordnen und
- Lernen ermöglichen.

Die Arbeitswelt ist zunehmend von Unvorhersehbarkeit geprägt. Technologische Entwicklungen, Marktveränderungen und globale Ereignisse erschweren die langfristige Planung. Der Einsatz von KI macht diese Unsicherheit sichtbarer.

Lernen wird zu einem stabilisierenden Faktor. Unsicherheit erfordert die Auswertung von Erfahrungen und die Bereitschaft zur Anpassung. Fehler werden nicht sanktioniert, sondern als Teil eines Entwicklungsprozesses verstanden.

Auch Führung verändert sich. Führung bedeutet weniger, eindeutige Antworten zu liefern, und mehr, Orientierung zu geben. Führungskräfte schaffen Rahmen, in denen Entscheidungen möglich sind, ohne Unsicherheit zu verleugnen.

Unsicherheit wird damit zum normalen Bestandteil organisationaler Realität. Organisationen, die lernen, damit umzugehen, entwickeln eine neue Form von Stabilität. Nicht trotz Unsicherheit, sondern durch den bewussten Umgang mit ihr.

Langfristige Strategien behalten ihre Bedeutung, werden aber flexibler gedacht. Statt fixer Zielbilder gibt es Leitplanken, die Orientierung ermöglichen und Anpassung zulassen.

Für Mitarbeitende entsteht Sicherheit durch Transparenz, Verlässlichkeit und klare Zuständigkeiten. Wenn Entscheidungen nachvollziehbar sind, sinkt die individuelle Belastung auch bei offenen Rahmenbedingungen.

Die Unsicherheit lässt sich nicht auflösen, aber erklären. Offene Kommunikation über Annahmen, Grenzen und offene Fragen stärkt Vertrauen und verhindert falsche Erwartungen.

HR unterstützt diesen Prozess durch Dialogformate, Feedbackschleifen und Räume für Reflexion. Unsicherheit wird nicht individualisiert, sondern als gemeinsames Thema verstanden. Der Umgang mit Unsicherheit wird zur Kernkompetenz von Organisationen. KI wirkt dabei als Verstärker. Sie macht sichtbar, wo Verantwortung unklar ist, Entscheidungen implizit bleiben oder Lernen fehlt.

Organisationen, die diese Signale ernst nehmen, entwickeln Reife. Sie reagieren weniger impulsiv, lassen sich nicht von kurzfristigen Erwartungen treiben und treffen Entscheidungen bewusster.

Unsicherheit muss nicht überwunden werden, um handlungsfähig zu sein. Sie gehört zur Realität moderner Organisationen. Entscheidend ist, wie sie eingeordnet und gestaltet wird. KI macht diese Realität sichtbar. Der Umgang damit entscheidet über Stabilität, Vertrauen und verantwortungsvolle Entwicklung.

7.7.1 KI als Verstärker der Unsicherheit

KI-Systeme sind keine statischen Software-Produkte, die man einmal installiert und die dann über Jahre funktionieren. Ihre Ergebnisse basieren auf Wahrscheinlichkeiten, und ihre Funktionsweise ist aufgrund der immensen Datenmengen nicht immer vollständig transparent. Dies führt zu spezifischen Herausforderungen für Organisationen.

- **mangelnde Vorhersagbarkeit:** KI-gesteuerte Prozesse können zu unerwarteten Ergebnissen führen, was die Planung und Entscheidungsfindung erschwert. Bei Cloud-basierter KI wie Microsoft Copilot oder ChatGPT erleben wir jedoch »Rolling Updates«: Funktionen, die gestern noch geschäftskritische Prozesse in Excel unterstützten, können über Nacht geändert oder durch neue Logiken ersetzt werden. Für Unternehmen bedeutet das: Ein einmal aufgesetzter Prozess kann ohne Vorwarnung instabil werden.
- **Black-Box-Effekt:** Die Komplexität von KI-Algorithmen macht es oft schwierig zu verstehen, wie eine bestimmte Entscheidung entstanden ist. Zwar liegt die finale Entscheidung immer beim Menschen, doch wenn die Grundlage (die KI-Empfehlung) eine Black Box bleibt, wird die menschliche Verantwortung zur Farce. Wer eine KI-Empfehlung ungeprüft übernimmt, entscheidet nicht mehr aktiv, sondern delegiert seine Verantwortung an ein System, das er nicht versteht. Dies untergräbt das Vertrauen und die Verantwortlichkeit.
- **kontinuierliche Weiterentwicklung:** KI-Systeme lernen und entwickeln sich ständig weiter. Dies bedeutet, dass ihre Leistung und ihr Verhalten sich im Laufe der Zeit ändern können, was eine kontinuierliche Überwachung und Anpassung erfordert.

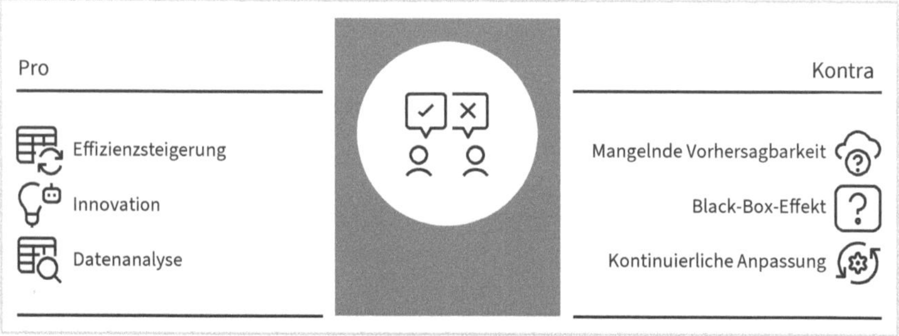

KI in der Arbeitswelt – Pro und Kontra (erstellt mit Napkin AI)

KI wirkt in diesem Zusammenhang nicht als Ursache von Unsicherheit, sondern als Verstärker. Sie macht sichtbar, wo Entscheidungen bislang implizit getroffen wurden, wo Verantwortung unklar verteilt ist oder wo Lernen zu kurz kommt. Organisationen, die diese Signale ernst nehmen, können daraus Erkenntnisse ableiten und sich weiterentwickeln.

7.7.2 Strategien für Stabilität in unsicheren Zeiten

Trotz der Herausforderungen, die mit der Unsicherheit der Zukunft der Arbeit verbunden sind, können Organisationen Strategien entwickeln, um Stabilität zu gewährleisten und erfolgreich zu sein. Die folgenden vier Prinzipien sind dabei von zentraler Bedeutung:

1. Unsicherheit anerkennen
2. Entscheidungsprozesse transparent gestalten
3. Verantwortung klar zuordnen
4. Lernen ermöglichen

7.7.3 Einordnung: Zukunft aktiv gestalten

Die Zukunft der Arbeit mit KI ist kein technologisches Szenario, sondern eine Gestaltungsaufgabe. Sie betrifft Strukturen, Rollen, Kompetenzen und Kultur.

Unternehmen, die KI aktiv gestalten,

- reagieren nicht nur auf Technologie, sondern entwickeln eigene Haltungen,
- investieren in Kompetenzaufbau und
- schaffen Orientierung.

So wird KI nicht zum Auslöser von Unsicherheit, sondern zu einem Werkzeug, das bewusst und gezielt eingesetzt wird.

8 Fazit und Ausblick

Künstliche Intelligenz verändert Arbeit, aber sie definiert sie nicht neu. Entscheidend bleibt der menschliche Umgang mit Technologie. Kompetenz, Verantwortung und Einordnung sind die zentralen Faktoren, die darüber den Unterschied machen, ob KI entlastet oder überfordert.

Dieses Buch hat gezeigt, dass KI-Kompetenz kein Spezialwissen ist, sondern eine grundlegende Fähigkeit im Unternehmenskontext. Sie entsteht nicht durch Tools, sondern durch Verständnis, Schulung und bewusste Gestaltung.

Der Ausblick ist daher kein technischer, sondern ein organisationaler: Unternehmen, die KI als Lern- und Entwicklungsthema begreifen, schaffen die Grundlage für eine stabile und verantwortungsvolle Zukunft der Arbeit.

Der Einsatz von künstlicher Intelligenz markiert keinen klaren Endpunkt, sondern einen fortlaufenden Entwicklungsprozess. Die Auseinandersetzung mit KI verlangt nicht nach schnellen Antworten, sondern nach Klarheit im Denken, Verantwortung im Handeln und Offenheit im Lernen. Genau darin liegt die zentrale Botschaft dieses Buches.

KI verändert Arbeitsweisen, Entscheidungsprozesse und Erwartungen. Sie beschleunigt Entwicklungen, macht Unsicherheiten sichtbarer und fordert Organisationen heraus, bestehende Strukturen zu hinterfragen. Gleichzeitig zeigt sich, dass technologische Möglichkeiten allein keinen nachhaltigen Wandel bewirken. Entscheidend ist, wie Organisationen mit diesen Möglichkeiten umgehen.

HR nimmt in diesem Kontext eine besondere Rolle ein. Als Gestalter von Kompetenzentwicklung, Kultur und Orientierung trägt HR dazu bei, dass KI nicht isoliert betrachtet wird, sondern eingebettet in organisatorische Realität. HR verbindet technologische Entwicklungen mit menschlichen Bedürfnissen, rechtlichen Rahmenbedingungen und strategischen Zielen.

Das Buch hat gezeigt, dass KI-Kompetenz kein Spezialwissen für wenige ist, sondern Teil grundlegender beruflicher Handlungskompetenz. Sie entsteht dort, wo Menschen verstehen, wie KI arbeitet, wo ihre Grenzen liegen und welche Verantwortung damit verbunden ist. Diese Kompetenz lässt sich nicht einmalig vermitteln, sondern muss kontinuierlich weiterentwickelt werden.

Zukunftsfähige Organisationen zeichnen sich nicht dadurch aus, dass sie jede neue Technologie sofort einsetzen. Sie zeichnen sich dadurch aus, dass sie bewusst entscheiden, reflektieren und lernen. KI wird in solchen Organisationen nicht zum Selbstzweck, sondern zu einem Werkzeug, das unterstützt, ohne Verantwortung zu ersetzen.

Der Blick in die Zukunft bleibt dabei offen. KI wird sich weiterentwickeln, ebenso die Arbeitswelt. Neue Fragen werden entstehen, bestehende Annahmen werden überprüft werden müssen. Diese Dynamik ist kein Zeichen von Instabilität, sondern Ausdruck einer Arbeitswelt im Wandel.

Dieses Buch möchte dazu ermutigen, diesen Wandel aktiv zu gestalten. Nicht mit dem Anspruch auf vollständige Kontrolle, sondern mit der Bereitschaft, Verantwortung zu übernehmen, Orientierung zu geben und Lernen zu ermöglichen.

Die Zukunft der Arbeit mit KI entsteht nicht automatisch. Sie entsteht dort, wo Organisationen bereit sind, sich weiterzuentwickeln, Schritt für Schritt, reflektiert und menschlich.

8.1 Die Zukunft der Arbeit – ein umfassender Wandel durch KI

Die Zukunft der Arbeit wird oft auf das reduziert, was sichtbar ist. KI-Agenten, Roboter oder automatisierte Prozesse stehen dabei im Vordergrund. Diese Entwicklungen sind real, erfassen den Wandel aber nur teilweise. Künstliche Intelligenz verändert Arbeit nicht nur technisch, sondern vor allem strukturell, sozial und kulturell. Viele dieser Veränderungen sind auf den ersten Blick kaum sichtbar, entfalten ihre Wirkung jedoch langfristig und tiefgreifend.

Der Wandel zeigt sich weniger in einzelnen Tools als in neuen Formen der Zusammenarbeit, veränderten Entscheidungsprozessen und einem anderen Umgang mit Verantwortung. Genau diese Ebenen prägen den Arbeitsalltag nachhaltiger als jede einzelne Anwendung.

Die folgenden Entwicklungsfelder verdeutlichen, wie umfassend diese Veränderungen sind.

1. Digitale Avatare und virtuelle Repräsentanzen
Digitale Avatare werden künftig an Bedeutung gewinnen. Nicht als Ersatz für menschliche Arbeit, sondern als vermittelnde Schnittstelle zwischen Mensch, System und Information. Unter dem Begriff »Avatar« fassen wir zwei technologische Ausprägungen zusammen:

1. **KI-generierte Repräsentanzen echter Menschen:** ein digitales Ebenbild einer realen Person (z. B. eine Videobotschaft der Geschäftsleitung, die lippensynchron in zehn Sprachen übersetzt wurde)

2. **Synthetische Charaktere:** komplett künstlich erschaffene Figuren, die kein menschliches Vorbild haben, aber menschlich agieren und kommunizieren

Typische Einsatzfelder sind:

- Schulungen und Onboarding (virtuelle Trainer, Moderatoren)
- Kundenkommunikation (standardisierte Beratung, Erstkontakt)
- interne Kommunikation (virtuelle Ansprechpartner)
- Wissensvermittlung in komplexen Themenfeldern

Avatare ermöglichen Skalierung und Konsistenz, ersetzen aber keine Beziehung. Ihre Wirkung im Unternehmen hängt entscheidend von zwei Faktoren ab:

- **Transparenz:** Gemäß den neuen regulatorischen Anforderungen (EU AI Act) müssen Mitarbeitende und Kunden jederzeit wissen, ob sie mit einem echten Menschen oder einer KI-generierten Repräsentanz interagieren. Eine fehlende Kennzeichnung untergräbt das Vertrauen sofort.
- **psychologische Akzeptanz:** Ein Avatar wird nur dann als hilfreich empfunden, wenn sein Einsatz einen Mehrwert bietet (z. B. sofortige Hilfe nach 22:00 Uhr) und nicht das Gefühl vermittelt, man wolle den echten menschlichen Kontakt wegrationalisieren.

2. Virtuelle Arbeitsräume und KI-unterstützte Zusammenarbeit

Arbeit verlagert sich zunehmend in hybride und virtuelle Umgebungen. KI unterstützt dabei die Zusammenarbeit. Beispiele sind:

- automatische Protokolle und Zusammenfassungen
- Moderation von Meetings
- Strukturierung von Diskussionen
- Priorisierung von Aufgaben und Entscheidungen

3. KI-gestützte Entscheidungsarchitekturen

KI verändert nicht nur einzelne Tätigkeiten, sondern die Art, wie Entscheidungen vorbereitet werden. Typisch sind:

- Szenarien statt Prognosen
- Wahrscheinlichkeiten statt Sicherheiten
- Empfehlungen statt Anweisungen

Organisationen müssen lernen, mit nicht eindeutigen Ergebnissen umzugehen und Verantwortung bewusst zu tragen.

4. Algorithmische Arbeitssteuerung

In vielen Bereichen übernimmt KI die Koordination von Arbeit. Beispiele sind:

- automatische Aufgabenverteilung
- Priorisierung von Tickets oder Projekten

- dynamische Anpassung von Workloads
- Schicht- und Einsatzplanung

Algorithmische Arbeitssteuerung verändert das Erleben von Arbeit und erfordert klare Regeln für Transparenz und Mitbestimmung.

5. Neue Formen von Lernen und Wissensaneignung
Wissen ist jederzeit verfügbar. Entscheidend wird, wie es genutzt wird. KI ermöglicht dabei:

- personalisierte Lernpfade
- Lernen im Arbeitsprozess
- adaptive Inhalte
- individuelle Förderung

Lernen wird so kontinuierlich und stärker in den Alltag integriert.

6. Veränderung von Rollen und Berufsprofilen
Viele Berufe verschwinden nicht, verändern sich aber deutlich. Typische Auswirkungen von KI-Einsatz sind:

- weniger Ausführung
- mehr Einordnung
- mehr Kommunikation
- mehr Verantwortung

Neue Rollen entstehen an den Schnittstellen von Fachlichkeit, Technologie und Organisation.

7. Mensch-KI-Interaktion als Kompetenz
Der Umgang mit KI wird selbst zur Kompetenz. Dazu gehört:

- Prüfen von Ergebnissen
- Erkennen von Grenzen
- bewusste Delegation
- Rücknahme von Verantwortung, wenn nötig

Diese Fähigkeiten werden branchenübergreifend relevant.

8. Emotionale und soziale Dimension der Arbeit
Je stärker Prozesse automatisiert werden, desto wichtiger werden menschliche Fähigkeiten. Dazu zählen:

- Empathie
- Konfliktfähigkeit
- Beziehungsgestaltung

- Kommunikation
- Orientierung

9. Kulturwandel und Umgang mit Unsicherheit
KI macht Unsicherheit sichtbar. Ergebnisse kommen durch Wahrscheinlichkeitsberechnungen zustande, Systeme entwickeln sich weiter. Zukunftsfähige Organisationen

- akzeptieren Unschärfe,
- fördern Lernkultur,
- erlauben Fragen und
- trennen Fehler von Schuld.

Kultur wird damit zum entscheidenden Erfolgsfaktor.

10. Neue ethische und gesellschaftliche Fragestellungen
Mit KI entstehen neue Fragen:

- Wem gehört Wissen?
- Wem gehören Daten?
- Wie transparent müssen Systeme sein?
- Wie wird Verantwortung verteilt?

Diese Fragen betreffen nicht nur Technik, sondern Werte und Haltung.

11. Grenzen und Realismus
Trotz aller Entwicklungen gilt:

- KI ist stark in klar definierten Kontexten.
- KI ist schwach in offenen, sozialen, unstrukturierten Situationen.
- Intuition, Erfahrung und Verantwortung bleiben menschliche Attribute.

Die Zukunft der Arbeit ist daher kein »Alles wird automatisiert«-Szenario, sondern ein **Neuordnen von Arbeit.**

8.2 KI-gestützte HR und Employee Experience – ein Blick in die nahe Zukunft

Die Entwicklung von künstlicher Intelligenz im HR-Bereich verläuft aktuell deutlich dynamischer als in vielen anderen Unternehmensfunktionen. Während KI lange vor allem zur administrativen Entlastung eingesetzt wurde, zeichnet sich inzwischen ein klarer Wandel ab. Aktuelle Entwicklungen, wie sie auf internationalen Fachveranstaltungen zur Zukunft der Arbeit sichtbar werden, zeigen eine neue Richtung.

KI wird zunehmend als strategischer Bestandteil von Personalentwicklung, Führung und Employee Experience verstanden. Sie unterstützt nicht mehr nur einzelne Prozesse, sondern wird systematisch in bestehende HR-Strukturen eingebettet.

Technologien, wie sie auf Veranstaltungen wie dem *Future of Work Kongress 2026* vorgestellt werden, machen deutlich, dass KI nicht mehr nur als punktuelles Tool verstanden wird. Stattdessen wird sie tief in HR-Systeme integriert und wirkt entlang des gesamten Employee Lifecycle – von der Gewinnung von Mitarbeitenden über ihre Entwicklung und Bindung bis hin zur Nachfolgeplanung.

Von Chatbots zu individuellen Lernpfaden

Ein wesentlicher Schritt zeigt sich im Einsatz generativer KI in der Personalentwicklung. KI wird zunehmend nicht mehr nur als Chatbot oder Assistenz genutzt, sondern übernimmt eine strukturierende Rolle in Lern- und Entwicklungsprozessen.

Auf der Basis von Kompetenzprofilen, bisherigen Lernverläufen, Rollenanforderungen und strategischen Zielen können so individuelle Lernpfade entstehen. Diese sind nicht statisch. Sie passen sich an neue Aufgaben, veränderte Rollen oder persönliche Entwicklungsziele an. Lernen wird dadurch situativer, bedarfsgerechter und ist näher am Arbeitsalltag.

Für HR bedeutet das einen klaren Perspektivwechsel. Statt standardisierte Trainingsprogramme zu verwalten, rückt die Frage in den Mittelpunkt, wie Lernen wirksam unterstützt werden kann, ohne Überforderung und ohne zusätzliche Reibung im Tagesgeschäft. KI übernimmt dabei keine Entwicklungsverantwortung, sie strukturiert, priorisiert und bereitet vor.

Analyse von Engagement und Bindung – Chancen und Grenzen

Ein weiterer Trend ist der Einsatz von KI zur Analyse von Engagement und Mitarbeiterbindung. Ausgewertet werden zum Beispiel Stimmungsbilder, Feedbacks, die Nutzung von Lernangeboten oder aggregierte Kommunikationsmuster. Ziel ist es, frühzeitig Hinweise auf Überlastung, Demotivation oder Abwanderung zu erkennen.

Diese Möglichkeiten bieten Chancen, haben aber auch klare Grenzen. KI kann Entwicklungen sichtbar machen, die im Alltag leicht untergehen. Sie kann HR und Führung dabei unterstützen, früher hinzusehen und gezielter zu reagieren.

Gleichzeitig gilt: Engagement lässt sich nicht automatisiert messen. Zahlen ersetzen kein Gespräch, kein Vertrauen und keine Beziehung. Der Mehrwert liegt nicht in der Bewertung von Menschen, sondern in der Sensibilisierung für Entwicklungen, die Aufmerksamkeit brauchen.

Gerade hier sind klare Leitlinien entscheidend. Transparenz, Freiwilligkeit und Datenschutz sind Voraussetzung dafür, dass KI-generierte Analysen als Unterstützung und nicht als Kontrolle wahrgenommen werden.

Verschiebung des Arbeitsfokus: von Quantität zu Qualität

Mit der zunehmenden Automatisierung von Routinetätigkeiten verändert sich der Fokus von Arbeit. KI-Assistenten übernehmen Vorarbeiten, Zusammenfassungen, Auswertungen und administrative Aufgaben. Der menschliche Beitrag verschiebt sich stärker hin zu Einordnung, Bewertung und Entscheidung.

Diese Entwicklung betrifft insbesondere Führungskräfte und HR. Entscheidungen werden nicht besser, weil mehr Informationen vorliegen, sondern weil die richtigen Fragen gestellt werden. KI kann Optionen sichtbar machen. Zu entscheiden, bleibt eine menschliche Aufgabe.

Damit rückt die Qualität von Entscheidungsfindung stärker in den Vordergrund. Kontextverständnis, Reflexion, ethische Abwägung und Kommunikation werden zu zentralen Kompetenzen. KI nimmt Verantwortung nicht ab, sie macht sie deutlicher.

Employee Experience als strategisches Gestaltungsfeld

In Zukunft wird Employee Experience weniger über einzelne Benefits oder Arbeitsortflexibilität definiert, sondern über das Zusammenspiel von Technologie, Führung und Kultur. KI kann Prozesse vereinfachen, Orientierung geben und individuelle Bedürfnisse besser berücksichtigen. Zugehörigkeit kann sie jedoch nicht erzeugen.

Für HR entsteht daraus eine gestaltende Rolle. HR entwickelt Rahmenbedingungen, in denen Technologie sinnvoll eingebettet ist. Nicht jede technische Möglichkeit muss genutzt werden. Entscheidend ist, ob sie zur Kultur, zu den Werten und zur strategischen Ausrichtung des Unternehmens passt.

KI in HR ist keine Zukunftsvision, sondern bereits Realität. Die zentrale Frage lautet nicht, ob KI eingesetzt wird, sondern wie. Unternehmen, die KI reflektiert integrieren, gewinnen nicht nur an Effizienz, sondern auch an Attraktivität für (zukünftige) Mitarbeitende und Führungskräfte.

HR wird damit zur Schlüsselinstanz für die Zukunftsfähigkeit von Organisationen. Nicht als technischer Treiber, sondern als verbindende Instanz zwischen Technologie, Mensch und Verantwortung. Genau hier entscheidet sich, ob KI unterstützt oder belastet und ob Employee Experience bewusst gestaltet wird.

8.3 Zusammenfassende Einordnung

Wie die Arbeit mit KI in der Zukunft aussehen könnte, ergibt kein einzelnes Bild, sondern ist ein Zusammenspiel vieler Entwicklungen. Technologische, organisatorische und kulturelle Veränderungen greifen ineinander. KI-Agenten, Roboter oder Avatare sind sichtbare Elemente. Der tiefere Wandel betrifft Denkweisen, Rollen und Verantwortung. Für Unternehmen bedeutet das,

- nicht alles gleichzeitig umzusetzen,
- bewusst zu priorisieren,
- Kompetenzen systematisch aufzubauen und
- Orientierung zu geben.

Für HR bedeutet es, die Zukunft der Arbeit aktiv zu gestalten und nicht nur auf Entwicklungen zu reagieren.

Danksagung

Dieses Buch wäre ohne das Vertrauen und die Unterstützung vieler Menschen und Organisationen nicht entstanden.

Mein besonderer Dank gilt dem Haufe Verlag, der dieses Thema früh aufgegriffen und mir das Vertrauen geschenkt hat, KI-Kompetenz im Unternehmenskontext differenziert, praxisnah und kritisch zu beleuchten. Die Zusammenarbeit war geprägt von Offenheit, Professionalität und dem gemeinsamen Anspruch, Orientierung in einem komplexen und dynamischen Feld zu geben.

Ich danke ebenso den Schulungs- und Weiterbildungsunternehmen, mit denen ich in den vergangenen Jahren zusammenarbeiten durfte. In Trainings, Seminaren und Workshops sind genau die Fragen, Unsicherheiten und praktischen Herausforderungen entstanden, die dieses Buch maßgeblich geprägt haben. Der direkte Austausch mit Teilnehmenden und Auftraggebern hat immer wieder gezeigt, wo KI echten Nutzen stiftet und wo Einordnung dringend notwendig ist.

Ein besonderer Dank gilt schließlich der **Technologie der künstlichen Intelligenz**. Mein Dank richtet sich dabei an die Existenz dieser bahnbrechenden technischen Möglichkeiten, die mir persönlich ein völlig neues Berufsfeld eröffnet haben und es mir heute erlauben, Menschen und Unternehmen auf eine völlig neue Art zu unterstützen.

Ich betrachte diese Entwicklung mit einem realistischen und durchaus kritischen Blick: Ich sehe die Risiken und ethischen Herausforderungen sehr deutlich. Doch gerade deshalb bin ich überzeugt: Nur wer sich aktiv und tiefgehend mit dieser Technologie beschäftigt, ist in der Lage, kompetent einzugreifen und den Wandel verantwortungsvoll zu gestalten. Für mich ist diese Technik in vielen Bereichen zu einer großartigen Unterstützung geworden. Ich bin dankbar für die Chance, diesen historischen Umbruch aktiv mitprägen zu dürfen.

Von Herzen danke ich meinem Sohn. Durch ihn wurde mir besonders bewusst, wie selbstverständlich KI für die nächste Generation sein wird und wie groß die Verantwortung von Bildung, Unternehmen und Gesellschaft ist, Orientierung zu geben. Seine Fragen, seine Neugier und sein Blick auf die Welt sind eine stille, aber sehr präsente Inspiration.

Mein Dank gilt ebenso meinen Kundinnen und Kunden, die mir ihr Vertrauen schenken und bereit sind, sich mit neuen Technologien auseinanderzusetzen. Ihre Offenheit, ihre kritischen Fragen und ihre Bereitschaft, Verantwortung zu übernehmen, haben dieses Buch inhaltlich bereichert.

Und schließlich danke ich meiner Community sowie den Leserinnen und Lesern. Für den Austausch, das Interesse, die Diskussionen und die Bereitschaft, sich mit KI nicht nur technisch, sondern auch menschlich auseinanderzusetzen. Dieses Buch versteht sich als Einladung zum Weiterdenken. Und genau dafür braucht es Menschen, die Verantwortung nicht abgeben, sondern bewusst gestalten.

Literaturverzeichnis

Rechtliches

AGG: Allgemeines Gleichbehandlungsgesetz vom 14. August 2006 (BGBl. I S. 1897), zuletzt geändert durch Artikel 8 des Gesetzes vom 3. April 2023 (BGBl. 2023 I Nr. 92).

BGB: Bürgerliches Gesetzbuch in der Fassung der Bekanntmachung vom 2. Januar 2002 (BGBl. I S. 42, 2909; 2003 I S. 738), zuletzt geändert durch Artikel 1 des Gesetzes vom 11. Dezember 2023 (BGBl. 2023 I Nr. 354).

DSGVO: Verordnung (EU) 2016/679 des Europäischen Parlaments und des Rates vom 27. April 2016 zum Schutz natürlicher Personen bei der Verarbeitung personenbezogener Daten (Datenschutz-Grundverordnung).

EU AI Act: Verordnung (EU) 2024/1689 des Europäischen Parlaments und des Rates vom 13. Juni 2024 zur Festlegung harmonisierter Vorschriften für künstliche Intelligenz (KI-Verordnung).

Verwendete Literatur

Aichinger, G., Aufreiter, A., Nessler, B., & Wendehorst, C. (2025). *KI-Kompetenz im Sinne des Art. 4 KI-VO*. Software Competence Center Hagenberg (SCCH). https://www.scch.at/files/userdata/import/News/SCCH_KI_Kompetenz_AI_Art_4_KI-VO.pdf

Arioli, M. (2024). Risikomanagement nach der EU-Verordnung über Künstliche Intelligenz. *Jusletter IT, 4*, 1–15.

Bauer, S., Böken, A., Christe, N., von Dall'Armi, J., Freymuth, N., Fritz, A. et al. (2024). *Künstliche Intelligenz & Datenschutz*. Bitkom.

Baum, S., Beer, F., Behrendt, E., Bischoff, S., Böken, A., Breuer, J. et al. (2024). *Umsetzungsleitfaden zur KI-Verordnung (Version 1.0)*. Bitkom.

Booth, H., Souppaya, M., Vassilev, A., Ogata, M., Stanley, M., & Scarfone, K. (2024). *Secure software development practices for generative AI and dual-use foundation models (NIST SP 800-218A)*. National Institute of Standards and Technology.

Brink, S., Grimm, P., Henning, C., Keber, T. O., & Zöllner, O. (Hrsg.) (2024). *Das Recht der Daten im Kontext der Digitalen Ethik*. Nomos.

Dell'Acqua, F., Ayoubi, C., Lifshitz, H., Sadun, R., Mollick, E., Mollick, L., et al. (2025). *Der kybernetische Teamkollege: Ein Feldversuch zur generativen KI*. Harvard Business School Working Paper 25-043.

Diessner, A., Hausmann, J., Müngersdorff, M., Orlic, D., & Verriet, J. (2023). *Die UNESCO-Empfehlung zur Ethik der Künstlichen Intelligenz*. Deutsche UNESCO-Kommission.

Freinhofer, D. (2024). *AI Literacy als Hebel für eine zukunftsfähige KI-Strategie*. Universität Graz.

Gimpel, H., Clausen, S., Hacker, J., Leimeister, J. M., Morana, S., Schöttl, F., & Söllner, M. (2024). *KI-Kompetenzen in der Wirtschaftsinformatik*.

Hanel, J., Jantzen, L., Weselmann, L., Guagnin, D., Kempen, R., Peters, R. et al. (2025). *KI im Jobmatching erfolgreich nutzen*. Institut für Innovation und Technik.

Headecke, E., Mock, M., Pintz, M., & Poretschkin, M. (2023). *KI-Anwendungen systematisch prüfen und absichern*. Fraunhofer IAIS.

Helmholtz-Gemeinschaft Deutscher Forschungszentren. (2024). *Handlungsempfehlungen zum Einsatz von Künstlicher Intelligenz (Version 1.0)*.

Hoeren, T. (2025). *Rechtsgutachten zur Bedeutung der europäischen KI-Verordnung für Hochschulen*. Universität Münster.

Hubel, N., Peters, R., Hille, M., & Goluchowicz, K. (2024). *Generative KI – Technologieszenarien und Auswirkungen auf Arbeit bis 2030*. Bundesministerium für Arbeit und Soziales.

Kindlinger, M., & Abs, H. J. (2025). Entwicklung eines KI-Kompetenzprofils aus Perspektive der politischen Bildung.

Martin, M., & Meister, L. (2024). *Künstliche Intelligenz & Produkthaftung*. RSM Ebner Stolz.

Paetow, T., Schmolke, M., Brendel, T. et al. (2025). *Leitfaden zum Umgang mit Künstlicher Intelligenz in wissenschaftlichen Arbeiten*. Hochschule Wismar.

Rampelt, F., Klier, J., Kirchherr, J., & Ruppert, R. (2025). *KI-Kompetenzen in deutschen Unternehmen*. Stifterverband.

Remmertz, F. (2024). *Hinweise zum Einsatz von künstlicher Intelligenz (KI)*. Bundesrechtsanwaltskammer.

Rönnecke, S. (2024). Die europäische KI-Verordnung. Ein Weg hin zu diskriminierungsfreien Algorithmen? *Journal Netzwerk Frauen- und Geschlechterforschung NRW, 55*, 63–69.

Schmidt, C. M., Stich, A., Suchy, O. et al. (2024). *KI für die Fachkräftesicherung nutzen*. acatech.

Schnitzhofer, A., Ball, R., Wörz, D., & Schwendinger, M. (2025). *KI-Guidelines für KMU (2. Aufl.)*. Wirtschaftskammer Österreich.

Schultze-Melling, J., & Schlüter, H. (2025). *Basis-Dokumentation KI-Compliance*. KPMG Law.

von Richthofen, G., Köhne, S., & Send, H. (2023). *KI in der Wissensarbeit*. HIIG.

Wiehler, H. (2025). *Transparenzpflichten nach Art. 50 KI-Verordnung*. RDP Rechtsanwälte.

Wybitul, T. (2024). Pflichten von Hochrisiko-KI-Systemen nach der EU-KI-Verordnung. *Betriebs-Berater, 39*, 2179–2182.